BESONDERE 2015
LEISTUNGSFESTSTELLUNG

Deutsch 10. Klasse

Aufgaben mit Lösungen
Gymnasium
Thüringen

2010–2014

STARK

ISBN 978-3-8490-1009-6

10. ergänzte Auflage
www.stark-verlag.de

Inhalt

Aufgaben der Besonderen Leistungsfeststellung

Autoren:

Kerstin Axthelm:	Übungsaufgabe 8
Ulrike Blechschmidt:	Übungsaufgaben 1, 5, 7
Jennifer Bröcher:	Prüfungsaufgaben 2 und 4/2012
Karin Klett:	Prüfungsaufgaben 1/2012, 1/2013, 2/2014
Birgit Raida:	Prüfungsaufgabe 3/2012
Sunnihild Schmidt:	Hinweise; Übungsaufgaben 2, 4, 6, 9, 10; Prüfungsaufgaben 1, 3 und 4/2014
Christian Walther:	Prüfungsaufgaben 2010
Renate Zeuner:	Prüfungsaufgaben 2011
Redaktion:	Übungsaufgabe 3, Prüfungsaufgaben 2, 3 und 4/2013

Vorwort

Liebe Schülerin, lieber Schüler,

dieses Buch soll Ihnen helfen, sich auf die **Besondere Leistungsfeststellung im Fach Deutsch in der Klasse 10** des Gymnasiums vorzubereiten.

Zunächst werden die allgemeinen **Grundlagen** zur Durchführung der Besonderen Leistungsfeststellung und die Anforderungen speziell im Fach **Deutsch** beschrieben, damit Sie wissen, was Sie in der Prüfung erwartet. Außerdem erhalten Sie **Hinweise für Ihre Arbeitsorganisation** während der Prüfung. Zu den verschiedenen Aufgabentypen finden Sie wichtiges **Basiswissen**, das zur erfolgreichen Bearbeitung notwendig ist.

Der Band enthält insgesamt **zehn Übungsaufgaben im Stil der Prüfung** und die **Prüfungsaufgaben** der Jahre **2010 bis 2014**, jeweils mit **Lösungsvorschlägen**. Allen Lösungsvorschlägen gehen – mit ✎ gekennzeichnet – konkrete **Bearbeitungshinweise** voraus, die Ihnen hilfreiche Tipps für die Gestaltung Ihres Aufsatzes geben.

Für die **Arbeit mit diesem Buch** bieten sich mehrere Möglichkeiten an:

- Sie versuchen, die Aufgaben gänzlich selbstständig zu lösen.
- Sie erarbeiten sich auf der Grundlage des jeweiligen Basiswissens und/oder der Bearbeitungshinweise zuerst eine Aufsatzgliederung und schreiben dann den Aufsatz.
- Sie vergleichen Ihre Lösungen mit den Musterlösungen und suchen nach Verbesserungen Ihrer Aufsätze.
- Sie trainieren einzelne Aufsatzteile gezielt und vergleichen dann Ihre Teillösungen mit den Lösungsvorschlägen im Buch.
- Sie benutzen das Basiswissen und die Aufgabenlösungen zur unmittelbaren Prüfungsvorbereitung.

Sollten nach Erscheinen dieses Bandes noch **wichtige Änderungen** für die Besondere Leistungsfeststellung 2015 vom Kultusministerium bekannt gegeben werden, erhalten Sie **aktuelle Informationen** dazu im **Internet** unter:
www.stark-verlag.de/pruefung-aktuell

Viel Erfolg bei der Besonderen Leistungsfeststellung!

Die Autoren

Hinweise und Tipps

1 Die Besondere Leistungsfeststellung

Die Besondere Leistungsfeststellung (BLF) ist eine Qualifikation im Werdegang eines Gymnasiasten. Alle Schülerinnen und Schüler der 10. Klasse an einem Thüringer Gymnasium sind **verpflichtet, an der Besonderen Leistungsfeststellung teilzunehmen**. Bestehen sie die Prüfung, steht der Aufnahme in Klasse 11 nichts mehr im Wege. Mit der bestandenen BLF hat der Schüler einen **Abschluss** erreicht, der mit der Abschlussprüfung an der Regelschule zu vergleichen ist und als solcher auch akzeptiert wird.
Es gibt für die BLF einen Haupttermin, der jedes Jahr neu und zentral festgelegt wird, sodass alle Prüflinge am selben Tag die Aufgaben bearbeiten. Für erkrankte Schüler gibt es die Möglichkeit, die Prüfung nachzuholen, ebenfalls mit zentral gestellten Aufgaben, die bis zu einem eventuellen Abruf der Schule beim Schulamt unter Verschluss bleiben.
Grundlage für alle Entscheidungen und Vorgehensweisen sind die Thüringer Schulordnung in der jeweils geltenden Fassung, der gültige Lehrplan für das Gymnasium (2011) sowie die Bildungsstandards in den einzelnen Fächern für den Mittleren Schulabschluss.

2 Inhalt der Prüfung im Fach Deutsch

Im Fach Deutsch werden Sie aufgefordert, einen Aufsatz zu schreiben, also etwas zu tun, was Ihnen seit vielen Jahren vertraut ist. Die zur Bearbeitung vorgesehene Zeitspanne beträgt **3,5 Stunden** (210 Minuten). In diesem Zeitraum wählt der Prüfungsteilnehmer **eine von vier zentral gestellten Aufgaben** aus und verfasst einen entsprechenden Lösungstext.

Folgende **Aufgabentypen** sind möglich:
1. Nichttextgebundene Erörterung/Problemerörterung
2. Textgebundene Erörterung
3. Interpretation literarischer Texte

Dabei stehen zur Interpretation sowohl ein **Gedicht** als auch ein **Prosatext** zur Auswahl, sodass zu Punkt 3 zwei Aufgaben angeboten werden. Für das Jahr 2009 hat der Gesetzgeber für den Punkt 3 ergänzt: „... außer Dramenauszügen". Diese Einschränkung muss jedoch nicht immer gelten.

3 Hinweise zu den einzelnen Aufgabenstellungen

3.1 Die nichttextgebundene Erörterung

Die nichttextgebundene Erörterung verlangt die Auseinandersetzung mit einem Ausspruch, einem Zitat oder einer Problemstellung in umfassender und aussagekräftiger Form. Hierfür ist es notwendig, dass Sie zum jeweiligen Thema über ein gewisses **Faktenwissen** verfügen, also an den Zusammenhängen interessiert sind und Zeitungsberichte verfolgt haben. In der Ausarbeitung sollten Sie die verschiedenen möglichen Aspekte und **Sichtweisen der Problemstellung** verdeutlichen, diese mit Beispielen aus dem eigenen Erfahrungsbereich oder der Literatur belegen und entsprechende Schlussfolgerungen ziehen, die in einem Fazit oder einer Zusammenfassung deutlich gemacht werden. Dabei gibt es zwei verschiedene Formen der Erörterung: die **dialektische** oder die **lineare/steigernde**.
Meist ergibt sich aus der Aufgabenstellung, welche Form der Erörterung notwendig ist. Ein Beispiel für eine Aufgabenstellung, die eine lineare Erörterung verlangt, ist die freie Erörterung von 2012: „Erörtern Sie, inwiefern die Aussage von Ernst Reinhardt zutrifft." Dagegen läuft eine Themenstellung wie die von 2014 auf eine dialektische Erörterung hinaus: „[...] prüfen Sie das Für und Wider beider Positionen."

In beiden Fällen ist Ihre **Argumentation** das zentrale Element. Beachten Sie die Dreiteilung eines Arguments in: These – Beweis/Begründung – Beispiel(e). Um die Gültigkeit Ihrer Behauptungen zu festigen, gibt es verschiedene Möglichkeiten der Beweisführung:

- **Faktenargument**
  Eine These wird durch eine unbestreitbare Tatsachenaussage untermauert.
  Beispiel: „Immer mehr Eltern und Lehrer wollen sich und ihren Kindern das ‚Schaulaufen' rechtsgesinnter Schüler [...] ersparen. Einige Berliner Schulen haben in den vergangenen Monaten entsprechend ihre Schulordnungen ergänzt und das Tragen derartiger Kleidungsstücke verboten."
- **Autoritätsargument**
  Eine These wird dadurch fundiert, dass sich der Autor auf einen anerkannten Fachmann beruft, der sich zum betreffenden Thema geäußert hat.

Beispiel: „Professor Henning Haase, Markt- und Kommunikationspsychologe, weiß, warum Statussymbole für junge Menschen so wichtig sind: ‚Solche Symbole signalisieren: Ich bin wer. […]‘ “.

- **Normatives Argument**
  Eine These wird gestützt, indem der Autor sie mit allgemeinen oder weithin akzeptierten Wertmaßstäben (Normen) verknüpft. (Beachten Sie: In der Gesellschaft gibt es verschiedene und zum Teil voneinander abweichende Normen.)
  Beispiel: „Ich lehne den ‚Freiwilligen Wehrdienst‘ ab. Denn ich möchte auf keinen Fall in die Lage kommen, jemanden töten zu müssen. Für mich gilt das christliche Gebot ‚Du sollst nicht töten‘ immer und in jedem Fall.“
- **Indirektes Argument**
  Eine These wird durch Aufzeigen des Gegenteils als nicht stichhaltig entkräftet.
  Beispiel: „Der Meinung, dass Hausaufgaben wenig sinnvoll seien, kann ich mich nicht anschließen, denn das Erledigen der Hausaufgaben verlangt ein konzentriertes Wiederholen, was das Vergessen des Stoffs verhindert.“
- **Erfahrungsargument**
  Hier wird auf gemeinsame Erfahrungen Bezug genommen.
  Beispiel: „Die junge Generation muss sich heute Schlüsselqualifikationen aneignen anstatt ein Wissen mit immer kürzerer Halbwertszeit. Dazu gehören ganz selbstverständlich umfassende Computerkenntnisse.“

Bei der **dialektischen Erörterung** haben Sie in Ihrem Aufsatz sowohl Argumente für die Aussage als auch dagegen zu finden. Sie müssen sich bei dieser Art der Erörterung nicht von Anfang an für eine Seite entscheiden, sondern Sie diskutieren den Fall, indem Sie **Pro und Kontra** abwägen.
Häufig ist ein Zitat oder der kurze Ausschnitt aus einem Text Grundlage der freien Erörterung. Ebenso denkbar ist ein Sprichwort oder ein Aphorismus.
Bei der Entscheidung für dieses Thema und die kontroverse Erörterung ist zu bedenken, ob man **ausreichend Argumente** für beide Seiten des Problems findet. Es gilt immerhin, einen Aufsatz zu schreiben, der als umfangreich zu bezeichnen ist. Der Text soll im Durchschnitt etwa 800–1100 Wörter umfassen, auch wenn es dafür keine genauen Angaben gibt.
Sie sollten also gut überlegen und per **Stoffsammlung** Ihre Argumente sortieren, um einen Überblick zu erlangen. In diesem Fall ist es sehr sinnvoll, die Beispiele aus verschiedenen Erfahrungsbereichen zu wählen, also etwa Schule, Privatleben, Gesellschaft, Literatur, Politik.
Sehr gut sind Argumente, die Sie anhand von Beispielen aus Ihrer persönlichen Lektüre belegen. Dabei kommt es gerade in der dialektischen Erörterung darauf an, dass Sie verdeutlichen, **wie Sie sich selbst positionieren**, zu welchen Handlungsweisen, Einsichten und Erkenntnissen Sie durch das Verhalten von Figuren

aus der Literatur oder anderen Bereichen gelangt sind. Zudem sollten Sie stets darauf achten, dass der Aufsatz **sprachlich und stilistisch** auf dem gleichen Niveau bleibt und nicht in die Umgangssprache abgleitet. Eine Ausnahme ist allenfalls möglich, wenn Sie ein Zitat einbeziehen möchten, das wichtig erscheint.
Die Anordnung der Argumente, Beispiele und Erkenntnisse muss stets nachvollziehbar und in der Abfolge aufeinander abgestimmt sein. Achten Sie auf die Textverknüpfung, eine korrekte und abwechslungsreiche Satzbildung, den intentionsgerechten Ausdruck, Wortvielfalt und sprachliche Originalität.

Als Einführung Ihrer kontroversen Gedanken können Sie zum Beispiel folgende Formulierungsansätze verwenden:

- dennoch
- (da) aber
- jedoch
- wenngleich
- dem gegenüber
- bedenkenswert ist jedoch auch …
- einerseits – andererseits
- allerdings ist es …
- außerdem
- ergänzend
- es spricht daher …
- durchaus denkbar ist …
- ohne Einschränkung gilt …
- einschränkend ist zu sagen …
- hinzufügen muss man jedoch …
- auch wenn … möglich erscheint …

Dies sind nur einige Anregungen, die verdeutlichen, dass es sich hier um eine Erörterung handelt, die sowohl zustimmende als auch ablehnende Argumente und Einsichten enthält.

Besondere Bedeutung erhält in diesem Zusammenhang auch Ihr **Fazit**. Überlegen Sie gut, womit Sie grundlegende Erkenntnisse verdeutlichen. Wenn möglich, gehen Sie auf Ihren Aufsatzbeginn ein, sodass Ihr Text eine abgerundete Einheit darstellt. Vielleicht beginnen Sie mit einem Beispiel, auf das Sie wieder zurückkommen. Oder Sie stellen eine Frage, die den Lesenden zum Weiterdenken anregt. Bedenken Sie dabei: Derjenige, der die Aufsätze korrigiert, hat eine große Anzahl von Texten zu den gleichen Themen zu lesen. Ihm wird das Besondere gefallen. Nehmen Sie sich also Zeit, um die Schlusspassage möglichst zu einem inhaltlichen und sprachlichen Höhepunkt zu gestalten.

Ist in der Aufgabenstellung die Bearbeitungsrichtung des Themas schon vorgegeben, geht es also nur darum, entweder Pro-Argumente oder Kontra-Argumente zu sammeln und sinnvoll steigernd anzuordnen, müssen Sie eine **lineare/ steigernde Erörterung** verfassen. Hier reihen Sie immer gewichtigere Aussagen zu einem Problem aneinander, um Ihre Ansichten zu verdeutlichen. Die Entscheidung wird in diesem Fall nicht mehr „diskutiert“, sie ist bereits gefällt: **Pro oder Kontra**. Hier geht es also darum, eine von vornherein feststehende Position zu begründen.

Die Schwierigkeit dieser Erörterungsform liegt darin, sich argumentativ nicht ständig zu wiederholen. Wichtig ist also die **Vielzahl von Argumenten**, die von ihrem Aussagewert her **steigernd angeordnet** werden sollten. Stellen Sie sich eine Bergbesteigung vor, bei der Sie zum Schluss immer mehr Kraft brauchen, um den Gipfel zu erreichen. Ihre Aussagen sollten Sie interessant aufbauen und Beispiele aus vielen verschiedenen Erfahrungsbereichen verwenden, um glaubhaft zu erscheinen. Stilistisch gilt auch hier, dass der Aufsatz ein einheitliches Niveau aufzuweisen hat. Achten Sie besonders im Schlussteil darauf, da häufig am Ende einer Prüfung die Konzentration nachlässt und man dazu neigt, oberflächlich zu werden. Ebenso sollten Sie die Schlusspassage der linearen/steigernden Erörterung interessant und fesselnd gestalten.

Einige Beispiele für die gelungene Einleitung eines Arguments in der linearen Erörterung sind:

- daher
- in diesem Fall
- besonders
- hervorzuheben ist …
- es zeigt sich wiederum …
- umso mehr muss man …
- auch/ebenso
- daraus kann man schlussfolgern …
- unweigerlich führt dies zu …
- es ist unerlässlich …
- dafür spricht …
- diskussionslos
- ausnahmslos
- keinesfalls

3.2 Die textgebundene Erörterung

Hier steht die **Auseinandersetzung mit einem Text** im Vordergrund. Deshalb ist die oberste Grundregel: Arbeiten Sie mit dem vorliegenden Material, beziehen Sie es in die Argumentation ein. Zitieren Sie immer dann, wenn es Ihnen wichtig ist, die Position des Verfassers zu verdeutlichen oder sie polarisierend gegen Ihre eigene zu stellen. Sie sollten klären, was Sie für richtig, für diskussionswürdig oder für falsch halten und warum. Zu Ihren getroffenen Feststellungen müssen Sie natürlich – genau wie bei der nichttextgebundenen Erörterung – Thesen formulieren, Fakten, Belege und Beispiele suchen und logisch schlussfolgern (zum Argumentieren vgl. Seite II f.). Es handelt sich also in der Erörterung immer um eine Auseinandersetzung zwischen der Position des Verfassers eines Zitates bzw. eines Textes und derjenigen des Schreibenden.

Als **Textgrundlage** werden häufig **Zeitungsartikel** verwendet, also Texte, die mehr oder minder aktuell sind. Die Textgrundlagen können aus völlig verschiedenen Bereichen stammen (Gesellschaft, Jugendleben, Politik …). Es kann sich um wissenschaftliche Texte handeln, jedoch genauso gut um einen Redeausschnitt, einen Kommentar, eine Kolumne oder eine Stellungnahme, häufig in der

Form eines Leserbriefes. Man unterscheidet Zeitungstexte (bzw. Sachtexte) im Allgemeinen nach der Absicht des Verfassers:

- informierende Textsorten: Nachricht, Bericht, Reportage, Interview;
- kommentierende Textsorten: Kommentar, Glosse, Kritik, Rezension;
- appellative Textsorten: Leserbrief, offener Brief, Werbung, Rede/Aufruf.

Es ist auch möglich, dass Ihnen als Grundlage der textgebundenen Erörterung ein literarischer Text begegnet, also zum Beispiel eine Fabel oder eine Parabel. Achten Sie also darauf, ob es sich um einen fiktionalen (literarischen) Text oder einen nicht fiktionalen (Zeitungstext/Sachtext) handelt, denn Ihre Aussagen werden auch auf die Herkunft des Textes eingehen und entsprechend unterschiedlich zu gestalten sein. Ziehen Sie für Ihre Aussagen die **Zitate aus der Textgrundlage** heran. Achten Sie auf eine große Vielfalt von Formulierungen und vermeiden Sie Wiederholungen.
Häufig finden Sie in der Aufgabenstellung zu einer textgebundenen Erörterung auch eine Kombination aus einem Text und einer Statistik, einer tabellarischen Übersicht oder einem Diagramm. Diese Materialien sollten Sie in Ihre Ausführungen als Beweismittel durchgängig einbeziehen. Sie bieten die Möglichkeit, eigene Sichtweisen zur Thematik des Textes zu unterstützen oder auch zu hinterfragen. Bei der Einbeziehung derartiger Materialien sollten Sie logisch und geordnet vorgehen, sodass Ihren Aussagen ein nachprüfbarer Wert zukommt. Achten Sie dabei auf besondere Informationen, wie zum Beispiel Jahreszahlen, Befragungsart, Anteil der angegebenen Daten in Hinblick auf die Gesamtheit usw. Meistens enthält das Zusatzmaterial in Fußnoten oder in der Überschrift relevante Hinweise, die Sie unbedingt miteinbeziehen müssen. Sehen Sie in einer solchen grafischen Veranschaulichung der Thematik eine Chance, die eigenen Gedanken zu erweitern und Beweise nachprüfbarer zu machen.

3.3 Interpretation literarischer Texte

Bei dieser Aufgabenstellung nähern Sie sich dem Verfasser mehr als in der Erörterung. Als Prüfling sollen Sie erkennen, welche **Botschaft der Text** transportieren möchte. Sie befinden sich gewissermaßen als „Detektiv" auf der Spur des Dichters/Schriftstellers und überlegen, welchen Gehalt der vorliegende Text hat. Dabei müssen Sie natürlich bedenken, in welcher Zeit und unter welchen Umständen er entstand. Ebenso ist es Ihre Aufgabe, die **Sprache** intensiv zu betrachten und herauszufinden, wie diese die Aussage des Werkes unterstreicht (Sprachniveau, Stil, Stilmittel, Reimformen …). Schließlich muss es Ihnen gelingen, **Inhalt und Form als Einheit** zu sehen, denn ein Text „lebt" durch seine sprachliche Form.

Für die Gestaltung einer Interpretation ist die folgende **Anordnung** hilfreich:

1. Einordnung des Textes (Titel, Verfasser, Erscheinungsjahr, literarische Epoche, biografische Fakten (falls bekannt), Textart, Thema)
2. Inhaltliche Zusammenfassung in kurzer, angemessener Form
3. Punktuelle Arbeit an wichtigen Textaussagen (Was wird wo wie transportiert?)
4. Einbeziehung wichtiger textimmanenter Mittel bei

   lyrischen Texten
   - lyrischer Sprecher/lyrisches Ich
   - lyrische Stimmung
   - Aufbau
   - direkte/indirekte Bilder
   - Reime, Rhythmen
   - Strophen, Verse
   - sprachliche Mittel

   epischen Texten
   - Erzählperspektive, Erzählhaltung
   - Handlung
   - Aufbau
   - Personencharakteristik
   - Darstellung von Ort und Zeit
   - Konflikte und ihre Entwicklung
   - sprachliche Mittel
5. Zusammenfassung der Erkenntnisse

Dabei ist es unbedingt notwendig, Aussagen zum Inhalt mit den entsprechenden sprachlichen Erscheinungsformen zu kombinieren. Literatur ist Sprache und existiert nicht „neben" ihr. Sie dürfen auf keinen Fall Inhalt und Sprache getrennt bearbeiten. Fügen Sie also immer **Textausschnitte/Zitate** ein und zeigen Sie damit, dass Sie am und mit dem Text und seiner sprachlichen Form arbeiten können. Als Textgrundlage fungieren in diesem Aufgabenbereich Prosatexte und Gedichte.

Im Bereich der **Prosa** kann es sich um unterschiedliche Textformen handeln. Zu rechnen ist mit einer Kurzgeschichte, einer Fabel, einer Anekdote, einer Kalendergeschichte, einer Satire oder einem Ausschnitt aus einer längeren Erzählung bzw. Novelle. Hierbei sollte man die entsprechenden **Merkmale dieser Gattungen** kennen und sie am Text nachweisen.

Bei **Gedichten** sind viele Formen und Arten möglich. Häufig tauchten in den vergangenen Prüfungsjahrgängen auch moderne Fassungen auf, die mit freien Rhythmen experimentieren und ohne Reimform sind. Teilweise wirken sie durch die äußere Form besonders interessant und sprechen junge Menschen mehr an als die traditionelle Lyrik. Denkbar sind Texte der Gedanken- und Ideenlyrik, der Liebes- und Stimmungslyrik, politische Gedichte oder auch Balladen. Volksliedhafte Formen sind ebenfalls vorstellbar. Hier ist es notwendig, dass Sie die **Formen und Genres** in ihren Merkmalen beschreiben und diese am vorgegebenen Beispiel nachweisen können.

Ob Sie sich der Interpretation eines Prosatextes zuwenden oder den lyrischen Text vorziehen, ist sicher eine Frage persönlicher Vorlieben. Grundsätzlich sind die Arbeitstechniken jedoch die gleichen und unterscheiden sich nur in den zu betrachtenden Aspekten (s. o.).

4 Arbeitsschritte

Bei der Bearbeitung der Aufgaben müssen Sie konzentriert und planmäßig vorgehen, sich also die verfügbare **Zeit gut einteilen**.
Der erste Arbeitsschritt besteht in der **Entscheidung für ein Thema**. Hier spielen persönliche Neigungen und Interessen sowie Vorlieben für bestimmte Aufgabenarten mit Sicherheit eine Rolle. Dennoch ist jeder gut beraten, nicht voreilig zu handeln, sondern mehrfach sorgfältig die Formulierungen der Fragen zu lesen, sie zu durchdenken und erst nach Abwägung der Vor- und Nachteile eine Entscheidung zu fällen. Steht fest, welche der vier angebotenen Aufgaben gelöst werden soll, geht es an die Planung und Arbeit. Hier helfen Unterstreichungen sowohl in der Aufgabenstellung als auch im zugehörigen Text weiter.
Im Anschluss erarbeiten Sie eine **Gliederung**, nach der Sie sich im Arbeitsprozess stets richten können. Wichtig ist eine logische, klare Strukturierung, ein „roter Faden", der sich durch die gesamte schriftliche Darstellung zieht.
Es hat sich gezeigt, dass das Erstellen eines vollständigen Entwurfes mit anschließender Reinschrift zeitlich nicht zu bewältigen ist. Sinnvoll aber ist in jedem Fall eine ausreichende **Stoffsammlung**, deren Material man den einzelnen Gliederungspunkten zuordnet. Erst dann beginnen Sie mit dem **Schreiben des Aufsatzes**.
Das als **Hilfsmittel** zugelassene Wörterbuch zur deutschen Rechtschreibung sollte bei Unsicherheiten genutzt werden. Kalkulieren Sie auch Zeit ein, um den Gesamtaufsatz noch mindestens ein Mal **auf Fehler durchlesen** zu können.

5 Inhalt des vorliegenden Bandes

Dieser Band enthält die **Prüfungsaufgaben** aus den vergangenen Jahren jeweils mit Lösungsvorschlägen. Außerdem finden Sie **Übungsaufgaben** zu den einzelnen Aufgabentypen.
Für beide Fälle gilt, dass die **angebotenen Lösungsaufsätze** keine endgültigen Musterlösungen darstellen, an die Sie sich sklavisch halten müssen. Selbstverständlich können jeweils auch andere Aspekte und Meinungen angeführt werden.
Allen Aufgaben sind **Bearbeitungshinweise** vorangestellt. Diese sollen Ihnen die ersten Schritte beim Durchdringen des Themas erleichtern und Sie auf zentrale Gesichtspunkte aufmerksam machen. Außerdem deuten diese Hinweise Schwerpunkte der Bearbeitung an und ersetzen zu einem gewissen Teil eine Gliederung. Sie dienen Ihnen als ein Gerüst, das Sie durch das Thema führt. Dabei gehen die Bearbeitungshinweise immer von der Aufgabenstellung aus und versuchen, diese zu verdeutlichen.

Thüringen – Besondere Leistungsfeststellung Deutsch
Übungsaufgabe 1: Nichttextgebundene Erörterung

Jeden Tag liest man in der Zeitung, dass Hauswände beschmiert, Bänke zerstört oder Wohnungen ausgeraubt werden. Oft sind es jugendliche Täter, die ihr Leben nach der Verurteilung zu einer Geld- oder Bewährungsstrafe nicht zum Positiven ändern. Ein neuer Versuch, Jugendliche zu erziehen, besteht in der Einrichtung von Bootcamps. Das sind Lager, in denen es militärisch rau zugeht. Das Leben verläuft nach festen Regeln, die bei Strafe nicht gebrochen werden dürfen.

Arbeitsauftrag

Was halten Sie von solchen Bootcamps? Können es die Erzieher dort schaffen, Jugendliche von der schiefen Bahn abzubringen, so dass sie danach ein „normales" Leben führen?

Lösungsvorschlag

Diese Übungsaufgabe wird Sie reizen, wenn Sie sich für Probleme von Jugendlichen interessieren und ab und an Beiträge darüber in der Zeitung lesen bzw. im Fernsehen anschauen. Die Aufgabenstellung gliedert sich in einen informierenden und einen fragenden Teil. Sie werden sicher die Fakten, die im ersten Teil genannt werden, bestätigen und können eigene Beispiele in der Einleitung verwenden. Bestimmt haben auch Sie schon einmal darüber nachgedacht, wie Täter bestraft werden müssten, damit sie danach ein geregeltes Leben führen. Für diejenigen, die von „Bootcamps" noch nichts gehört haben, wird der Begriff kurz erklärt. Aus dem Englischunterricht wird Ihnen das Nomen „boot" für Stiefel schon bekannt sein und durch die Beschäftigung mit dem Computer das Verb „booten" für das Hochfahren des PC. Booten im Sinne von „jemandem einen Fußtritt geben" lässt sich ableiten. Deshalb brauchen Sie vor dem zunächst unbekannten Wort nicht zurückzuschrecken. Der Frageteil verlangt von Ihnen eine begründete Stellungnahme zur Einrichtung von „Bootcamps" sowie eine Einschätzung von deren Nutzen. Der Hauptteil kann mit der Begriffsdefinition beginnen und mit der Beschreibung von Bootcamps in Amerika, deren Philosophie und Methoden. Es folgt dann die Erörterung deutscher Versuche, Jugendliche in Lagern oder Trainingscamps zu erziehen, wobei hier deren therapeutische Angebote, die strengen Regeln, Strafen und auch das Personal thematisiert werden sollten. Pro und Kontra müssen sorgfältig abgewogen und begründet, die Chancen für den Erfolg oder Misserfolg dargestellt sowie der Nutzen der Camps beurteilt werden. Ein konkretes Beispiel wie das von Gut Kragenhof wertet den Aufsatz auf. Als Abschluss bieten sich das Thema Prävention und persönliche Erfahrungen, etwa aus der Lektüre, an.

Einleitung
Aktuelle Beispiele

Kosmetik geklaut – Handy beim Schreiben einer SMS geraubt – Sachschaden von 2 000 Euro durch Graffiti-Schmierereien – Sitzgruppe am Lagerfeuer verbrannt. Das sind die Meldungen über Straftaten an einem einzigen Tag in einer Kleinstadt. Wenn sie überhaupt aufgeklärt werden, dann sind die Täter oft Jugendliche oder sogar Kinder, die kaum Konsequenzen zu spüren bekommen. Junge Menschen, die nicht zum ersten Mal erwischt werden, die offenbar unbelehrbar bleiben. Sie reihen sich ein in eine große Gruppe von jungen Straftätern, wie Zahlen belegen: Mehr als 140 000 Kinder in Deutschland haben nach Ermittlungen der Polizei im vergangenen Jahr ein Delikt begangen.

Das Erschreckende ist, die Täter werden immer jünger, das Einstiegsalter in ernstere Formen der Kriminalität sinkt. Das könnte daran liegen, dass Kinder bis 14 Jahre nicht mit strafrechtlichen Folgen rechnen müssen. Deshalb werden in Gangs die Jüngsten zum Stehlen oder Autoknacken vorgeschickt. Über die auferlegte Betreuung durch das Jugendamt lachen die Täter nur, weil sie nicht mehr ist als eine oberflächliche Kontrolle. Bis zur Strafmündigkeit haben die Kids oft schon mehr Aktenvermerke als Lebensjahre und beste Kontakte zur Unterwelt. Der Staat reagiert mit so genannten „Bootcamps". | Immer jüngere Täter

Der Begriff „booten" kommt aus dem Englischen und bedeutet jemandem einen Fußtritt geben oder einen Computer hochfahren. „Bootcamps" existieren unter diesem Namen nur in Amerika und bezeichnen Lager, in denen straffällig gewordene Jugendliche, sowohl Jungen als auch Mädchen, zu besseren Mitgliedern der Gesellschaft erzogen werden sollen. Der derbe Schubs soll sie in ein geregeltes Leben befördern. Als Alternative zur Freiheitsstrafe in einem gewöhnlichen Gefängnis werden ihnen 120 Tage in einem dieser Camps angeboten. Damit erhält der Jugendliche eine Chance, früher wieder in Freiheit zu sein, und die staatliche Kasse wird entlastet. Die dort angewandten Methoden jedoch, die von der US-Militäreinheit der Marines übernommen wurden, sind mehr als zweifelhaft. Dazu gehören Sport, Erniedrigung und seelische Grausamkeiten, welche die Insassen an die Grenzen ihrer Belastbarkeit führen. Die Philosophie, Willen zu brechen, um ihn später wieder aufzubauen, ähnelt derjenigen der Elite-Kampftruppen. Kritiker behaupten, dass das Ergebnis einer solchen Erziehung eher für den Krieg als für das Zivilleben geeignet sei. Die Vorgesetzten in den Lagern würden Menschen abrichten und die Methoden führten häufig zu Unterwerfungs- und Minderwertigkeitskomplexen. Nach den 120 Tagen Aufenthalt sind die Jugendlichen erst recht nicht in der Lage, ein geregeltes Leben zu führen. Sie wurden gedrillt, nicht erzogen. Sie kehren in ihre Viertel zurück, und der Kreislauf aus dem Verüben von Straftaten, Erwischt- und Verurteiltwerden geht von vorn los. Solche Bootcamps lehne ich ab, denn das Grundrecht des Menschen auf die Unantastbarkeit seiner Würde wird in höchstem Maße verletzt.

Hauptteil Begriff

Bootcamps in Amerika

Methoden

Philosophie

Deutsche Behörden bzw. Ämter richten ihren Blick nach Amerika und wollen im Umgang mit jugendlichen Verbrechern etwas abschauen. So wurden auf die schiefe Bahn Geratene sechs Monate ins Ausland oder in Kurzarreste geschickt, um sie zu wertvollen Mitgliedern der Gesellschaft zu erziehen, leider bisher ohne nachhaltigen Erfolg. Allmählich entstehen nach dem Vorbild der amerikanischen Bootcamps, allerdings in entschärfter Form, Lager für Jugendliche, in denen sie ein normales Leben wieder oder überhaupt erst einmal lernen sollen. Die Basis ist ein strukturierter Tagesablauf, von dem nicht abgewichen wird und bei dem die Jugendlichen so gut wie keine Minute sich selbst überlassen sind. Alles ist streng geregelt. Alkohol und Drogen sind absolut tabu. Zum ersten Mal in ihrem Leben stehen die Betroffenen regelmäßig früh um sechs Uhr auf und treiben Frühsport. Um die Zeit sind sie sonst häufig erst betrunken und bekifft in irgendwelchen Absteigen ins Bett gefallen. Das Wecken geschieht mit Trillerpfeifen, die schrill in den Ohren gellen. Nach dem Sport ist Frühstück angesetzt, dann verschiedene Arbeiten, Säubern der Zimmer und wieder Sport. Besuch erhalten zu dürfen, müssen sie sich verdienen. Diese alltäglichen Tätigkeiten, die regelmäßig wiederkehren, geben den Jugendlichen ein Gefühl der Sicherheit. Sie müssen hier nicht ums Überleben kämpfen wie auf der Straße. Es wird ihnen allerdings auch die Verantwortung für sich selbst abgenommen, die sie im Leben draußen benötigen, denn dort steht keiner mit der Trillerpfeife am Bett oder treibt sie zur Arbeit. Ich kann mir daher nicht vorstellen, dass sie tatsächlich auf ein selbstbestimmtes Leben zum Vorteil der Gesellschaft vorbereitet werden.

Versuche in Deutschland

Lager für Jugendliche

Strenge Regeln

Neben der körperlichen Arbeit sind Therapiestunden vorgesehen, in denen Anti-Gewalt- und Kommunikationstraining auf dem Programm stehen. Dabei werden die Zöglinge ähnlich wie in Amerika an die Grenzen ihrer Belastungsfähigkeit geführt. Sie müssen durch Schlamm robben, sich einen Abhang hinaufkämpfen, in einer Pfütze Liegestütze machen, Baumstämme tragen. Großer Wert wird auf die Entwicklung der Teamfähigkeit gelegt, was ich als sinnvoll erachte. Die Gruppen bekommen Aufgaben, die sie nur zusammen ausführen können. Keiner kann sich ausklinken, alle müssen am Schluss gemeinsam fertig sein. Der Aspekt, dass sie dadurch Kameradschaftlichkeit entwickeln, steht im Vordergrund. Wer an einem dünnen Seil über

Therapie

einen reißenden Bach gehangelt ist und sich auf die helfenden Hände der anderen in der Gruppe verlassen konnte, baut Vertrauen auf und Aggressionsbereitschaft ab, so das Kalkül.

Strafen

Hält sich einer nicht an die Regeln, wird er bestraft. Es kann sein, dass die ganze Gruppe über die Art der Strafe entscheidet, z. B. eine Woche Toiletten putzen, und deren Ausführung kontrolliert. Es kann auch sein, dass die Strafe, die einer herausgefordert hat, alle aus der Gruppe trifft. Das soll die gegenseitige Erziehung unter den Jugendlichen fördern. Wer würde es sich schon noch einmal trauen, durch Zu-spät-Kommen zum Frühstück zehn Runden Laufen um den Sportplatz für alle zu provozieren? Ich könnte mir aber vorstellen, dass dadurch auch weitere Aggressionen geschürt werden und der Verursacher heimlich von der Gruppe mit Prügeln bestraft wird. Somit würde man genau das Gegenteil erreichen. Es wäre ein Irrglaube, dass aus aufsässigen Jugendlichen über Nacht fromme Lämmer werden. Viele gehen nur widerwillig ins Lager, weil alles besser ist als Gefängnis.

Misserfolge

Sie halten dem strengen Leben zum Teil nicht stand, versuchen abzuhauen, Drogen einzuschmuggeln oder widersetzen sich den Erziehern. Manche müssen das Camp verlassen, weil sie sich einfach nicht integrieren können und ein Bleiben der ganzen Gruppe schaden würde.

Schlechte Kindheit

Es ist kein Wunder, dass nicht alle therapierbar sind. Sie kommen zumeist aus zerrütteten Elternhäusern, haben schon als Kinder nichts als Gewalt kennen gelernt und mussten sich früh um sich selber kümmern. Oft geraten sie in eine Bande, die stiehlt, Autos aufbricht und Leute überfällt. Dennoch können sich diese Jugendlichen nicht ein Leben lang auf ihre schlechte Kindheit berufen und ihre Taten hiermit entschuldigen, denn aus Kindern werden Erwachsene, die für ihr Fortkommen selbst verantwortlich sind. Chancen, etwas zum Positiven zu verändern, erhalten sie genug. Sie sollten sie auch nutzen. Oft hört man die Meinung, dass mit ihnen viel zu milde umgegangen bzw. dass für sie zu viel Geld ausgegeben werde. Man solle sie in ein Arbeitslager stecken. Der Staat hat jedoch auch für gestrauchelte Mitglieder der Gesellschaft eine Verantwortung und es wäre leichtfertig, die Jugendlichen einfach abzuschieben, damit sie aus dem Blickfeld sind.

Die Erzieher

Die Erzieher in den Lagern sind oft Personen, die in ihrem Lebenslauf selbst dunkle Punkte aufweisen. Sie waren entweder auch schon im Gefängnis, haben Drogendelikte begangen oder sind anderweitig auf die schiefe Bahn geraten. Das sehen sie aber als großen Vorteil in der Arbeit mit den jungen Gestrauchelten, weil sie die Probleme aus eigener Erfahrung kennen. Sie vermitteln die Erkenntnis, dass es nie zu spät ist, seinem Leben eine andere Richtung zu geben, und dass es tatsächlich möglich ist, aus dem Sumpf, in dem die meisten stecken, auf Dauer herauszukommen. Selbstverständlich haben sie an Weiterbildungen teilgenommen, in denen sie sich das theoretische Rüstzeug für ihre Tätigkeit aneigneten. In der Tat setzen die meisten der Jugendlichen großes Vertrauen in die neuen Respektspersonen, vielleicht aber auch nur, weil sie so etwas wie ein letzter Strohhalm sind.

Beispiel Gut Kragenhof

Der Chef des Trainingscamps Gut Kragenhof bei Kassel, über das ich einen Beitrag im Fernsehen gesehen habe, ist z. B. ein ehemaliger Profi-Boxer. Die Erzieher, die Respekttrainer heißen, sind ausgebildete Streetworker. Einer äußerte sich zu seiner Klientel so: „Hier landen die, die keiner mehr will." Die Trainer haben sich dort ein besonderes Ritual ausgedacht: Die Jugendlichen beerdigen symbolisch und ganz real ihre Vergangenheit. Sie bekommen auf dem weitläufigen Gut eine Fläche zugewiesen, auf der sie ein Loch schaufeln, in den Abmessungen eines Grabes. Mit dem Spaten umzugehen, ist für einige auch eine neue Erfahrung. Dann legen sie etwas hinein, was für sie die Vergangenheit am besten symbolisiert. Ein Junge tat seine Jeans hinein, die er bei den Beutezügen immer trug, ein anderer hatte einen Brief geschrieben. Das Loch wird zugeschaufelt und auf das Grab kommt ein Kreuz mit dem Namen des Delinquenten. Ich fand beeindruckend, mit welcher Ernsthaftigkeit die Jungen dieses Ritual für sich annahmen. In dem Moment, als sie ihren Namen auf dem Kreuz lasen, glaubten sie wirklich daran, dass sie es schaffen können, ihr Leben vollständig umzukrempeln. Aber die meisten schaffen es nicht, wie Statistiken belegen. Die Rückfallquote sei „gigantisch", habe ich in der Zeitung gelesen.

Ritual

Nutzen der Camps

Das Anliegen dieser Lager, Jugendliche umzuerziehen, ist zu begrüßen. Leider scheitert der hohe Anspruch an der Realität. Solange sich die Zöglinge im Lager oder Trainingscamp befinden, mögen sie die Regeln einhalten, arbeiten, Sport treiben, teamfähig sein. Sobald sie ins wahre Leben treten, ist vieles davon vergessen. Sie treffen ihre alten Kameraden und sind sofort wieder in der Szene integriert. Immerhin schaffen es einige wenige, ein geregeltes straffreies Leben zu führen. Sie können sich aus der Klammer der alten Verbindungen befreien, finden eine Partnerin/einen Partner und gründen sogar eine Familie. Man kann nur hoffen, dass sie nicht die Fehler ihrer Eltern in der Erziehung der eigenen Kinder wiederholen. Ob sich für diese wenigen Gewandelten der Aufwand lohnt, kann ich nicht einschätzen. Fakt ist, dass der Staat Kinder, die durchs Raster fallen, in geeigneter Weise auffangen muss. Bootcamps oder besser Trainingscamps wie das bei Kassel könnten ein Anfang sein.

Prävention

Vielleicht muss aber auch mehr Geld in die Prävention investiert werden, damit Kinder oder Jugendliche gar nicht erst so tief in die Misere hineingeraten. Eltern, die mit ihren Kindern überfordert sind, müsste frühzeitig Hilfe angeboten werden, die sie in die Lage versetzt, die Erziehung besser zu meistern.

Schluss

Buch „Löcher“

Die Bilder des Fernsehbeitrags über Gut Kragenhof, als die Jungen Gräber für ihre Vergangenheit schaufeln, erinnern mich an ein Buch, in dem es auch um ein Bootcamp geht: „Löcher“ von Louis Sacher. Die Hauptfigur Stanley Yelnats landet völlig unschuldig im Jugendstraflager „Camp Green Lake“, wo ihn harte Arbeit erwartet, er muss in der heißen Sonne Löcher in die Wüste graben. Die Campleitung meint, dass dabei aus schlechten Jungs gute Jungs werden. Der Jugendroman wurde überschwänglich gelobt und mit höchsten Auszeichnungen bedacht. Er ist eine Mischung aus „schräger Familiengeschichte und spannendem Abenteuer, aus Krimi und Märchen“, wie auf dem Buchumschlag nachzulesen ist. Am Ende wird für Stanley alles gut, wie sich das für ein Märchen gehört. In der Realität dagegen gibt es selten ein Happy End.

Thüringen – Besondere Leistungsfeststellung Deutsch
Übungsaufgabe 2: Nichttextgebundene Erörterung

Anpassung ist notwendig – Anpassung ist gefährlich.

Arbeitsauftrag

Zu welcher dieser Aussagen tendieren Sie? Begründen Sie!

Lösungsvorschlag

Drei Leitbegriffe prägen das Thema: „Anpassung", „notwendig" und „gefährlich". Wichtig ist nun die genaue Deutung des Begriffes „Anpassung". Was heißt es, sich anzupassen? Man kann Anpassung etwa als das Befolgen von Gesetzen und Normen definieren, ohne deren Einhaltung unser Leben nicht möglich wäre. Diese grundlegenden Vereinbarungen einer zivilisierten Gesellschaft sind notwendig. Hier begegnen wir dem zweiten wichtigen Begriff: der „Notwendigkeit". Definiert man dieses Wort, so kommt man bestimmt auf eine Aussage, die mit dem Begriff der Not zu tun hat. Wir tun also etwas, weil es unbedingt erforderlich ist. Nun bleibt uns noch das Wort „gefährlich". Alles, was wir damit verbinden, kann uns schaden in unterschiedlichem Umfang und entsprechend der Situation. Es handelt sich hier also um einen durchweg negativ geprägten Begriff. Damit wird deutlich, innerhalb welcher Bandbreite der Begriff der Anpassung zu untersuchen ist und welche Spannung zwischen den entgegengesetzten Adjektiven „notwendig" und „gefährlich" besteht.

In der Einleitung des Aufsatzes können anhand von Beispielen das Verständnis des Begriffs „Anpassung" verdeutlicht und die beiden Thesen des Themas eingeleitet werden. Anschließend wird dargelegt, welche Fakten und Grundlagen es gibt für die Anpassung oder die Gefahren, die daraus entstehen. Hierzu sind entsprechende Beispiele aus dem eigenen Leben, der Geschichte, Politik und Literatur zuzuordnen. Am Ende steht ein resümierendes Fazit. Die hier wiedergegebene Lösung geht davon aus, dass keiner der beiden Aussagen pauschal zugestimmt werden kann, sondern je nach der Situation eine entsprechende Entscheidung zu fällen ist.

Heute Morgen war es mal wieder so weit: Die Schüler der 9. Klasse standen im weiten Kreis um einen Mitschüler, den sie häufig ärgern. Von allen Seiten kamen hämische Bemerkungen, die kränkend und beleidigend waren. Ein Teil der Herumstehenden lachte, andere sahen teilnahmslos zu. Nein, dachte ich mir, nein, du kannst nicht länger zusehen, dich anpassen, nur damit solche Typen ihren Spaß haben. Das ist Unrecht, was da passiert, und da muss man etwas dagegen tun. Ganz langsam durchschritt ich den Kreis, ging auf den Jungen zu, der in der Mitte des Kreises stand und angestrengt versuchte, sich seine Angst nicht anmerken zu lassen. Ich verwickelte ihn in ein Gespräch und ließ mich auch von den Zwischenrufen der anderen nicht beirren. Langsam schob ich ihn, immer weiter Fragen stellend und antwortend, aus der Runde.

Einleitung
Beispiel

Dieses Beispiel zeigt, dass die Anpassung an das Verhalten einer Gruppe nicht unbedingt richtig ist und eine innere Stimme einem sagt, wie man handeln muss. Allerdings gibt es auch Fälle, wo diese innere Stimme einem am Morgen zuflüstert, doch lieber im Bett zu bleiben statt in die Schule zu gehen. Schnell macht man sich jedoch klar, dass ein heilloses Durcheinander entstünde, wenn jeder tun und lassen würde, was er gerade möchte, und sich nicht an vorgegebene Rahmenbedingungen und Regeln hält. Wie man sieht, sind Anpassung und ihr Gegenteil unmittelbarer Bestandteil unseres täglichen Lebens.

Wertung

Die Themafrage zielt nun darauf ab, ob diese Anpassung notwendig oder gefährlich ist. Dies ist nicht einfach so zu beantworten.

Hauptteil
Themafrage

Es ist in bestimmten Situationen notwendig, sich anzupassen, die Normen des Zusammenlebens zu respektieren, da sonst eine zivilisierte Gesellschaft undenkbar wäre. Dass diese Anpassung nicht immer gemäß unserem Willen passiert, ist auch jedem klar. In manchen Situationen wird uns diese leichter fallen, in anderen schwerer. Das hängt nicht nur von der entsprechenden Sachlage ab, sondern in hohem Maße auch von unseren persönlichen Vorstellungen von Anstand, Moral und dem Befolgen von Gesetzen.

Pro: Anpassung ist notwendig

Ohne die Anpassung würde unser Leben in der Gesellschaft nicht möglich sein und im Chaos enden. Wenn wir dabei das Beispiel des Straßenverkehrs betrachten, so wird es einem Außenseiter, der sich also nicht an die Gegebenheiten einer Straßenverkehrsordnung hält, sicher schlecht bekommen, oft

Beweise

auch anderen Verkehrsteilnehmern, was noch verwerflicher ist. Manchmal scheint also Anpassung die Einsicht in das Notwendige zu sein. Gleiches gilt im Umgang miteinander. Wenn wir hier immer nur den eigenen Wünschen folgen, auf andere keine Rücksicht nehmen und uns egoistisch verhalten, so wird unsere mangelnde Anpassung sicher bald dazu führen, dass wir ausgeschlossen sind und im schlimmsten Fall auch bleiben. Das wäre ein sehr schlechtes Resultat, das aus Egoismus und Eigensinn entstehen würde.

Zivilisierte Menschen verhalten sich nicht so. Das gilt für nahezu alle Situationen des menschlichen Zusammenlebens. Wir müssen uns also nicht in erster Linie fragen, was uns ein Verhalten bringt, sondern sind angehalten, auch darüber nachzudenken, inwieweit wir anderen mit unserem Tun schaden könnten oder Nutzen bringen. Sicher muss nicht immer der Gedanke an den anderen im Sinne von Vorteil für ihn im Vordergrund stehen, wir sind schließlich eine eigene Person mit Bedürfnissen und einem eigenen Leben. Aber gleichzeitig darf man den Blick auf das wichtige Allgemeine, das, was uns zum Teil eines Ganzen macht, nicht vergessen. Schlussfolgerung

Natürlich kann Anpassung auch gefährlich sein. Dies zeigt sich insbesondere, wenn wir die Geschichte betrachten, und zwar die unseres eigenen Landes. Hätten sich nicht zu viele Menschen den Faschisten und ihrem Gedankengut angepasst, so wäre es nie zu den grausamen Ereignissen der Judenverfolgung oder des Zweiten Weltkrieges gekommen. Fragt man heute Überlebende aus dieser Zeit, so geben sie häufig an, aus Angst mitgemacht zu haben. Anpassung aus Furcht also vor den Folgen des Widerstandes ist gefährlich. Kontra Beispiel

Dies gilt nicht nur für damals. Auch in der heutigen politischen Situation ist es wichtig, nicht zu allem einfach resignierend Ja zu sagen. Sicher ist es bequemer, die Dinge als gegeben hinzunehmen, aber wir sollten uns in jeder Situation fragen, ob unser Geist und unser Gewissen nicht raten, etwas länger darüber nachzudenken, was wir tun und wem wir zustimmen. Schlussfolgerung

Ebenso wie die Geschichte oder die Politik liefert die Literatur Beispiele für beide Verhaltensweisen. So ist die Anpassung Julias in Shakespeares Tragödie „Romeo und Julia“ an die Wünsche ihrer Eltern zeitweise zwingend notwendig, da sonst ihr Verhältnis zu und mit Romeo entdeckt und sofort beendet worden wäre. So fügt sich Julia oberflächlich den Vorstellungen Literarische Bezüge

der Eltern bezüglich ihres zukünftigen Lebens. Äußerlich akzeptiert sie die geplante Hochzeit. Auch Romeo unterwirft sich den Forderungen des Fürsten.
Dass Anpassung gefährlich ist, zeigt der Roman „Die Welle" von Morton Rhue. Auf einer wahren Begebenheit beruhend, stellt diese Geschichte anhand eines Schulexperiments dar, zu welchen Auswüchsen es führen kann, wenn sich eine manipulierbare Mehrheit von Menschen einer zweifelhaften Strömung wie der „Welle" anschließt und selbstständig Denkenden unter Androhung von Gewalt das Recht auf Selbstbestimmung streitig macht.

Jeder muss letztlich nun für sich entscheiden, wo Anpassung notwendig oder gefährlich ist. Dass das keine leichte Frage ist, haben wir an den gezeigten Beispielen gesehen. Die Entscheidung darüber, ob wir mitmachen oder aufbegehren, uns aus einer Situation aus gutem Grund zurückziehen, ist nicht immer leicht und schnell zu treffen. Oft sind wir dabei äußeren Zwängen und Festlegungen unterworfen, die wir hinnehmen müssen. An anderer Stelle sind Mut, Nachdenken und Entscheidungen gefragt. Fazit

Und so sollte man bei der nächsten Auseinandersetzung mit den Eltern über die Lautstärke der eigenen Musik vielleicht an die Notwendigkeit von Anpassung denken. Wenn jedoch ein Mitschüler vor unseren Augen gequält oder gemobbt wird, dann müssen wir es als Gefahr sehen, uns der schweigenden und betreten zu Boden schauenden Menge anzupassen. Es bleibt uns also die Hoffnung, dass wir in den entsprechenden Situationen richtig entscheiden. **Schluss**

Leviten lesen[1]

Von Marc Widmann

Schiller statt Schnee schippen: Ein Richter in Fulda verurteilt jugendliche Straftäter nicht mehr zu gemeinnütziger Arbeit – er lässt sie stattdessen Bücher lesen.

Er liebt den Jazz, und auch sonst ist der Fuldaer Jugendrichter Christoph Mangelsdorf ein kreativer Mann. Wenn wieder ein Jugendlicher vor ihm sitzt, der beim Prügeln oder betrunken auf dem Mofa erwischt wurde, verhängte Mangelsdorf bislang oft 20 bis 30 Arbeitsstunden Strafe. Aber so richtig zufrieden war er damit nicht. Besonders, wenn er das Gefühl hatte, dem Täter gehe die Gerichtsverhandlung „über den Kopf hinweg". Solche Jugendliche leisten zwar ihre Arbeitsstunden ab, danach aber machen viele weiter wie vorher. Mangelsdorf wollte wissen, wie er die Köpfe dieser Ersttäter erreicht, immerhin ist das auch sein Auftrag laut Gesetz: Er soll nicht nur strafen, er soll vor allem erziehen. So kam der Richter auf die Bücher.

Wer gemobbt wird, muss *Evil* lesen

Seit kurzem verhängt Mangelsdorf bei einigen handverlesenen Ersttätern keine Arbeitsstunden im Tierheim mehr. Wenn ihm der Jugendliche geeignet erscheint, darf er stattdessen einen Jugendroman lesen, freiwillig. Natürlich nicht irgendeinen. 14 Titel hat der Fuldaer Richter auf einer Liste versammelt. Wer zum Beispiel in der Familie Probleme hat, in der Schule gemobbt wird und selbst gewalttätig ist, dem setzt der Richter vielleicht *Evil* von Jan Guillou vor. Das Buch ist nicht einfach, erzählt Mangelsdorf, es geht darin „um starke Gewalthandlungen in einem Internat". Beschrieben werden aber nicht nur die Angriffe, sondern auch, was sie bei den Opfern auslösen.

Drei bis sechs Wochen bekommt der Täter, um den Roman zu lesen. In dieser Zeit muss er einen Aufsatz schreiben und dabei Fragen wie diese beantworten: Welche Parallelen gibt es zu meinem Leben? Wie hat sich die Hauptfigur verhalten? Was hätte ich an ihrer Stelle getan? Zuletzt folgt ein ausführliches Gespräch mit einem Mitarbeiter der Jugendhilfe. 15 Jugendliche wurden in diesem Jahr so zum Lesen verdammt. Und schon jetzt sagt Bettina Lenz: „Es hat sich gelohnt."

Die Sozialpädagogin dürfte es wissen, denn sie betreut bei der Jugendhilfe Fulda die straffälligen Täter und spricht mit ihnen über die Romane. „Die meisten haben sich wirklich in den Büchern wiedergefunden", sagt Lenz. Einer lieferte statt der geforderten fünf gleich 13 Seiten ab. Ein anderer will jetzt gar selbst ein

Buch schreiben. Auch das ist ein Ziel des Versuchs. Er soll nicht nur zum Nachdenken zwingen, sondern auch Phantasie und Leselust anregen.

„Ein Buch zu lesen ist erzieherisch wesentlich sinnvoller als im gemeinnützigen Verein Schnee zu schippen", sagt Marita Erfurth. In Dresden koordiniert die Sozialpädagogin ein ganz ähnliches Projekt, das junge Ersttäter bereits seit 2008 zum Lesen bringt. Es diente dem Fuldaer Richter als Vorbild. Mittlerweile 80 Titel finden sich im Dresdner Bücherkanon. „Für unsere Jugendlichen ist das Lesen eine richtige Anstrengung", sagt Erfurth, „erst maulen sie meistens".

Danach aber lassen sich beeindruckende Wandlungen erleben. Zum Beispiel die eines 17-Jährigen aus schwierigem Elternhaus. In der Schule hatte er zwei Mädchen belästigt, sich vor ihnen entblößt. „War doch nur Spaß", sagte er lange. Dann bekam er das Buch *Leichte Beute* von Maureen Stewart vorgesetzt. Um Mobbing in der Schule geht es darin, um die Gefühle der jungen Melissa, die ständig angegangen und angemacht wird. „Er hat sich sehr große Gedanken gemacht", sagt Erfurth über den Täter. Er brauchte lange, um das Buch zu lesen, und Hilfe beim Beantworten der Fragen. Als er es endlich geschafft hatte, schrieb er seinen Opfern einen Entschuldigungsbrief. Völlig freiwillig.

Quelle: Süddeutsche Zeitung vom 16. 04. 2010/kar
http://www.sueddeutsche.de/kultur/strafmassnahmen-fuer-jugendliche-leviten-lesen-1.13883

1 Wortspiel mit der Redewendung *jemandem die Leviten lesen* (= jemanden in einer ausführlichen Belehrung zurechtweisen)

Arbeitsauftrag

Fassen Sie die zentralen Inhalte des Textes zusammen.
Erörtern Sie auf der Grundlage des Textes, inwieweit der darin geschilderte neue Ansatz beim Umgang mit straffälligen Jugendlichen sinnvoll ist.
Beziehen Sie dabei eigene Leseerfahrungen ein.

Lösungsvorschlag

Bei einer textgebundenen Erörterung ist es notwendig, dass man sich zunächst intensiv mit dem vorliegenden Text auseinandersetzt, da der gesamte Aufsatz vom Verständnis des Ausgangstextes abhängt. Lesen Sie zudem die Aufgabenstellung genau und machen Sie sich bewusst, was von Ihnen verlangt wird. In der vorliegenden Aufgabe sollen Sie zunächst eine Inhaltszusammenfassung schreiben und anschließend erörtern, inwiefern Sie die im Text beschriebene Methode für sinnvoll erachten. Hierbei sind eigene Leseerfahrungen zu berücksichtigen. Die Aufgabenstellung legt eine dialektische Erörterung nahe, da es etwas abzuwägen gilt: Inwieweit ist der im Artikel geschilderte neue Ansatz sinnvoll oder ist er es nicht? Was spricht dafür, was dagegen? Im Ausgangstext lassen sich bereits Argumente finden und Sie sollten in Ihrem Aufsatz immer wieder auf diesen Bezug nehmen, z. B. indem Sie daraus zitieren. Ihre Gedanken müssen jedoch auch über den Text hinausgehen: Fragen Sie sich z. B., was gegen den im Artikel beschriebenen Weg sprechen könnte. Gerade die Frage nach der eigenen Leseerfahrung erfordert es, dass Sie auch eigene Gedanken und Ansichten einbringen. Dabei ist wenigstens ein weiteres (Jugend-)Buch anzuführen, das zu Ihrer Argumentation unterstützend beiträgt. Wichtig ist bei der Auswahl des Buches, dass es für den Bücherkanon bei jugendlichen Straftätern geeignet ist und dazu auch selbstreflektierende Fragen möglich sind. Fassen Sie Ihre Ausführungen abschließend in einem überzeugenden Fazit zusammen.

Einleitung

Immer wieder liest man in der Zeitung von Jugendlichen, die Straftaten begehen. Viele davon sind Ersttäter und sie stehen kurze Zeit später vor Gericht. Häufig werden die Heranwachsenden zu Arbeitsstunden verurteilt. So wird der Halbstarke, der auf einer Party im Vollrausch einen anderen Gast verprügelte, dazu verdonnert, 30 Stunden lang eine städtische Straße zu kehren oder Müll aufzusammeln. Darüber, dass die Taten dieser Jugendlichen Konsequenzen haben müssen, besteht kein Zweifel. Aber es stellt sich die Frage, ob Straßenfegen tatsächlich dazu beiträgt, dass die Jugendlichen aus ihren Fehlern lernen und in Zukunft ihr Verhalten ändern, oder ob nach Ableistung der Sozialdienste nicht einfach alles so weiterläuft wie bisher. Aber ist es nicht auch Ziel des Jugendstrafrechts, die Täter zu sozialisieren und eine erneute Straftat zu verhindern? In Fulda und Dresden gibt es neuerdings Ansätze, bei denen jugendliche Täter zur Einsicht gebracht werden sollen, indem sie statt Arbeitsstunden eine Buchlektüre auferlegt bekommen.

Hauptteil

Grundinformationen zum Zeitungsartikel

Mit diesen Ansätzen beschäftigt sich auch Marc Widmanns Bericht „Leviten lesen“, der am 16. 04. 2010 in der Süddeutschen Zeitung erschien:

Inhaltsangabe

1. Sinnabschnitt

Zunächst wird Christoph Mangelsdorf vorgestellt, der als Jugendrichter in Fulda Zweifel an der üblichen Bestrafungspraxis bei Jugendlichen entwickelt hat. Anstatt diese nur mit Arbeitsstunden zu bestrafen, hat er bei den Tätern ein Umdenken erreichen wollen – auch nach dem Gesetz gehört es zu seinen Pflichten, erzieherisch auf die Jugendlichen einzuwirken. Deshalb hat er begonnen, die Ersttäter Bücher lesen zu lassen.

2. Sinnabschnitt

Der nächste Abschnitt bietet Erläuterungen zu solchen Maßnahmen: Geeigneten Ersttätern schlägt Mangelsdorf einen passenden Jugendroman vor, wobei der Täter entscheiden kann, ob er die Lektüre als Alternative zur Strafe akzeptiert. Beispielsweise gibt der Richter Tätern, die gemobbt werden und zu Gewalt neigen, das Buch „Evil“ von Jan Guillou zu lesen.

Innerhalb von drei bis sechs Wochen muss der Jugendliche das Buch lesen und einen Aufsatz dazu verfassen, in dem unter anderem Fragen nach dem Bezug zum eigenen Leben zu beantworten sind. Daraufhin folgt ein Gespräch mit einem Mitarbeiter der Jugendhilfe. Die in Fulda tätige Sozialpädagogin Bettina Lenz zieht eine positive Bilanz und berichtet unter anderem von einem Täter, der in seinem Aufsatz freiwillig mehr Seiten als gefordert geschrieben habe.

3. Sinnabschnitt

In Dresden wird der neue Ansatz bereits seit 2008 verfolgt. Marita Erfurth, Sozialpädagogin, weist darauf hin, dass das Lesen der Bücher für die Jugendlichen zwar oftmals eine Herausforderung, jedoch erzieherisch sehr wertvoll sei. Als Beispiel nennt sie einen Jungen aus schwierigen Verhältnissen, der sich nach der Lektüre des Buches *Leichte Beute* bei seinen Opfern entschuldigt hat – aus eigenem Antrieb und ohne jeglichen Zwang.

Überleitung

Der Artikel zeichnet ein sehr positives Bild dieses neuen Vorgehens, bei dem Bücher gewälzt anstatt Straßen gereinigt werden. Doch bringt die neue Methode nicht auch gewisse Gefahren und Probleme mit sich?

Erörterung

Contra-Argument 1

Vielen mag ein solcher Umgang mit Straftätern als viel zu sanft erscheinen, und das Lesen eines Buches lässt sich kaum mit körperlicher Arbeit vergleichen, die als Abschreckung gedacht ist.

Erläuterung

Es ist zu befürchten, dass der ein oder andere Täter sich für diese Form der Strafe entscheidet, da er lieber in der kuschelig warmen Stube sitzt und ein paar Seiten liest, als draußen in der Kälte mit einer Schaufel gegen den Schnee anzukämpfen. Unter Umständen ist auch eine Inhaltszusammenfassung im Internet zu finden – man gibt den ausgedruckten Zettel ab und kann sich bei der nächsten Party gleich wieder ins Getümmel stürzen. Von einer Einsicht des Täters kann dann kaum die Rede sein.

Contra-Argument 2

Erläuterung

Ein weiterer Grund dafür, an dem Erfolg eines solchen Vorgehens zu zweifeln, liegt darin, dass so mancher Jugendliche mit der Aufgabe schlichtweg überfordert sein dürfte. Viele Schüler rühren kaum mehr freiwillig ein Buch an und sind bei der Lektüre längerer Texte vor große Probleme gestellt. Selbst bei kürzeren Textausschnitten zeigen Studien wie PISA, dass das Textverständnis einigen Schülern Schwierigkeiten bereitet. So sagt auch Marita Erfurth über einen jungen Mann, er „brauchte lange, um das Buch zu lesen, und Hilfe beim Beantworten der Fragen“ (Z. 48 f.). Dies lässt befürchten, dass die Heranwachsenden den Sinn des jeweiligen Romans nicht erkennen oder ihn entgegen dem Ansinnen des jeweiligen Richters interpretieren. Jan Guillous Roman *Evil* zum Beispiel, der auch in dem Zeitungsartikel erwähnt wird, kann als abschreckendes Beispiel gegen Gewalt gesehen, aber auch als Rechtfertigung gewalttätigen Handelns missverstanden werden, das einem hilft, in der Welt zu bestehen.

Beispiel

Contra-Argument 3

Erläuterung

In dem Zitat von Erfurth zeigt sich noch ein weiteres Problem: Der erhöhte Arbeits- und Zeitaufwand, der durch die Bearbeitung der Lektüre für die Jugendgerichtshilfe entsteht. Neben der Tatsache, dass die Aufsätze nachbesprochen werden müssen – ganz zu schweigen davon, dass es auch zu prüfen gilt, ob das Geschriebene tatsächlich vom Täter selbst oder doch aus dem Internet stammt –, brauchen die Jugendlichen auch einen Ansprechpartner, der unter Umständen beim Lesen des Romans oder Beantworten der Fragen hilft. Es ist denkbar, dass ein großer zeitlicher und finanzieller Aufwand betrieben wird, ohne dass sich eine Einsicht beim Betroffenen einstellt.

Überleitung zu den Pro-Argumenten

Alle bisher genannten Punkte lassen an der Idee zweifeln, jugendliche Täter durch Lesen zu sozialisieren. Es spricht jedoch auch einiges für eine solche Methode.

Pro-Argument 1

Erläuterung

Ausschlaggebend für den Erfolg des „Leviten Lesens“ ist es, dass der Jugendliche „geeignet“ ist. Zwar bleibt eine genauere Erklärung dazu, wie der Richter auswählt, leider aus, aber es wird deutlich gemacht, dass die Auswahl nicht willkürlich erfolgt und nicht jeder strafrechtlich auffällige Täter einen Jugendroman vorgesetzt bekommt. In Fulda beschränkt sich diese Zahl bislang auf 15 Jugendliche. Außerdem wird erwähnt, dass das Projekt nur für Ersttäter in Frage kommt. Durch die Auswahl des Richters einerseits, aber auch durch das freiwillige Einverständnis des Jugendlichen andererseits sollte gewährleistet sein, dass hierbei eine grundsätzliche Bereitschaft zur ernsthaften Auseinandersetzung mit dem Text besteht. Ein Täter, der keinerlei Interesse an dieser Art der Sanktion zeigt, wird also kaum auf diese Weise abgestraft werden.

Außerdem dürfte für viele dieser Täter die tiefgründige Auseinandersetzung mit einem Roman mit größerer Anstrengung verbunden sein als so mancher Sozialdienst. Die Entscheidung des Jugendlichen für die Lektüre kann deshalb meist kaum damit begründet werden, dass der Jugendliche einfach nur das kleinere Übel wählen würde. Die Aufgabe, stillsitzend über 200 Seiten zu lesen, mag dem ein oder anderen mehr Disziplin abverlangen als 30 Arbeitsstunden – und auch mehr Zeit. Schon das Erfassen des Textinhalts erfordert weiterhin ein hohes Maß an Konzentration. Ein Beispiel für eine solche geistige Anforderung wäre der Jugendroman *Eine wie Alaska* von John Green. Da es in dem Buch unter anderem um ein Mädchen geht, das durch Trunkenheit am Steuer umkommt, eignet es sich gut für Jugendliche, die alkoholisiert am Steuer erwischt wurden. Einfach ist das Buch jedoch ganz sicher nicht: Es behandelt grundsätzliche Fragen zu den Themen Freundschaft, Liebe, Leben und Sterben – Fragen, die bei der Lektüre jedoch lediglich aufgeworfen werden und die jeder Leser selbstständig für sich beantworten muss.

Pro-Argument 2

Erläuterung

„[Der Richter] soll nicht nur strafen, er soll vor allem erziehen.“ (Z. 12) Dieser Satz scheint für die Motivation von Mangelsdorf von zentraler Bedeutung zu sein. Denn durch die Buchlektüre soll der Straftäter zu der Einsicht gelangen, dass sein bisheriges Verhalten falsch war. Wenn ein Heranwachsender ein Mädchen sexuell belästigt oder eine Jugendliche nachts betrunken mit ihrem Roller unterwegs ist – und diese dann anschließend als Konsequenz einige Stunden in einem Altenheim die Salzstreuer nachfüllen müssen, lässt sich kein Zusammenhang zwischen Strafe und Tat erkennen. Beim Lesen der Bücher dagegen kann ein klarer Bezug zum Täter hergestellt werden – eine wichtige Voraussetzung dafür, dass sich beim Täter eine Veränderung in der Sichtweise vollziehen kann.

Pro-Argument 3

Erläuterung

In dem Roman *Kurzer Rock* von Christina Whaldén geht es um ein Mädchen, das von zwei Jungen vergewaltigt wurde und nun mit diesem Schicksal zurechtkommen muss. Da sie zum Zeitpunkt der Tat ein aufreizendes Kleid trug, wird ihr vorgeworfen, dass sie die Jungs doch geradezu zu ihrem Verhalten aufgefordert habe. In dem Roman wird das Innenleben des betroffenen Mädchens eindringlich beschrieben – diesen Roman könnte man somit einem Jugendlichen vorlegen, der Mädchen sexuell belästigt hat. Dadurch wird ein direkter Bezug zur Tat hergestellt und dem Täter wird ermöglicht, sich in das Opfer hineinzuversetzen. Dadurch kann der Straffällige seine Schuld erkennen und Reue zeigen. Beispiel

Aber das wichtigste Argument dafür, dass der in Fulda und Dresden eingeschlagene Weg sinnvoll ist, ist die Tatsache, dass im vorliegenden Artikel eine sehr positive Bilanz gezogen wird. Pro-Argument 4

Der Leser erfährt von Jugendlichen, die freiwillig Mehrarbeit leisten, von solchen, die ihre Lust am Lesen und Schreiben entdecken und sich tatsächlich in den Büchern wiederfinden. Als ein großer Gewinn kann auch der Fall des Jugendlichen gelten, der sich nach der Belästigung zweier Mädchen nicht mehr mit der lapidaren Bemerkung „war doch nur Spaß“ rechtfertigte, sondern diesen freiwillig einen Entschuldigungsbrief schrieb. Erläuterung

Aus diesen Gründen halte ich das Vorgehen in den Jugendgerichten von Fulda und Dresden prinzipiell für einen guten Weg, um mit jugendlichen Straftätern umzugehen. **Schluss**

Leider bleiben in dem Artikel allerdings noch einige Fragen ungeklärt – zum Beispiel, nach welchen Kriterien die Richter die Jugendlichen auswählen oder welche Sanktionen zu erwarten sind, wenn die Aufgaben nicht erledigt werden. Außerdem muss meiner Ansicht nach genau darauf geachtet werden, dass die Texte selbstständig und nicht nur oberflächlich bearbeitet werden. Damit beim Jugendlichen von der gewünschten tiefgehenden Beschäftigung mit dem Roman in Bezug auf sein Leben ausgegangen werden kann, reichen eine Inhaltsangabe von Wikipedia und zwei Sätze zur eigenen Meinung gewiss nicht aus. Abschließende problematisierende Reflexion

Thüringen – Besondere Leistungsfeststellung Deutsch
Übungsaufgabe 4: Textgebundene Erörterung

Eltern müssen sich aktiv einbringen

Interview mit dem Präsidenten des Berufsverbandes der Kinder- und Jugendärzte, Dr. Wolfram Hartmann, für „Lesen in Deutschland" (20. 04. 2009)

Stiftung Lesen:
Herr Doktor Hartmann, der Berufsverband der Kinder- und Jugendärzte engagiert sich schon lange im Bereich der Leseförderung; zuletzt haben Sie die bundesweite Lesestart-Initiative unterstützt und nun sind Sie Partner im Projekt „Medientipps fürs Kinderzimmer". Warum machen Sie sich gerade in diesem Feld stark?

Dr. Hartmann:
Wir Kinder- und Jugendärzte sehen in unseren Praxen in zunehmendem Maße Kinder aus Familien, denen eine Grundförderung fehlt. Das sind Kinder, die teilweise sozial verwahrlost sind, das sind Kinder, deren Eltern keine Erziehungskompetenz haben. Diese Kinder werden nicht entsprechend ihren Möglichkeiten, insbesondere im Vorschulalter, gefördert. Folgen dieser fehlenden Förderung sehen wir dann im Schulalter, teilweise in Form von psychosomatischen Erkrankungen, teilweise in Form von Aggressivität oder in Form von Lernstörungen – das sind die sogenannten neuen Morbiditäten, mit denen wir uns in zunehmendem Maße in unseren Praxen auseinandersetzen müssen.

Stiftung Lesen:
Im Alltag von Familien spielen Medien eine große Rolle. Ohne Frage ist bei kleinen Kindern das Bilderbuch das geeignete Medium, die Welt zu erklären. Aber schnell kommen die anderen Medien dazu, die heute zum Alltag gehören. Wie wichtig ist es da, Hilfestellung für die Familien zu leisten? Wann sollte die mediale Erziehung der Eltern einsetzen? Sollten sie sich dem Thema eher vorsichtig nähern oder offensiv damit umgehen?

Dr. Hartmann:
Den Punkt der Medienerziehung haben wir in unser Vorsorgeprogramm eingebaut, das heißt, unser Verband hat neben dem gesetzlichen Vorsorgeprogramm einen Katalog entwickelt, der über Fragebögen auch Medienkompetenz und Medienverhalten abfragt. Da stellen wir mit Erschrecken fest, dass bereits Kinder unter drei Jahren bis zu drei Stunden täglich vor dem Fernsehapparat sitzen, bei Kindern im Alter von sechs bis zehn Jahren kommt dann bereits der Computer dazu. Manche Kinder sitzen also fast vier bis fünf Stunden täglich außerhalb von Kindergarten oder Schule am Computer oder am Fernseher. In der Zeit bewegen

sie sich nicht, haben teilweise dann auch keine sozialen Kontakte und sind auf dem Weg, dort im Grunde sozial zu verwahrlosen.

In: Hartmann, Wolfram/Bonewitz, Sabine: Eltern müssen sich aktiv einbringen. Im Internet unter: http://www.lesen-in-deutschland.de/html/content.php?object=journal&lid=885 (Stand: 23. 06. 2009).

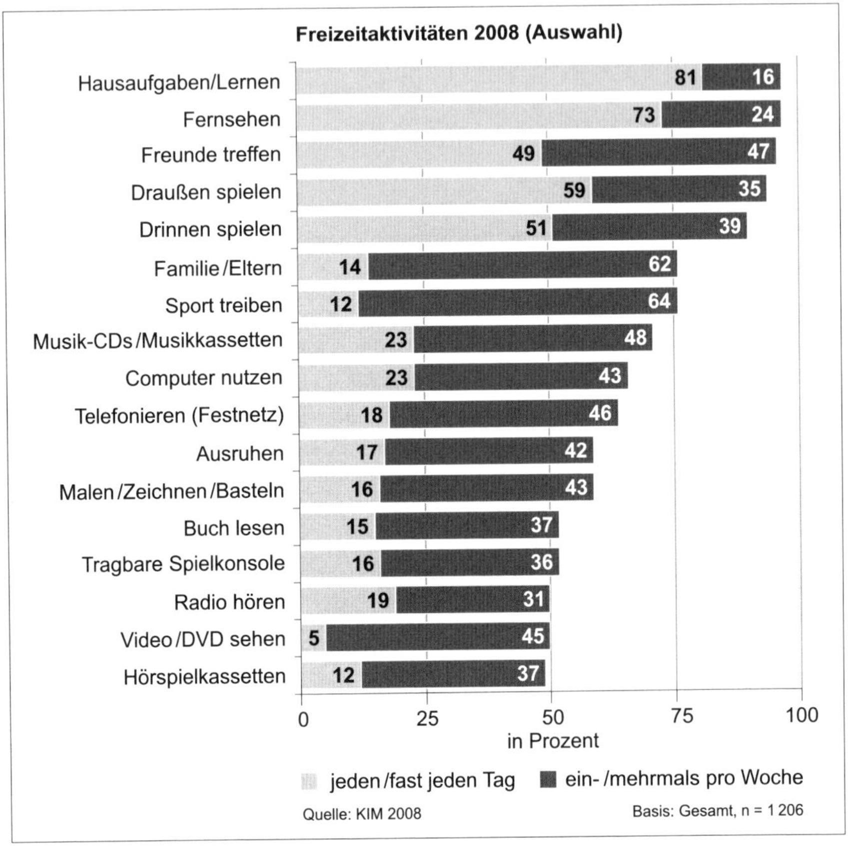

Aus: KIM-Studie 2008, © Medienpädagogischer Forschungsverbund Südwest. Im Internet unter: http://www.mpfs.de/index.php?id=138 (Stand: 23. 06. 2009)

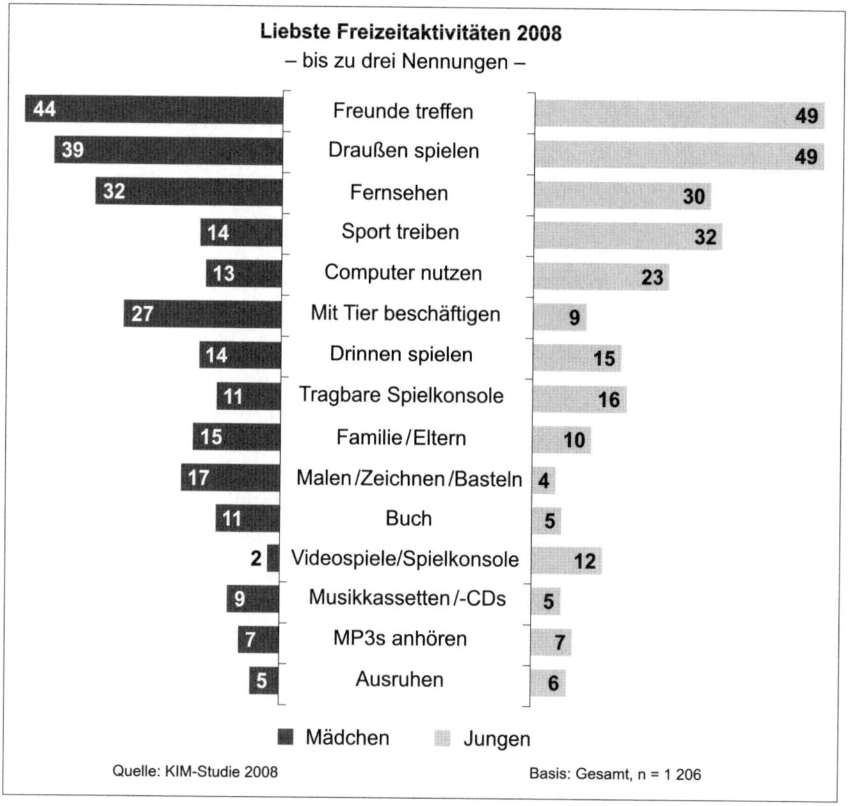

Aus: KIM-Studie 2008, © Medienpädagogischer Forschungsverbund Südwest.
Im Internet unter: http://www.mpfs.de/index.php?id=138 (Stand: 23. 06. 2009)

Arbeitsauftrag

Der vorliegende Ausschnitt aus einem aktuellen Interview und die beigefügten Grafiken geben einen Einblick in das Verhältnis junger Menschen zu Computer und Lesen.
Diskutieren Sie die gelieferten Argumente und formulieren Sie Ihre Erkenntnisse als einen Brief an Herrn Dr. Hartmann!

Lösungsvorschlag

Lesen Sie sich die Aufgabenstellung genau durch. Dabei fällt Ihnen sicherlich auf, dass eine Vielzahl von Tätigkeiten von Ihnen erwartet wird. Sie sollen einen Text lesen und begreifen, zusätzlich dazu Grafiken auswerten und aus Ihren Ergebnissen einen Brief mit Ihrer eigenen Meinung formulieren, der zudem eine angemessene Form aufweisen muss.
Ausgehend von der Aufgabenstellung beginnen Sie mit dem Lesen des Textes. Markieren Sie hierbei wesentliche Aussagen durch Unterstreichungen.
Anschließend betrachten Sie die beiden Grafiken und gewinnen einen Eindruck davon, was diese an Aussagewert enthalten. Beachten Sie dabei genau, wer befragt wurde und wozu. Welche Ergebnisse liefert die Befragung Ihnen als Leser? Versuchen Sie auch, zu erkennen, ob es widersprüchliche Aussagen gibt, die man aus der Gegenüberstellung von Text und Übersichten ableiten kann.
Machen Sie sich zu den beiden Arbeitsschritten Notizen, die Sie später in Ihren Brief einarbeiten. Dieser stellt die dritte und umfangreichste Phase der Arbeit dar. Teilen Sie sich Ihre Zeit also genau ein, sodass Sie den Brief im Anschluss an das Schreiben nochmals Korrektur lesen können.
Achten Sie beim Verfassen des Briefes auf einen angemessenen Stil.

Hermstadt, den 17. 5. 2011 — **Ort, Datum**

Sehr geehrter Herr Doktor Hartmann, — **Anrede**

Einleitung
aktueller Anlass

als ich heute Nachmittag im Internet nach Pressemitteilungen zum Thema „Lesen“ suchte, traf ich per Zufall auf ihren interessanten Beitrag zum Thema „Kinder und Medien“. Mein Auftrag für den Deutschunterricht war es eigentlich, Anregungen zu finden, die Schüler zum Lesen bringen könnten. Ich habe mich daher ausführlich mit Ihrer Meinung auseinandergesetzt und auch die zugehörigen Grafiken studiert. Beides fand ich sehr interessant, auch wenn ich bei Weitem nicht immer mit Ihnen derselben Meinung bin.

Hauptteil
Unverzichtbarkeit, Selbstverständlichkeit des Medienumgang

Fest steht natürlich auch für mich als Schüler einer 10. Klasse des Gymnasiums, dass Medien immer mehr Einfluss auf unser Leben nehmen. Ich selbst kann mir einen Tag ohne Fernsehen, Computer, Internet kaum noch vorstellen, genauso wenig wie einen ohne unsere technischen Hilfsmittel, wie den elektrischen Herd, die Waschmaschine oder den Trockner. Nun kann man einerseits sagen, dass das ja schlimm sei. Ich empfinde dies aber nicht so und sehe in all der für uns selbstverständlichen Technik persönlich eher eine Hilfestellung, unsere täglichen Aufgaben schneller und präziser zu meistern, als dass sie mich in meiner persönlichen Entwicklung behinderte.

Vielleicht mag dies auch daran liegen, dass ich ein Elternhaus habe, in dem man darauf achtete, was ich tat und wie lange ich mich zum Beispiel vor dem Fernsehgerät aufhielt. Auch stellt in unserer Familie, seit ich denken kann, das Lesen eine beliebte Freizeitbeschäftigung dar. Das hat mich geprägt: Ich besitze eine Vielzahl von eigenen Büchern und lese selbst gern und häufig. Dabei bevorzuge ich spannende Literatur; aber auch Werke, die wir im Unterricht lesen, interessieren mich, wie zum Beispiel Kleists „Das Erdbeben in Chili" oder Schillers „Kabale und Liebe". Es fiel mir auf, dass die dort beschriebenen Probleme eigentlich auch die unseren sind, nur dass wir eben in einer „technisierteren" Welt leben als die klassischen Dichter.

persönliche Erfahrung

Sie selbst engagieren sich seit Langem in der Leseförderung, unterstützen auch die bundesweite Leseinitiative. Das finde ich gut und bemerkenswert, denn wie aus der Grafik über die Freizeitaktivitäten der Jugendlichen hervorgeht, gehört das Lesen nicht zu den am häufigsten genutzten Beschäftigungsmöglichkeiten. Nur 52 % geben an, überhaupt zu lesen, davon nur 15 % täglich. Das ist zu wenig, ich stimme Ihnen zu.

Behauptung: geringe Lesebereitschaft

Nun erklären Sie in dem vorliegenden Interview, dass Sie in den Praxen der Jugendärzte zunehmend Kinder sehen, die „aus Familien [kommen], denen eine Grundförderung fehlt" (Z. 8). Für mich ergibt sich die Frage nach dem Warum. Liegt es an unserer Gesellschaft oder ist der Einzelne schuld, in dem Fall also die Familie? Muss man mehr von staatlicher Seite Einfluss nehmen? Für mich als Schüler sind sicherlich nicht alle diese Fragen schlüssig zu beantworten, aber ich denke schon, dass ein Großteil des Problems in mangelnder Einflussnahme der Eltern auf das Verhalten der Kinder zu suchen ist.

Behauptung: fehlende Grundförderung bei Kindern

Sie sagen, dass die Kinder „teilweise sozial verwahrlost sind, [...] deren Eltern keine Erziehungskompetenz haben" (Z. 8–10). Ich frage mich, woran Sie persönlich eine soziale Verwahrlosung festmachen. Ist es der Tatbestand, dass jemand keine oder wenige Bücher liest oder dass jemand nicht mit anderen Menschen umgehen kann? Beides kann sicher unterschiedliche Ursachen haben. Mit Sicherheit aber muss ich aus meiner Sicht sagen, dass nicht unbedingt eine soziale Verwahrlosung vorliegt, wenn man nicht gern liest. Mein Bruder zum Beispiel inte-

Gegenargument: mangelnde Lesebegeisterung ≠ soziale Verwahrlosung

ressiert sich trotz der Anregungen meiner Eltern fast gar nicht für das Lesen, verwahrlost ist er deshalb nicht. Vielmehr spielt er gern draußen und baut tolle Geräte mit seinen Technikbaukästen. Im Übrigen deckt sich sein Verhalten perfekt mit der Aussage der zweiten Grafik, die Ihren Beitrag illustriert. Jugendliche – sowohl Mädchen als auch Jungen – geben zu jeweils 44 bzw. 49 % an, dass es ihre liebste Freizeitbeschäftigung ist, Freunde zu treffen, gefolgt von einem ähnlich großen Anteil, der sich gern draußen aufhält.

Natürlich geben ich Ihnen Recht, wenn Sie sagen, dass Kinder mit einer fehlenden Förderung häufig „Form[en] von psychosomatischen Erkrankungen, teilweise in Form von Aggressivität oder in Form von Lernstörungen – das sind die sogenannten neuen Morbiditäten" (Z. 12–14) aufweisen. Damit wäre aber allen Jugendlichen, die viel fernsehen und wenig lesen, schon vorherbestimmt, an den genannten Symptomen zu erkranken.

Behauptung: Störungen aufgrund mangelnder Förderung

In unseren Schulklassen gibt es mit Sicherheit von der ersten Klasse an eine Vielzahl von Schülern, die diese Symptome aufweisen. Nur denke ich, dass es diese und ähnliche Störungen schon immer gegeben hat – auch ohne das heute tatsächlich große Medienangebot. Macht man es sich nicht zu leicht, Aggressivität und Lernstörungen allein auf ungenügende Erziehungskompetenz oder einen Mangel an Lesen zurückzuführen? Unsere Gesellschaft hat heutzutage mit so vielen Problemen zu kämpfen, dass eine ungenügende Zuwendung von Eltern ihren Kindern gegenüber nicht immer ein Mangel an Kompetenz sein muss. Vielleicht plagt Vater und Mutter einfach die Sorge, wie sie ohne Arbeit die Familie durchbringen können. Oder einer der beiden hat einen weiter entfernten Arbeitsplatz und ist deshalb wochentags nicht zu Hause. Ist er oder sie nur deswegen ein schlechter Vater oder eine schlechte Mutter, weil er bzw. sie nicht die Gelegenheit hat, durchgehend Einfluss zu nehmen?

Gegenargument: einseitige, oft ungerechte Schuldzuweisung

Sie erwähnen, dass „manche Kinder […] fast vier bis fünf Stunden […] außerhalb von Kindergarten oder Schule am Computer sitzen", dass sie „keine sozialen Kontakte [haben] und […] auf dem Wege [sind], […] sozial zu verwahrlosen" (Z. 30–33).

Behauptung: Verwahrlosung aufgrund hohen Medienkonsums

In manchen Fällen mag Ihre Befürchtung zutreffen, dass es zur sozialen Verwahrlosung führen kann, wenn Jugendliche wenig lesen, aber viel Zeit vor dem PC verbringen. Es ist aber fraglich, ob diese Verwahrlosung zum einen wirklich nur am Medienkonsum festgemacht und zum anderen allein durch eine Förderung

Gegenargument: Medienkonsum als oberflächliche Messgröße

der Lesegewohnheiten bekämpft werden kann. Familien, in denen Kinder verwahrlosen, haben meist ganz andere Probleme, die es zuerst zu beseitigen gilt. Außerdem ist hoher Medienkonsum nicht automatisch negativ zu bewerten. Schließlich gibt es auch in meiner Klasse eine Vielzahl von Schülern, die täglich Stunden vor dem Fernseher oder dem Computer verbringen, ohne verwahrlost zu sein. Und jemand, der sich aufgrund dieser intensiven Beschäftigung zum Beispiel gut mit dem PC auskennt, kann es später gerade deswegen weit bringen – etwa als Informatiker. Es ist meiner Meinung nach nicht hilfreich, nur schwarz-weiß zu denken und die Medien generell zu verteufeln, während das Lesen als Allheilmittel angesehen wird.

Synthese Überbewertung der Rolle der Medien

Beim Vergleich der vorliegenden statistischen Erhebungen fiel mir zudem ein gravierender Widerspruch auf, was die Rolle der Medien im Leben Jugendlicher angeht: So bringt die Grafik 1 zum Ausdruck, dass das Fernsehen die zweithäufigste Freizeitbeschäftigung darstellt, jedoch wird in Grafik 2 angegeben, dass „Freunde treffen" und „Draußen spielen" eigentlich die beliebtesten Aktivitäten wären. Vielleicht ist das Problem also gar nicht so sehr, dass Kinder unreflektiert mit Medien umgehen; sie würden ja offenbar andere Beschäftigungen dem Fernsehen vorziehen. Möglicherweise sollte man also eher hier ansetzen und Eltern und Kindern Hilfestellungen geben, wie gemeinsame Unternehmungen mit Freunden oder Spiele und Bewegung an der frischen Luft gefördert werden können. Denn das Lesen stellt natürlich eine Alternative zum stundenlangen Fernsehen und Computerspielen dar – aber auch an der frischen Luft und in einem sozialen Miteinander lernt man wichtige Dinge fürs Leben und tut zudem etwas für seine Gesundheit. Wenn Kinder bereits „unter drei Jahren bis zu drei Stunden täglich vor dem Fernsehapparat sitzen" (Z. 28), ist das nicht gut und nicht förderlich. Mir macht jedoch Mut, dass die Jugendlichen viele Alternativbeschäftigungen positiv bewerten. Gerade der Sport auf Platz 4 der liebsten Freizeitaktivitäten gibt doch Anlass zu Hoffnung.

Fazit

Ich möchte Ihnen danken, dass Sie sich in Ihrer Arbeit mit den Ursachen von Fehlentwicklungen beschäftigen, Sie jedoch auch ermutigen, etwas optimistischer in die Zukunft zu sehen. Ich jedenfalls tue es und mit mir sicher Tausende von Schülern.

Mit freundlichen Grüßen

Gruß

Max Meier

Unterschrift

Thüringen – Besondere Leistungsfeststellung Deutsch
Übungsaufgabe 5: Interpretation eines Prosatextes

Julia Franck: Streuselschnecke

Der Anruf kam, als ich vierzehn war. Ich wohnte seit einem Jahr nicht mehr bei meiner Mutter und meinen Schwestern, sondern bei Freunden in Berlin. Eine fremde Stimme meldete sich, der Mann nannte seinen Namen, sagte mir, er lebe in Berlin, und fragte, ob ich ihn kennenlernen wolle. Ich zögerte, ich war mir nicht sicher. Zwar hatte ich schon viel über solche Treffen gehört und mir oft vorgestellt, wie so etwas wäre, aber als es soweit war, empfand ich eher Unbehagen.

Wir verabredeten uns. Er trug Jeans, Jacke und Hose. Ich hatte mich geschminkt. Er führte mich ins Café Richter am Hindemithplatz und wir gingen ins Kino, ein Film von Rohmer. Unsympathisch war er nicht, eher schüchtern. Er nahm mich mit ins Restaurant und stellte mich seinen Freunden vor. Ein feines, ironisches Lächeln zog er zwischen sich und die anderen Menschen. Ich ahnte, was das Lächeln verriet.

Einige Male durfte ich ihn bei seiner Arbeit besuchen. Er schrieb Drehbücher und führte Regie bei Filmen. Ich fragte mich, ob er mir Geld geben würde, wenn wir uns treffen, aber er gab mir keins, und ich traute mich nicht, danach zu fragen. Schlimm war das nicht, schließlich kannte ich ihn kaum, was sollte ich da schon verlangen? Außerdem konnte ich für mich selbst sorgen, ich ging zur Schule und putzen und arbeitete als Kindermädchen. Bald würde ich alt genug sein, um als Kellnerin zu arbeiten, und vielleicht würde ja auch noch eines Tages etwas Richtiges aus mir.

Zwei Jahre später, der Mann und ich waren uns immer noch etwas fremd, sagte er mir, er sei krank. Er starb ein Jahr lang, ich besuchte ihn im Krankenhaus und fragte, was er sich wünsche. Er sagte mir, er habe Angst vor dem Tod und wolle es so schnell wie möglich hinter sich bringen. Er fragte mich, ob ich ihm Morphium besorgen könne. Ich dachte nach, ich hatte einige Freunde, die Drogen nahmen, aber keinen, der sich mit Morphium auskannte. Auch war ich mir nicht sicher, ob die im Krankenhaus herausfinden wollten und würden, woher es kam. Ich vergaß seine Bitte.

Manchmal brachte ich ihm Blumen. Er fragte nach dem Morphium, und ich fragte ihn, ob er sich Kuchen wünsche, schließlich wusste ich, wie gerne er Torte aß. Er sagte, die einfachen Dinge seien ihm jetzt die liebsten – er wolle nur Streuselschnecken, nichts sonst. Ich ging nach Hause und buk Streuselschnecken, zwei Bleche voll. Sie waren noch warm, als ich sie ins Krankenhaus brachte. Er sagte, er hätte gerne mit mir gelebt, es zumindest gern versucht, er habe immer gedacht, dafür sei noch Zeit, eines Tages – aber jetzt sei es zu spät.

Kurz nach meinem siebzehnten Geburtstag war er tot. Meine kleine Schwester kam nach Berlin, wir gingen gemeinsam zur Beerdigung. Meine Mutter kam nicht. Ich nehme an, sie war mit anderem beschäftigt, außerdem hatte sie meinen Vater zu wenig gekannt und nicht geliebt.

In: Franck, Julia: Bauchlandung. Geschichten zum Anfassen. Köln: DuMont 2000.

Arbeitsauftrag

Interpretieren Sie den Text „Streuselschnecke“ von Julia Franck (geb. 1970)!

Lösungsvorschlag

Der Titel „Streuselschnecke" macht neugierig auf die Geschichte, die sich dahinter verbirgt. Man denkt an das süße Backwerk und liest von einem Mädchen, das schon mit vierzehn Jahren allein in Berlin lebt, neben der Schule arbeitet und per Telefonanruf einen Mann kennen lernt. Der Mann wird krank und stirbt. Erst am Schluss stellt sich heraus, dass er ihr Vater war. Diese geheimnisvolle Sicht können Sie nur beim ersten Lesen haben, schon beim zweiten Mal werden Sie die Geschichte ganz anders lesen, weil Sie die Pointe kennen. Das muss in der späteren Interpretation eine Rolle spielen. Sie werden sicher über das Thema der Geschichte etwas länger nachdenken und darauf kommen, dass es um das „Erwachsenwerden" der Hauptfigur geht. Nun ist ein wichtiger Grundstein gelegt, und Sie können den Text nach bestimmten Kriterien der Textbeschreibung, wie Figuren (Tochter, Vater), Erzählperspektive (Ich-Erzählperspektive), Textsorte (kurze Erzählung), Satzbau (viele Sätze nach dem Schema Subjekt – Prädikat – Objekt, indirekte Rede), sprachliche Mittel (Pars pro toto, Metapher, Polysemie, Gegensätze, Symbol) und Zeitgestaltung (Raffung) analysieren. In der Deutung sollten Sie auf den Titel eingehen, begründen, warum die Autorin den Leser auf eine falsche Fährte führt und worin die Pointe besteht, sowie die Entwicklung der Figuren und deren Beziehung nachzeichnen. In der Einleitung und im Schluss könnten Sie über herkömmliche bzw. aktuelle Familienmodelle nachdenken und darüber, wie es wäre den leiblichen Vater erst kennen zu lernen, wenn man schon fast erwachsen ist. Auf das Recht der Kinder, zu erfahren, wer ihre Blutsverwandten sind, kann verwiesen werden.

Einleitung

Meine beste Freundin Theresa und ich besuchen uns häufig gegenseitig. Wir machen dann Hausaufgaben oder reden bei einem Cappuccino über Gott und die Welt. Kürzlich war ich wieder bei ihr zu Gast. Sie hat zwei kleine Schwestern, Lina und Anja. Diese wollen sich immer gerade dort aufhalten, wo wir sind. Erst gingen sie mir auf die Nerven, aber dann schaute ich einmal bewusst ihrem Treiben zu. Sie spielten das uralte Spiel „Vater – Mutter – Kind". Lina, die Ältere, stand an einem imaginären Herd und kochte das Essen. Zwischendurch beugte sie sich zu ihrem Kind, einer Puppe, in den Wagen hinab und beruhigte es mit lieben Worten. Dann kam Anja als Ehemann von der Arbeit nach Hause, begrüßte seine Frau mit tiefer Stimme und einem Kuss. Er nahm sein Kind aus dem Wagen und wiegte es im Arm. Die Mutter hatte inzwischen den Tisch gedeckt, alle drei setzten sich hin, um Kaffee zu trinken und

Ein uraltes Spiel: Vater – Mutter – Kind

Kuchen zu essen. Die Mädchen freuten sich darüber, dass der Kuchen echt und der Kaffee Fanta war, und verwandelten sich wieder in Lina und Anja. Ich fragte Theresa, die auch zugeschaut hatte, in wie vielen Familien es zugeht wie in dem Rollenspiel ihrer Schwestern. Sie wusste es auch nicht, aber wir schätzten, dass mindestens die Hälfte der Schüler in unserer Klasse mit nur einem Elternteil aufwächst oder mit einem Stiefvater bzw. einer Stiefmutter. Die klassische Konstellation Vater – Mutter – Kind wird immer seltener. Die Protagonistin aus der Geschichte „Streuselschnecke" von Julia Franck, die erst mit vierzehn Jahren ihren leiblichen Vater kennen lernt, teilt das Schicksal vieler Kinder.

Hauptteil
Thema, Inhalt

Die Geschichte, die das Thema „Erwachsenwerden" am Beispiel eines Mädchens behandelt, das sich zur jungen Frau entwickelt, beginnt mit einem Anruf bei der weiblichen Hauptfigur, die allein in Berlin lebt. Dass der Anrufende ihr Vater ist, den sie bis dahin nicht kennen gelernt hat, erfährt man später. Das Mädchen nimmt das Angebot an, sich mit ihm zu treffen. Sie besuchen ein Café, gehen ins Kino, später nimmt er sie mit ins Restaurant und stellt sie seinen Freunden vor. Sie besucht ihn bei seiner Arbeit, aber eine echte Beziehung erwächst daraus nicht. Zwei Jahre später gibt es eine Wendung, der Mann wird todkrank. Er möchte Morphium, das sie ihm nicht besorgen kann oder will. Sie bringt ihm Blumen ins Krankenhaus und bäckt Streuselschnecken. Der Mann stirbt. Die Hauptfigur und ihre kleine Schwester nehmen an seiner Beerdigung teil, jedoch nicht die Mutter der beiden, die beschäftigt sei, den Vater zu wenig gekannt und nicht geliebt habe.

Hauptfigur
– ist 14 Jahre alt
– ist zuhause ausgezogen
– wohnt in Berlin

Die Hauptfigur ist ein Mädchen, das am Anfang der Geschichte vierzehn Jahre alt ist und namenlos bleibt. Am Schluss hat sie gerade ihren siebzehnten Geburtstag gefeiert. Ein recht eindeutiger Hinweis darauf, dass es sich um eine weibliche Person handelt, findet sich in den Zeilen acht und neun: „Ich hatte mich geschminkt." Sie wohnt „seit einem Jahr" (Z. 1) nicht mehr bei der Mutter und den Schwestern, d. h., sie ist schon mit dreizehn Jahren ausgezogen und bei Freunden in Berlin untergekommen. Man kann davon ausgehen, dass sie reifer und selbständiger gewesen ist als andere Jugendliche in diesem Alter. Aus welchen Gründen sie sich so früh vom Elternhaus abgenabelt hat, kann man nur vermuten. Vielleicht hat sie sich nicht genug beachtet gefühlt, denn am Schluss wird die Mutter indirekt kritisiert, als sie nicht zur Beerdigung erscheint, durch die Vermutung der Ich-Erzählerin, sie wäre „mit anderem beschäftigt" (Z. 39). Darin liegt der Vorwurf, was wohl wichtiger sein kann, als einem Menschen, den man einmal geliebt haben muss, die letzte Ehre zu erweisen.

Vielleicht hat es auch oft Streit mit der Mutter gegeben, denn dieser kann nicht verborgen geblieben sein, wie sich ihre Tochter, vaterlos aufgewachsen, entwickelt. Sie scheint schon recht früh engeren Kontakt mit Männern gehabt zu haben, denn sonst könnte sie beim ersten Treffen mit dem Vater nicht so selbstbewusst bzw. geradezu herausfordernd auftreten.

– ist vaterlos aufgewachsen

Das Mädchen lebt in Berlin nicht in den Tag hinein, sondern geht zur Schule, putzt für andere Leute und beaufsichtigt Kinder. Später möchte sie als Kellnerin arbeiten und träumt davon, dass vielleicht „eines Tages etwas Richtiges" (Z. 20 f.) aus ihr wird. Dass sie nicht, wie viele andere Jugendliche, die früh das Elternhaus verlassen haben, abrutscht und zum Straßenkind wird, ist bemerkenswert. Sie hat Freunde, die Drogen nehmen.

– Tätigkeiten

– Wunsch

Ihren Vater lernt sie in Berlin mit vierzehn Jahren kennen und sie haben nur drei mehr oder weniger gemeinsame Jahre, bis er stirbt. Die Protagonistin scheint sensibel und nachdenklich zu sein, denn sie macht sich über andere Menschen Gedanken und analysiert Situationen, in die sie gerät. Sie findet ihren Vater beim ersten Treffen nicht unsympathisch, eher schüchtern. Sie ahnt, was sein ironisches Lächeln bedeutet, als er sie seinen Freunden vorstellt und traut sich nicht, ihn um Geld zu fragen. Ganz deutlich wird diese Gabe, sich in andere Leute hineinzuversetzen, als ihr Vater, den sie inzwischen zwei Jahre kennt, todkrank wird. Sie besucht ihn im Krankenhaus, geht auf seine Wünsche ein und überlegt ernsthaft, ob sie ihm Morphium besorgen könne. Sie bäckt ihm Streuselschnecken, die auch die Überschrift des Textes bilden. Das Mädchen macht in den vier Jahren, die die Geschichte umfasst, eine enorme Entwicklung durch und wird zur jungen Frau.

– lernt Vater kennen

– Krankheit des Vaters

Der Vater, den die Ich-Erzählerin bis kurz vor Schluss der Erzählung nur „Mann" nennt, lässt sich vierzehn Jahre Zeit, bis er telefonischen Kontakt mit seiner Tochter aufnimmt. Er scheint eher ein legerer Typ zu sein, denn er trägt beim ersten Treffen „Jeans, Jacke und Hose" (Z. 8). Sein Geld verdient er mit dem Schreiben von Drehbüchern und dem Regieführen bei Filmen, man könnte auch sagen, als „Künstler". Er scheint nicht beson-

Vater

– Kleidung

– Berufe

ders kleinlich zu sein, denn er lädt die Tochter ins Café, ins Kino und in ein Restaurant ein. Allerdings ist er auch nicht allzu großzügig, da sie sich nicht traut, ihn um Geld zu bitten und er ihr auch von sich aus keins gibt.

Einen zwiespältigen Eindruck macht er, als ihn seine Krankheit trifft. „Er starb ein Jahr lang" (Z. 23) kann bedeuten, die Beschwerden werden immer schlimmer, aber auch, er jammert in einem fort. Einerseits hängt er am Leben und hat Angst vor dem Tod, andererseits will er es so schnell wie möglich hinter sich bringen. Er scheint große Schmerzen zu haben, weil er um Morphium bittet, das bekanntermaßen Schmerzen betäubt. Dabei denkt er nicht daran, in welch schwierige Situation er seine Tochter bringt, die sich, wenn sie die Droge tatsächlich besorgen würde, strafbar macht. Andererseits könnte der Wunsch auch ein Vertrauensbeweis sein, denn um einen solchen Gefallen würde man nicht jeden bitten. – sein Sterben – Bitte um Morphium

Über die Beziehung zu einer Frau wird nichts bekannt, aber wenn es eine Partnerin gäbe, dann wäre diese am Krankenbett erschienen. Zur Mutter der Hauptfigur scheint er jegliche Kontakte abgebrochen zu haben.

Genau wie die Protagonistin macht der Vater eine Entwicklung durch. Am Anfang der Geschichte ist er der schüchterne, vielleicht von einem schlechten Gewissen geplagte Vater, der sich seiner neuen Rolle noch nicht bewusst ist. Am Schluss bedauert er, dass es zu spät für ein Zusammenleben mit der Tochter sei, er hätte gern mit ihr gelebt, „es zumindest gern versucht" (Z. 35). – Entwicklung

Der Text ist keine klassische Kurzgeschichte, wie man glauben könnte, wenn man nur den Anfang liest, der den Leser ins Geschehen wirft: Jemand bekommt einen Anruf. Bezeichnend für eine Kurzgeschichte wäre noch die Pointe, die sich daraus ergibt, dass die Identität des „Mannes" bis zum Schluss ein Geheimnis bleibt. Weitere typische Merkmale treffen nicht zu: Der Text umfasst nicht nur einen kleinen Ausschnitt aus dem Leben einer oder mehrerer Figuren, sondern immerhin vier Jahre. Die Figuren sind keine starren Typen, sondern sie entwickeln sich. Am Schluss ist dann tatsächlich die Geschichte des Versuchs der beiden Beteiligten, eine Beziehung herzustellen, abgeschlossen. Denn der eine Partner stirbt. Man könnte den Text deshalb als kurze Erzählung bezeichnen. Textsorte

Das spiegelt sich auch in der Sprache wider. Sie ist nicht, wie es typisch wäre, knapp und aufs Äußerste reduziert, sondern die Autorin entwickelt das Geschehen und lässt den Leser auch in die Gedanken der Ich-Figur sowie aus deren Sicht in die des Vaters hineinblicken. Allerdings wahrt sie Distanz, zumindest scheinbar, und trägt Überlegenheit zur Schau. Ihr Satzbau ist zum Teil monoton, Hauptsätze reihen sich aneinander in der gleichen Form: Subjekt – Prädikat – Objekt, wodurch Parallelismen entstehen. Aufgelockert wird die Struktur durch Satzgefüge und durch die häufige unpersönliche Wiedergabe von Gesprächen oder Gesprächsteilen im Konjunktiv, angekündigt durch signalisierende Verben des Sagens, wodurch wichtige Informationen transportiert werden. Am Anfang sind die Sätze kurz, mit der Entwicklung des Verhältnisses der beiden Figuren werden sie länger. Erzählt wird im Präteritum, vorzeitiges Geschehen im Plusquamperfekt: „Ich hatte mich geschminkt" (Z. 8) und „[…] außerdem hatte sie meinen Vater zu wenig gekannt und nicht geliebt." (Z. 39 f.) Durch die Verwendung des Konjunktivs II in „Bald würde ich alt genug sein, um als Kellnerin zu arbeiten" (Z. 19 f.) wird der Wunsch der Hauptfigur, wie sie ihre Zukunft gestalten will, ausgedrückt. Sprache Ich-Perspektive Satzbau

Die Autorin setzt sprachliche Bilder sparsam ein. Ein Pars pro toto verwendet sie in „Eine fremde Stimme meldete sich" (Z. 2 f.), denn die Stimme steht für den Menschen am anderen Ende der Leitung. Eine Metapher ist in „Ein feines, ironisches Lächeln zog er zwischen sich und die anderen Menschen" (Z. 11 f.) erkennbar. Hier wird ein Lächeln in den Raum gezogen, wie man eine Linie auf ein Blatt zeichnet. Mehrdeutigkeit (Polysemie) liegt bei „Er starb ein Jahr lang" (Z. 23) vor, was einerseits heißt, es dauert ein Jahr von der Diagnose bis zum Tod. Andererseits bezeichnet die Formulierung den Prozess des Verfalls mit den sich verschlimmernden Symptomen und Schmerzen. Schließlich ist da noch die symbolische „Streuselschnecke" aus der Überschrift, die in der Pluralform „Streuselschnecken" (Z. 33) später mit ins Krankenhaus genommen werden. Gegensätze wie alt – jung, gesund – krank, allein – gemeinsam, Tod – Leben spielen eine wichtige Rolle. Sprachliche Bilder: – Pars pro toto – Metapher – Polysemie – Symbol – Gegensätze

Die Geschichte wird zeitgerafft erzählt und umfasst insgesamt vier Jahre. Am Anfang ist die Protagonistin vierzehn Jahre alt und blickt auf die einjährige Dauer ihres Aufenthaltes fern der Mutter und der Schwestern in Berlin zurück. Dann werden Be- Zeitgestaltung gebenheiten der nächsten zwei Jahre wiedergegeben, in denen sich Vater und Tochter etwas kennen lernen bis zu dem einschneidenden Ereignis, welches durch einen Zeitsprung eingeleitet wird: „Zwei Jahre später [...] sagte er mir, er sei krank.“ (Z. 22 f.). „Er starb ein Jahr lang“ (Z. 23) ist die nächste Zeitangabe. Wiederum werden einzelne schlaglichtartige Episoden aus diesem Jahr mitgeteilt, bis der Vater kurz nach dem siebzehnten Geburtstag der Tochter stirbt. Trotz der verschiedenen Zeitangaben und -sprünge bleibt der Text überschaubar und der Leser weiß immer, wann das Erzählte gerade spielt.

Deutung
Assoziationen

Die Überschrift erweckt sofort Assoziationen. Eine Streuselschnecke ist ein rundes Hefebackwerk mit süßen Streuseln darauf, die besonders gut schmeckt, wenn sie frisch gebacken ist. Als „Schnecke“ wird salopp ein junges Mädchen bezeichnet, meist von männlichen Personen. Eine Schnecke ist auch häufig das Symbol dafür, sich abzukapseln, sich ins Schneckenhaus zurückzuziehen, allein mit allem fertig werden zu wollen. Die Streuselschnecke hat kleine Buckel, die sich nach außen wölben, sie krümelt beim Essen, klebt an den Fingern, sie schmeckt süß und macht satt. Könnte die Autorin mit ihrem Titel schon einen Hinweis auf die Protagonistin gegeben haben, die sich mit dem Backwerk vergleichen ließe? Darauf komme ich später zurück.

Vorbereitung der Pointe

Die Autorin führt den Leser auf die falsche Fährte, indem sie die Ich-Erzählerin bis zum Schluss verschweigen lässt, dass es sich bei dem „Mann“ (Z. 3, 22) um ihren Vater handelt, und bereitet so geschickt die Pointe vor. Vielmehr denkt man an irgendeinen Mann, wobei sich Zweifel regen, ob das für das junge Mädchen von vierzehn Jahren nicht viel zu früh ist, sich telefonisch mit einem Fremden zu verabreden und ihn zu treffen. Sie beschreibt diesen nicht, wie eine Tochter ihren Vater beschreiben würde: „Unsympathisch war er nicht, eher schüchtern“ (Z. 10), sondern wie eine Frau ihr Blind Date. Sie will positiv und vielleicht auch älter auf den Mann wirken und schminkt sich. Das Kalkül gelingt, sie wird ins Café, ins Kino, ins Restaurant ausgeführt und den Freunden des Vaters vorgestellt. Dabei wird der Hauptperson bewusst, wie weiblich sie wirkt, weil sie bemerkt, wie stolz der Vater auf sie ist, denn „Ein feines, ironisches Lächeln zog er zwischen sich und die anderen Menschen“ (Z. 11 f.). Sie „ahnte, was das Lächeln verriet“ (Z. 12 f.). Es könnte sein, dass der Vater bei der Vorstellung nicht gesagt hat, dass sie seine Tochter sei. Nun glauben die Freunde, sie sei seine Freundin und sind zumindest erstaunt, wenn nicht sogar neidisch auf seinen Erfolg bei so jungen Frauen. Man hört sie förmlich anerkennend durch die Zähne pfeifen. Das Spiel wird weitergetrieben. Vor dem inneren Auge des Lesers entwickelt sich die Beziehung der beiden Menschen, die sich doch seltsam fremd bleiben. Schließlich nimmt man Anteil an dem Sterben des Mannes, ist traurig darüber, dass die beiden so wenig Zeit zusammen hatten, bis man in der letzten Zeile erfährt, dass er ihr Vater war.

Zweifel

Zweifel über dessen Identität kommen dem Leser jedoch schon eher, z. B. als die Ich-Erzählerin äußert, sie „durfte […] ihn bei seiner Arbeit besuchen" (Z. 14), was nicht sehr typisch ist für ein Mann-Frau-Verhältnis. Man fragt sich auch, was das für eine Beziehung werden soll, wenn die Hauptperson erwägt, um Geld zu bitten. Spätestens, als die Schwester mit zur Beerdigung geht, die dazu eigentlich keine Veranlassung hat, wird einem klar, dass der Mann anders zur Protagonistin stehen muss, bis das Rätsel ganz einfach aufgeklärt wird.

Entwicklung zur jungen Frau

Der Text zeichnet die Entwicklung eines Mädchens zur jungen Frau nach. In diesen vier Jahren widerfahren der Hauptfigur einschneidende Erlebnisse: Sie lernt endlich ihren biologischen Erzeuger kennen und verliert am Schluss den Vater. Dazwischen liegen Stufen des Kennenlernens. Am Anfang gewinnt sie den ersten Eindruck durch eine fremde Stimme am Telefon. Vor dem ersten Treffen hat sie Bedenken, wie dieses verlaufen würde, denn sie hatte „schon viel über solche Treffen gehört und [sich] oft vorgestellt, wie so etwas wäre, aber als es soweit war, empfand [sie] eher Unbehagen" (Z. 5–7). Nachdem sie sich getroffen haben, beschreibt sie ihn als nicht unsympathisch, eher schüchtern. Später findet sie es nicht schlimm, dass er nicht selbst auf die Idee kommt, ihr Geld zu geben: „[…] schließlich kannte ich ihn kaum, was sollte ich da schon verlangen?" (Z. 17 f.). Auch zwei Jahre später scheint er dem Mädchen „immer noch etwas fremd" (Z. 22). Die Zeit der Krankheit des Vaters wirkt offensichtlich intensiver, denn immerhin weiß die Tochter inzwischen, „wie gerne er Torte aß." (Z. 31 f.) Sie bäckt Streuselschnecken, die er sich gewünscht hat, ein Aufwand, den man nur für liebe Menschen betreibt, und trägt sie noch warm ins Krankenhaus. Mit der Wärme der Gebäckstücke bringt sie die eigene Herzenswärme zum kranken Vater. Dies ist der

Stimme am Telefon

Zwei Jahre später

Streuselschnecken

Höhepunkt der Geschichte. Dem Vater seien „die einfachen Dinge […] jetzt die liebsten“ (Z. 32). Dies zeugt von einer wirklichen Weiterentwicklung seinerseits. Jenseits von schicken Restaurantbesuchen oder der spektakulären Filmarbeit besinnt er sich auf solche fast schon biederen Momente im Kreise der Lieben bei Kaffee und Streuselschnecken. Jedoch kommen seine väterlichen Gefühle gegenüber der Tochter zu spät, nämlich im Angesicht des Todes.

Auf eine harte Probe stellt sie der Kranke mit seinem Wunsch nach Morphium. Eine Tochter soll dazu beitragen, ihren Vater vom Leben in den Tod zu befördern. Erstaunlich ist, dass sie ernsthaft darüber nachdenkt. Die Gefühle, die das Mädchen dabei gehabt haben muss, werden völlig ausgespart. Man kann nur ahnen, welche widerstreitenden Gedanken ihr durch den Kopf gegangen sein müssen. Aber sie bleibt auf dem Boden der Realität, indem sie sich fragt, „ob die im Krankenhaus herausfinden wollten und würden, woher es [das Morphium] kam“ (Z. 28 f.) Sie möchte keine Straftat begehen. Es könnte auch sein, dass sie für den Wunsch des Vaters Verständnis hat, der die Qualen eines langsamen und schmerzvollen Sterbens nicht durchmachen möchte. Als das Verhältnis vertrauensvoll geworden ist, der Vater äußert: „[…] er hätte gerne mit [ihr] gelebt, es zumindest gern versucht“ (Z. 35), verliert sie ihn. Ob der Wunsch nach einem Zusammenleben auch ihrerseits bestanden hätte, erfährt man nicht. Am Schluss erweist sie ihm die letzte Ehre und bekundet mehr Größe als ihre Mutter, die aus unbestimmten Gründen nicht zur Beerdigung kommt. Am Grab des Vaters steht eine erwachsene junge Frau.

Harte Probe

Vater stirbt

Es mag sein, dass die Ich-Erzählerin am Anfang so eine „Streuselschnecke“ ist: süß, ein bisschen aufmüpfig, aber auch warmherzig. Am Ende ist sie eine gereifte junge Frau, die die ersten Schicksalsschläge im Leben schon hinter sich hat. Ich denke, dass „etwas Richtiges“ (Z. 21) aus ihr wird, denn sie lässt sich nicht treiben, sondern nimmt ihre Geschicke in die eigenen Hände. Sie arbeitet, hat Pläne und Ziele, kann sich auf andere Menschen einlassen, ist zuverlässig und gütig. Sie übernimmt freiwillig Verantwortung für einen Menschen, auf den sie eigentlich schlecht zu sprechen sein müsste, da er sich erst nach vierzehn Jahren daran erinnert hat, dass er eine Tochter hat. Das ist keine „Schnecke“! Das ist eine selbstbewusste junge Frau.

Bezug zum Titel

Wie viele Kinder mag es geben, die ihren Vater nicht kennen, mit einem Stiefvater oder sogar wechselnden Partnern der Mutter leben müssen und sich schließlich als Erwachsene auf die Suche nach dem großen Unbekannten machen. Viele! Die heile Welt mit Vater – Mutter – Kind existiert nur noch selten. Wenn man seinen Vater nicht kennt, führt eine Wurzel ins Leere. Es bleibt eine Leerstelle im Kopf des Kindes und späteren Erwachsenen. Jeder hat ein Recht darauf, zu wissen, wer seine Blutsverwandten sind. Mütter, die ihren Kindern dieses Wissen vorenthalten, glauben, etwas Gutes zu tun. Sie wollen dem Sohn oder der Tochter Kummer ersparen, ihn/sie nicht durcheinander bringen, wenn ein neuer Partner da ist. Aber Kinder können viel mehr an Wahrheit aushalten, als man glaubt. Bedeutend schlimmer ist es, zu lügen. Dass etwas nicht in Ordnung ist, liegt in der Luft, das spüren sie. Die Tatsache kommt doch irgendwann heraus und dann ist die Enttäuschung groß. Ob die Ich-Erzählerin aus der Geschichte darunter gelitten hat, ohne Vater oder mit einem neuen Partner der Mutter aufgewachsen zu sein, und warum erst vierzehn Jahre vergehen mussten, ihn kennen zu lernen, wird nicht gesagt. Auch nicht, was ihre Mutter daran gehindert hat, eher einen Kontakt zum Vater herzustellen und liebevoller mit ihrer Tochter umzugehen. Den Vater hatte sie nur drei kurze Jahre, aber trotzdem würde ich von einem Happy End sprechen, denn das Mädchen steht am Anfang seines Lebens und die Chancen, etwas Anständiges daraus zu machen, stehen gut.

Schluss

Aufwachsen ohne Vater

Gute Chancen

Margret Steenfatt: Im Spiegel (1984)

„Du kannst nichts", sagten sie, „du machst nichts", „aus dir wird nichts." Nichts. Nichts. Nichts.

Was war das für ein NICHTS, von dem sie redeten und vor dem sie offensichtlich Angst hatten, fragte sich Achim, unter Decken und Kissen vergraben.

Mit lautem Knall schlug die Tür hinter ihnen zu.

Achim schob sich halb aus dem Bett. Fünf nach eins. Wieder mal zu spät. Er starrte gegen die Zimmerdecke. – Weiß. Nichts. Ein unbeschriebenes Blatt Papier, ein ungemaltes Bild, eine tonlose Melodie, ein ungesagtes Wort, ungelebtes Leben.

Eine halbe Körperdrehung nach rechts, ein Fingerdruck auf den Einschaltknopf seiner Anlage. Manchmal brachte Musik ihn hoch.

Er robbte zur Wand, zu dem großen Spiegel, der beim Fenster aufgestellt war, kniete sich davor und betrachtete sich: lang, knochig, graue Augen im blassen Gesicht, hellbraune Haare, glanzlos. „Dead Kennedys" sangen: „Weil sie dich verplant haben, kannst du nichts anderes tun als aussteigen und nachdenken."

Achim wandte sich ab, erhob sich, ging zum Fenster und schaute hinaus. Straßen, Häuser, Läden, Autos, Passanten, immer dasselbe. Zurück zum Spiegel, näher heran, so nahe, dass er glaubte, das Glas zwischen sich und dem Spiegelbild durchdringen zu können. Er legte seine Handflächen gegen sein Gesicht im Spiegel, ließ seine Finger sanft über Wangen, Augen, Stirn und Schläfen kreisen, streichelte, fühlte nichts als Glätte und Kälte.

Ihm fiel ein, dass in dem Holzkasten, wo er seinen Kram aufbewahrte, noch Schminke herumliegen musste. Er fasste unters Bett, wühlte in den Sachen im Kasten herum und zog eine Pappschachtel heraus, in der sich einige zerdrückte Tuben fanden. Von der schwarzen Farbe war noch ein Rest vorhanden. Achim baute sich vor dem Spiegel auf und malte zwei dicke Striche auf das Glas, genau dahin, wo sich seine Augenbrauen im Spiegel zeigten. Weiß besaß er reichlich. Er drückte eine Tube aus, fing die weiche ölige Masse in seinen Händen auf, verteilte sie auf dem Spiegel über Kinn, Wangen und Nase und begann, sie langsam und sorgfältig zu verstreichen. Dabei durfte er sich nicht bewegen, sonst verschob sich seine Malerei. Schwarz und Weiß sehen gut aus, dachte er, fehlt noch Blau. Achim grinst seinem Bild zu, holte sich das Blau aus dem Kasten und färbte noch die Spiegelstellen über Stirn und Augenlidern.

Eine Weile verharrte er vor dem bunten Gesicht, dann rückte er ein Stück zur Seite, und wie ein Spuk tauchte sein farbloses Gesicht im Spiegel wieder auf, daneben eine aufgemalte Spiegelmaske.

Er trat einen Schritt zurück, holte mit dem Arm weit aus und ließ seine Faust in die Spiegelscheibe krachen. Glasteile fielen herunter, Splitter verletzten ihn, seine Hand fing an zu bluten. Warm rann ihm das Blut über den Arm und tröpfelte zu Boden. Achim legte seinen Mund auf die Wunden und leckte das Blut ab. Dabei wurde sein Gesicht rot verschmiert.

Der Spiegel war kaputt. Achim suchte sein Zeug zusammen und kleidete sich an. Er wollte runtergehen und irgendwo seine Leute treffen.

In: Augenaufmachen. 7. Jahrbuch der Kinderliteratur, Hg. von Hans-Joachim Gehlberg. Weinheim / Basel: Beltz 1984, S. 218–219.

Arbeitsauftrag

Interpretieren Sie den Text!

Lösungsvorschlag

Es handelt sich um die Interpretation eines Prosatextes, der 1984 entstand. Da die Aufgabenstellung eine enge Auseinandersetzung mit Inhalt und Sprache der Kurzgeschichte verlangt, ist es sinnvoll sich zuerst einen die Aussageabsicht betreffenden Überblick zu verschaffen. Nach dem gründlichen Lesen muss also eine Strategie zum Aufbau des Aufsatzes gefunden werden. Hier eignet sich besonders gut das Ausgehen von der Überschrift, da sie mehrdeutig zu sehen ist. Außerdem sind die einführenden Sätze so prägnant, dass man im ersten Teil der Interpretation unbedingt auf sie eingehen sollte. Anschließend wendet man sich dem Inhalt der Geschichte zu, erklärt diesen, geht dabei immer wieder auf die sehr gezielte Verwendung der Sprache ein, beschreibt Besonderheiten – wie die intensive Auseinandersetzung der Hauptfigur mit sich selbst – und belegt die getroffenen Feststellungen mit den entsprechenden Zitaten am Text. Es muss auf jeden Fall deutlich werden, dass die Kurzgeschichte ringförmig angelegt ist und ein zum Genre passendes offenes Ende hat. Dabei bleibt es dem Verfasser des Aufsatzes überlassen, ob er dieses als positiven Schluss wertet oder als Vorausdeutung eines letztlich negativen Endes sieht.

Einleitung

Sich im Spiegel zu betrachten, dient oft der Selbstvergewisserung und der Erkenntnis, dass wir uns schön oder eben nicht schön finden, vielleicht sogar hässlich. Wir können zu dick, zu dünn, zu groß oder klein sein, ganz zu schweigen von unserer Nase! Dann aber gibt es Situationen, wo man im Spiegel beinahe deutlich und unmissverständlich den eigenen Charakter zu erkennen vermag, auch wenn es uns nur so scheint. Ob wir sehen, was wir uns wünschen? Oder überprüfen wir das Bild, das wir und andere von uns haben?

Hauptteil
Texteinführung

Margret Steenfatts Kurzgeschichte trägt den Titel „Im Spiegel" und befasst sich mit beiden in der Einleitung genannten Perspektiven, die ein Spiegelbild eröffnet: mit dem Blick auf das Äußere und in das Innere einer Person.

Gehalten in einer einfachen Sprache mit weitgehend parataktischem Satzbau, wird eine Situation geschildert, die täglich geschehen kann. Achim, die Hauptperson der Kurzgeschichte, bekommt zu hören, was vielen Teenagern von ihren Eltern gesagt wird: „Du kannst nichts, […] du machst nichts, aus dir wird nichts" (Z. 1). Mit dieser deutlichen Aussage beginnt die Kurzgeschichte. Es ist ein scheinbar endgültiges, durch nichts mehr zu veränderndes Urteil, das über Achim – „unter Decken und

Problem

Kissen vergraben“ (Z. 4) – gefällt wird. So endgültig, dass man alle Hoffnungslosigkeit bezüglich des Sohnes, seines Tuns und seiner Aktivitäten aus der Sicht der Sprechenden förmlich hören kann. Gleichzeitig bereitet diese Aussichtslosigkeit den Eltern „offensichtlich Angst“ (Z. 3 f.). Eine Angst, die der Sohn spürt und die ihn zum Nachdenken bringt.

Textarbeit

Entsprechend der unterstellten Antriebslosigkeit sind Achims Bewegungen zunächst nur halbherzig. Er „schob sich halb aus dem Bett“ (Z. 6), zu einem wirklichen Aufstehen reicht es nicht. Dem Satz ist der Unwille anzumerken, mit dem der Junge sich bewegt. Begriffe wie „starren“ (Z. 7), „zu spät“ (Z. 6), „tonlose Melodie“ (Z. 8) oder „ungelebtes Leben“ (Z. 8 f.) vermitteln dem Leser ein trostloses Bild von seiner Verfassung. Dass er Musik einer Hardcore-Punkband schätzt, die den ebenfalls wenig lebensbejahenden Namen „Dead Kennedys“ (Z. 14) trägt, passt ebenfalls zu Achims Charakterisierung. Er wird als das schwarze Schaf der Familie, als der Loser dargestellt. Wie ein „unbeschriebenes Blatt Papier“ (Z. 7 f.) liegt nicht nur die Zimmerdecke weiß ausgebreitet, sondern auch sein Leben vor den Augen Achims.

Hinterfragen des Problems

Die im Text zitierte Passage aus einem Lied der Dead Kennedys macht den Widerstand gegen die Erwartungen der Eltern deutlich und bietet als Lösung das Aussteigen und Nachdenken an (vgl. Z. 14 f.). Ohne dass die Gedanken Achims im Einzelnen wiedergegeben werden, also eine personale Erzählsituation vorliegen würde, scheint der Rest der Geschichte eine geistige Auseinandersetzung mit den Vorwürfen der Eltern und seinem Selbstbild zu sein.

Wertung

Erzählzeit / erzählte Zeit

Die aus personaler Perspektive erzählte Situationsbeschreibung, in der er das Aufstehen mit Hilfe der Musik der Dead Kennedys bewältigt, zum Fenster geht und sich dann dem Spiegel zuwendet, diesen mit einer Clownsmaske seines eigenen Gesichtes versieht und schließlich einschlägt, umfasst höchstens einen Zeitraum von 15 Minuten. In dieser sehr kurzen Zeitspanne erfahren wir unendlich viel über den Jungen mit seinem fahlen Gesicht und dem antriebslosen Verhalten, wobei die Autorin diesen ohnehin überschaubaren Zeitraum auf eine Geschichte verdichtet, deren Erzählzeit einen Umfang von etwa fünf Minuten ausmacht.

Der Spiegel dient hier sowohl als Motiv des möglichen zweiten Bildes, also der Widerspiegelung des Realen, als auch als Metapher für das, was wir im Innern gerne sein möchten. Motiv / Metaphorik

Achim nimmt sich im Spiegel als „glanzlos“ (Z. 14) und mit „blasse[m] Gesicht“ (Z. 13 f.) wahr. Und so sucht der Protagonist in seinem Kramkasten nach Schminke.

Er nimmt vor dem Spiegel Aufstellung und versieht diesen mit einer schwarz-weiß-blauen Kopie seines Gesichts, ganz so, als wolle er seinem glanzlosen Gesicht Farbe verleihen und sich gleichzeitig dahinter verbergen, um den Angriffen der anderen nicht mehr schutzlos ausgeliefert sein.

Aus dem Leben kennen wir die Situation, dass man sich nicht nur im Fasching hinter einer Maske verstecken möchte. Oft sind wir der Clown, bringen andere zum Lachen, obwohl es uns selber nicht gut geht. Wir wahren nach außen die Form, geben uns nicht zu erkennen. So baut sich auch Achim ein „Versteck“, hinter dem er sich für kurze Zeit verbergen kann und so vor Angriffen sicher ist. eigenes Beispiel

Nach Abschluss der Bemalung, die zu seiner Zufriedenheit ausfällt, macht er einen Schritt zur Seite und betrachtet die „Spiegelmaske“ (Z. 36), sein bleiches Gesicht daneben.

Und da begreift er, dass die Maske nicht von Nutzen ist, der Spiegel doch die blasse und angeblich nichtsnutzige Wahrheit zeigt. So holt er aus und schlägt die Faust in die Spiegelscheibe. Einsicht

Er lässt sie „in die Spiegelscheibe krachen“ (Z. 38), was an den Knall vom Anfang der Kurzgeschichte erinnert, als die Eltern die Tür seines Zimmers zuwarfen. Begann mit diesem Knall der Prozess der Auseinandersetzung mit den Vorwürfen seiner Eltern, dass er ein „Nichts“ sei, findet er mit dem krachenden Zersplittern des Spiegels seinen Abschluss. Aber nicht nur akustisch, sondern auch farblich wird der Wendepunkt in der Geschichte markiert: Aus der Wunde an der Hand, mit der Achim den Spiegel zerschlagen hat, rinnt Blut. Als er sich dieses ableckt, „wurde sein Gesicht rot verschmiert“ (Z. 41) und ist damit nicht mehr fahl und „blutleer“. Er benötigt keine Schminke mehr und kein Spiegelbild, das er nach den Wünschen seiner Eltern zu gestalten versucht, er besitzt Leben in sich, was das Blut zum Ausdruck bringt. Die lebendige rote Farbe hat der eher tristen „Spiegelmaske“ gefehlt. Ringkomposition / Metaphorik

Schluss

Das Ergebnis dieser Selbstvergewisserung ist, dass er, der sich am Anfang nur halb aus dem Bett zu schieben vermochte, sich am Ende ankleidet, damit er „runtergehen und irgendwo seine Leute treffen kann“ (Z. 43). Es findet also eine Art Aufbruch statt, der zwar nicht ganz so verläuft, wie seine Eltern sich das vielleicht vorgestellt haben, aber Bewegung in Achims Leben bringt. Er weiß, was er tut. Zwar ist das Ende der Kurzgeschichte offen, aber wir verlassen die Hauptperson mit einer gewissen Hoffnung.

Trotzdem bleiben auch bange Fragen: Wer sind diese Leute, die er treffen will? Wie wird es mit Achim weitergehen? Könnte mir selbst diese Situation auch zustoßen? Alles offen, alles ohne wirkliches, definitives Ende.

Wie schade! Oder? Welch ein Glück! So bleibt uns die Hoffnung, alles könnte sich zum Guten wenden, wenngleich wir auch wissen, dass dies im wirklichen Leben nicht immer geschieht.

Thüringen – Besondere Leistungsfeststellung Deutsch
Übungsaufgabe 7: Gedichtinterpretation

Wolfgang Borchert (1921–1947):
Der Kuss

Es regnet – doch sie merkt es kaum,
weil noch ihr Herz vor Glück erzittert:
Im Kuss versank die Welt im Traum.
Ihr Kleid ist nass und ganz zerknittert

und so verächtlich hochgeschoben,
als wären ihre Knie für alle da.
Ein Regentropfen, der zu Nichts zerstoben,
der hat gesehn, was niemand sonst noch sah.

So tief hat sie noch nie gefühlt –
so sinnlos selig müssen Tiere sein!
Ihr Haar ist wie zu einem Heiligenschein zerwühlt –
Laternen spinnen sich drin ein.

In: Borchert, Wolfgang: Das Gesamtwerk.
Hamburg: Rowohlt 1949, S. 21.

Arbeitsauftrag

Interpretieren Sie das Gedicht!

Lösungsvorschlag

Wolfgang Borchert lebte nur 26 Jahre, kam schwer krank aus dem verhassten Zweiten Weltkrieg zurück, der ihn um Hoffnungen, Ideale und um sein Leben betrogen hatte. Er verarbeitete das Schreckliche in Erzählungen und Dramen in melancholischer, oft satirischer Form. Und nun gibt es da sein Gedicht „Der Kuss", das auf verblüffende Weise heiter und leicht daherkommt. Der erste Eindruck, Zeuge eines besonderen Erlebnisses zu sein, bestätigt sich nach der genauen Analyse. Schnell werden Sie die wichtigsten Formmerkmale herausfinden: Drei Strophen, Jambus, Kreuz- bzw. Paarreim, lyrisches Ich als Beobachter. Dann nehmen Sie sich die Strophen einzeln vor und untersuchen, wie die Form den Inhalt sowie der Inhalt die Form unterstützt. Sie merken, dass es eine äußere Situation (Regen) und ein inneres Gefühl (Glück) gibt. Ein Kuss bewirkt diese tiefe, einmalige Empfindung. Der Dichter, der vor allem mit Vergleichen, Personifikationen und Metaphern arbeitet, erreicht, dass der Leser das Geschehen genau nachvollziehen und sich in die Frau, die Geküsste, hineinversetzen kann. Den Höhepunkt des Werkes finden Sie in der letzten Strophe. In der Einleitung erinnern Sie sich an die Tragödie „Romeo und Julia" von William Shakespeare, die Sie sicher im Deutsch- oder Englischunterricht behandelt haben, worin Romeo Julia küsst, obwohl sie sich noch nicht kennen. Am Schluss lohnt sich eine Überlegung, was wohl Liebe sei, das schönste Gefühl, das Menschen empfinden können.

Einleitung

Romeo küsst Julia

Romeo besucht maskiert ein Fest seines Erzfeindes Capulet. Er sieht Julia und schon ist es um ihn geschehen, er verliebt sich. Romeo hält sich auch nicht lange bei der Vorrede auf und küsst Julia, nachdem sie kaum zwei Worte miteinander gewechselt haben. Das Verblüffende dabei ist, dass Julia nicht etwa schreit oder sich wehrt, sondern dass sie auf das Spiel eingeht und zurückküsst. Sie ist auch nicht zufrieden mit der Kussfertigkeit des jungen Mannes: „Ihr küsst recht nach der Kunst", sagt sie und meint, dass er recht steif und nicht leidenschaftlich genug ist. Wie bekannt, werden Romeo und Julia ein Paar, jedoch unter tragischen Vorzeichen. Ihr Schöpfer Shakespeare lässt sie nicht glücklich werden, sondern sterben. Ein Dichter aus dem 20. Jahrhundert, Wolfgang Borchert, ist ebenso fasziniert von der Liebe und schreibt ein Gedicht mit dem Titel „Der Kuss".

Borcherts „Der Kuss"

Hauptteil

Erster Eindruck

Schon nach erstmaligem Lesen gewinnt man den Eindruck, Zeuge von etwas Einmaligem zu sein. Man sieht ein Liebespaar vor seinem inneren Auge, das im Regen unter einer Straßenlaterne steht, sich innig küsst und die ganze Welt um sich herum vergisst. Es könnte ein kitschiger Text sein, denn vordergründig hat er alle Zutaten, die dafür gebraucht werden: „Herz" (V. 2), „Glück" (V. 2), „Kuss" (V. 3), „Traum" (V. 3), und das alles schon in der ersten Strophe. Aber nach genauerer Analyse bemerkt man schnell die Tiefe des Gefühls, die Einmaligkeit des Geschehens und die Erhabenheit des Augenblicks.

Formmerkmale

Das Gedicht besteht aus drei Strophen mit jeweils vier jambischen Versen. Das lyrische Ich beschreibt das Kusserlebnis einer Frau, womöglich den ersten Kuss ihres Lebens, aus der Distanz und dennoch ganz intim. Die äußere Situation kontrastiert mit dem inneren Gefühl. Die Jamben unterstützen die schwebende Stimmung, in der sich das Paar befindet. Die Gefühle schlagen Purzelbaum, die sich Küssenden haben die sprichwörtlichen Schmetterlinge im Bauch.

Inhalt

1. Strophe

Die erste Strophe ist durch vierhebige Jamben und durch Kreuzreime gekennzeichnet. Die ersten zwei Worte „Es regnet" (V. 1) beschreiben die äußeren Gegebenheiten, es könnte auch ein Herbstgedicht oder eines über Wettererscheinungen werden. Nach einem Gedankenstrich, der die Beschreibung der äußeren Situation von der Schilderung des inneren Gefühls trennt, wird klar, dass es um ein Mädchen oder eine Frau geht, der etwas Besonderes widerfahren ist, denn sie bemerkt den Regen nicht, ausgedrückt durch die adversative Konjunktion „doch". Die Erklärung dafür, die mit einer weiteren Konjunktion eingeleitet wird, wodurch ein Kausalsatz entsteht, wird im zweiten Vers gegeben: „weil noch ihr Herz vor Glück erzittert". Das Ereignis ist also nicht lange her, denn das personifizierte Herz zittert immer noch. Der zweite Vers endet nicht mit einem Punkt, sondern mit einem Doppelpunkt, denn der Leser ist inzwischen neugierig geworden und möchte wissen, welches Ereignis so nachhaltig ins Leben der Frau eingegriffen haben mag. Er erfährt, dass ein Kuss der Urheber des tiefen Gefühlserlebnisses ist. Nun wird auch klar, warum die Person den Regen nicht wahrnimmt, der Kuss war so beeindruckend, dass die Welt im Traum versank (vgl. V. 3). Das Prädikat „versank" steht im Gegensatz zu den Verben in der ersten und zweiten Zeile im Präteritum, das Ereignis ist vorbei, aber das Hochgefühl dauert an. Die Frau könnte lachen, weinen oder schreien; es könnte plötzlich schneien, blitzen oder donnern, sie würde es nicht merken, denn sie ist in diesem Moment der glücklichste Mensch

Äußere und innere Situation

Glück

Traum

der Welt. Sie befindet sich „im Traum“ (V. 3), also jenseits des realen Lebens, vielleicht in einer Scheinwelt, die sie sich ausmalt. Diese könnte von der Zukunft des Paares handeln, von der Hoffnung, noch viele solche Küsse erleben zu dürfen. Der vierte Vers führt zurück zur äußeren Situation, der Regen hat ihr Kleid durchnässt und es ist zerknittert. Der Kuss war innig, man hat sich berührt, umarmt und gedrückt.

2. Strophe

Beschreibung des Kleides

Ein Enjambement verbindet die erste mit der zweiten Strophe, denn das Kleid ist nicht nur nass und zerknittert, es ist auch noch „verächtlich hochgeschoben“ (V. 5). Das klingt etwas frivol, verächtlich kommt von verachten. Heute wäre es kein Problem für eine Frau, ihre nackten Knie zu zeigen bzw. sich mit ihrem Partner in der Öffentlichkeit zu küssen, doch es gab Zeiten, da war die Gesellschaft nicht so tolerant und freizügig. Vielleicht gehörte die erste Hälfte des 20. Jahrhunderts noch dazu? Ist die Frau zu verachten, weil man ihre Knie sieht (vgl. V. 6)? Die Aussage wird relativiert durch den Vergleich im Konjunktiv: „als wären ihre Knie für alle da“. Schon in den nächsten zwei Versen wird klargestellt, dass die Verliebten allein sind und kein anderer Mensch zusieht, nur ein Regentropfen, und der ist auch noch „zu Nichts zerstoben“ (V. 7). Ein personifizierter zu einem Nichts zerstobener Regentropfen hat paradoxerweise gesehen, „was niemand sonst noch sah“ (V. 8). Ein schönes Bild für die einsame Insel, auf der sich die Liebenden symbolisch befinden. Der fünfte Vers knüpft auch in der Versform nahtlos an die erste Strophe an, indem er wie diese vier Hebungen hat. Die folgenden drei Verse besitzen dann je fünf Hebungen, wodurch die Zweisamkeit der beiden betont wird und auch, dass keine Zuschauer da waren, worauf das lyrische Ich wohl besonderen Wert legt. Genau wie in der ersten Strophe werden die Kreuzreime fortgesetzt.

Allein zu zweit

3. Strophe

Höhepunkt

Besonderheiten

Die letzte Strophe stellt den Höhepunkt des Gedichtes dar, denn sie weist einige Besonderheiten auf, die diesen Schluss zulassen. Die Reimform wechselt, die Versform variiert. Die Verse neun und zehn, die jeweils anaphorisch mit „so“ beginnen, lesen sich wie eine Quintessenz, wie etwas, was vorher nicht da war und vielleicht nie wieder kommt. Eine gewisse Endgültigkeit, in der auch etwas Wehmut oder Naivität steckt, wird beschrieben. Ein Vergleich mit anderen Lebenssituationen wird indirekt hergestellt, der darauf hinausläuft, dass die Person noch nie so tief gefühlt hat (vgl. V. 9). Der Gedankenstrich am Ende der Zeile

Vergleich

wirkt, als fehlten dem lyrischen Ich die Worte, man könne dieses Gefühl nicht adäquat beschreiben. Nach dieser Pause ringt es sich dann einen Vergleich ab, der aber dennoch nicht alles ausdrückt, was die Frau an Gefühl in sich trägt: „[…] so sinnlos selig müssen Tiere sein!“ (V. 10), zudem versehen mit einem Ausrufezeichen. Der Verstand ist ausgeschaltet, das Fühlen konzentriert sich ganz und gar auf den Partner und dessen Zärtlichkeit. Es gibt keine Erklärung, kein Ergebnis, keine Schlussfolgerungen, kein Nachdenken.

„Liebe ist“

In diesem Moment empfindet die Frau, was die Sängerin Nena in einem Lied besingt und was man tatsächlich nicht anders ausdrücken kann: „Liebe ist“. Sie verharrt im Nachgefühl dieses außergewöhnlichen Kusses, die Zeit bleibt stehen, die Welt dreht sich nicht weiter, die Frau *ist* einfach. Der Leser wird durch einen Vergleich aus dem Zustand des Nacherlebens herausgerissen, indem das Haar der weiblichen Person mit einem Heiligenschein in Verbindung gesetzt wird und Laternen sich metaphorisch darin einspinnen. „[S]elig“ (V. 10) und „Heiligenschein“ (V. 11) korrespondieren miteinander und verleihen der Frau etwas Übernatürliches, Engelhaftes. Das Haar ist zerwühlt, die Hände des Partners waren also nicht nur am Kleid, sondern auch in den Haaren. Sie hat es zugelassen und genossen. Das „zerwühlt“ (V. 11) wirkt wie ein Ausatmen oder ein Verlängernwollen des schönen Augenblicks. Es schwebt, auch unterstützt durch den Gedankenstrich. Wie ein Zurückholen in die Realität, vielleicht sogar ein bisschen hilflos, wirkt die letzte Zeile: „Laternen spinnen sich drin ein.“ Darin steckt der Wunsch, dass die Beziehung lange dauern möge.

Verlängerung des Augenblicks

Form

Unterstützt wird die Erhabenheit des Geschehens durch die Form. Der Dichter verwendet wieder Jamben, die variierende Hebungen haben: vier, fünf, sechs, vier, die wohl die überschwänglichen Regungen wiedergeben sollen. In Zeile elf kommt es durch den „Heiligenschein“ zu mehr Senkungen und dadurch zu einer Verlängerung beim Sprechen sowie zur besonderen Betonung auf diesem Wort. Dadurch wiederum tritt das „zerwühlt“ hervor, bleibt stehen und verstärkt die inhaltliche Naivität. Als Leser ist man geneigt, dem Paar Glück zu wünschen für seine Zukunft. Es möge sich diese Losgelöstheit von der Trivialität der Welt und die Intensität in seiner Beziehung erhalten.

Romeo küsst Julia steif. Die Frau in diesem Gedicht wird leidenschaftlich und feurig geküsst. Aber Liebe ist jeweils der Grund für die Zärtlichkeit. Welche Formel hat Liebe? Reichen ein paar romantische Küsse, um eine Partnerschaft einzugehen oder zu festigen? Sicher nicht. Wissenschaftler wollen festgestellt haben, welche Zutaten gebraucht werden: Äußerer Schein und Macht der Gene, der Zufall, die gute Gelegenheit und ein noch nicht völlig erforschtes Organ in der Nase. Das mag stimmen oder auch nicht. Allzu wissenschaftlich sollte man nicht an das Phänomen Liebe herangehen und besser Gefühle sprechen lassen. Schmetterlinge im Bauch sind ziemlich sichere Zeichen, dass es einen „erwischt“ hat. Zumindest die Schmetterlinge haben auch Romeo und Julia schon gespürt, sind ein Paar geworden und glaubten sich allein und selig auf dieser Welt.

Schluss

Was ist Liebe?

Gefühle

Thüringen – Besondere Leistungsfeststellung Deutsch
Übungsaufgabe 8: Gedichtinterpretation

Georg Heym:
Berlin (1911)

Schornsteine stehn in großem Zwischenraum
Im Wintertag, und tragen seine Last,
Des schwarzen Himmels dunkelnden Palast.
Wie goldne Stufen brennt sein niedrer Saum.

Fern zwischen kahlen Bäumen, manchem Haus,
Zäune und Schuppen, wo die Weltstadt ebbt,
Und auf vereisten Schienen mühsam schleppt
Ein langer Güterzug sich schwer hinaus.

Ein Armenkirchhof ragt, schwarz, Stein an Stein,
Die Toten schaun den roten Untergang
Aus ihrem Loch. Er schmeckt wie starker Wein.

Sie sitzen strickend an der Wand entlang,
Mützen aus Ruß dem nackten Schläfenbein[1],
Zur Marseillaise[2], dem alten Sturmgesang.

In: Heym, Georg: Dichtungen und Schriften.
Hg. von Karl Ludwig Schneider. Bd. 1.
Hamburg und München: Ellermann 1964, S. 188.

Erläuterungen

1 Schläfenbein	Schläfe: Seite der Stirn; Stelle, auf der der/die Schlafende ruht. Bein: ältere Bezeichnung für Knochen.
2 Marseillaise	Erstmalig während der Französischen Revolution am 30. Juli 1792 von einem Freiwilligenbataillon beim Einzug in Paris gesungenes Revolutions- und Freiheitslied.

Arbeitsauftrag

Interpretieren Sie das Gedicht!

Lösungsvorschlag

Die Aufgabenstellung gibt keine Aspekte zur Bearbeitung an, somit müssen Sie die wesentlichen Kriterien selbst herausfinden, die sich zur Interpretation des Gedichtes anbieten. Für die Einleitung könnten Sie einen motivierenden Einstieg überlegen. So wäre es möglich, mit einer persönlichen Berlin-Erfahrung oder mit dem Bild der heutigen Metropole Berlin zu beginnen. Letzteres wurde im nachfolgenden Aufsatz verwendet. Zu diesem heutigen Bild Berlin wird das konträre Bild Berlins aus dem Gedicht gesetzt. Daher gelingt es Ihnen, die Kernaussage des Dichters zu erfassen und den lyrischen Text in die Epoche des Expressionismus einzubetten. Aufgrund der traditionellen Gedichtform wird die Form des Sonetts klar. Ein Übersichtssatz (Titel, Dichter, Textsorte (Sonett) sowie Kernaussage) kann somit notiert werden. Zur Darstellung des Hauptteils sollten Sie folgende Aspekte berücksichtigen:

- *Inhalt und Aufbau*
  Achten Sie dabei besonders auf die Inhalte der Quartette und Terzette, den Reim, das Versmaß, Rhythmus und die Enjambements.
- *Sprache und Stil*
  Auf keinen Fall sollten die sprachlich-stilistischen Besonderheiten losgelöst vom Inhalt dargelegt werden. Es ist wichtig, eine Inhalt-Form-Beziehung zu bewahren. Beachten Sie hierbei auch die Metaphorik und Farbsymbolik des Expressionismus.
- *Darlegung der expressionistischen Kennzeichen (Kritik an der gesellschaftlichen Erstarrung, die Angst und Verzweiflung der Menschen; Suche nach dem Sinn des Lebens).*

Im Schlussteil sollten Sie ein Fazit und die Botschaft des Dichters darlegen können.

Motivierender **Einstieg** mit dem Begriff „Berlin“

Berlin ist die Hauptstadt der Bundesrepublik Deutschland und Weltmetropole zugleich. Jedes Jahr finden zahlreiche kulturelle, politische und wirtschaftliche Veranstaltungen statt. Kennzeichnend für diese Groß- und Weltstadt sind einerseits bedeutende Sehenswürdigkeiten und andererseits die Infrastruktur und das multikulturelle Flair. Ein modernes, pulsierendes und belebendes Bild prägt Berlin heutzutage.

Bezug zum Gedicht (Autor, Titel, Kernaussage, Epocheneinordnung)

Im völligen Kontrast dazu erscheint das Bild Berlins in dem gleichnamigen Gedicht von Georg Heym aus dem Jahre 1911. Hier wird ein fast erstarrtes Bild vom Leben in der Großstadt erkennbar. Die Industrie beherrscht den vorstädtischen Lebensraum, in dem Menschen nicht mehr anzutreffen sind. Nur noch die Ärmsten der Armen, die unter dem Begriff „[d]ie Toten“ (V. 10) zusammengefasst werden, sind zurückgeblieben und beobachten den Sonnenuntergang.

Hauptteil

In Heyms Gedicht werden pessimistische und desillusionierte Gedanken ersichtlich. Da das Gedicht 1911 erschien, ist es in die Epoche des Expressionismus einzuordnen. Der Dichter hat die strenge und traditionelle Gedichtform des Sonetts gewählt, um zu provozieren.

Inhalt
– Aufbau

Der lyrische vierzehnzeilige Text besteht aus zwei Quartetten und zwei Terzetten, welche jeweils Enjambements enthalten. Die strenge Form mit ihrer Regelmäßigkeit fordert hier zur Durchbrechung heraus. Sprachliche Strukturen wurden im Expressionismus verändert. Durch die Inkongruenz von Vers- und Satzgliederung sowie durch den Jambus erhält das Gedicht einen traurigen, langsamen, fast stockenden Rhythmus.

– Inhalt und Stilfiguren in den Quartetten

In den Quartetten kriecht das Leben in der Großstadt nur noch so dahin. Erstarrung, Enge und Kälte sind festzustellen. Anhand folgender Textpassagen wird dies deutlich: „Schornsteine stehn in großem Zwischenraum“ (V. 1), „Im Wintertag“ (V. 2). In der dritten Verszeile wird durch die Metapher „Des schwarzen Himmels“ (V. 3) ein düsteres Bild deutlich. Weiterhin zeigt sich Trostlosigkeit anhand folgender bildhafter Aussagen: „zwischen kahlen Bäumen“ (V. 5) und „wo die Weltstadt ebbt“ (V. 6). Außerdem werden diese Trostlosigkeit und die Kälte durch die Personifikation des Zuges in den Verszeilen 7 und 8 verstärkt: „Und auf vereisten Schienen mühsam schleppt | Ein langer Güterzug sich schwer hinaus“ (V. 7 f.). Durch die Verben „stehn“ (V. 1), „ebbt“ (V. 6) und „schleppt […] sich“ (V. 7 f.) wird eine nachlassende und zum Stillstand kommende Bewegung gekennzeichnet. Durch das Adjektiv „mühsam“ (V. 7) erhält diese Verlangsamung eine zusätzliche Bekräftigung. Anhand der inhaltlichen und sprachlichen Darstellung in den Quartetten wird das Bild vermittelt, dass es keine Hoffnung, keinen optimistischen Blick auf das Großstadtleben gibt.

– Inhalt und Stilfiguren in den Terzetten

In den Terzetten setzt sich die Trostlosigkeit fort. Die Toten betäuben sich mit dem Anblick des roten Sonnenuntergangs und mit alten Revolutionsliedern, besonders der Marseillaise. Die neunte Verszeile „Ein Armenkirchhof ragt, schwarz, Stein an Stein“ (V. 9) trifft das trostlose Dasein. Durch das Verb „ragt“ kann man sich vorstellen, dass der Armenkirchhof ein zentraler Platz ist. Interessant ist die Wortwahl „Armenkirchhof“. Warum wurde hier nicht die Bezeichnung „Friedhof“ gewählt? Es wird das Bild armer Menschen hier bekräftigt. Diese Menschen gehören der sozial schwachen Gruppe des Proletariats an und durch ihr Äußeres wirken sie wie tote Wesen. Ihre Gesichter sind gekennzeichnet von der Armut und der schmutzigen Luft, Ruß zeigt sich im Gesicht (vgl. V. 13). Ihre Gesichter sind fahl. Ein typisches Bild vom verlorenen Arbeiter lässt sich hier erkennen. Das Proletariat hat keine Chance auf ein besseres Leben. Somit wirkt es wie tot. Die toten Gesichter sehen dem Untergang der Sonne entgegen oder sehen in ihm ganz und gar den Weltuntergang (vgl. V. 10/11).

Durch den Vergleich „Er schmeckt wie starker Wein“ (V. 11) erscheint dieser Untergang für die „Toten“ als Betäubung bzw. als Rausch, der sie ihr trostloses Dasein vergessen lässt.

Im letzten Terzett lässt sich eine monotone Bewegung durch das Stricken erkennen: „Sie sitzen strickend an der Wand entlang“ (V. 12). Aufgrund der rußenden Schornsteine sind ihre Mützen, die bis zum Schläfenbein getragen werden (vgl. V. 13), total verschmutzt, „aus Ruß“ (V. 13).

Kernaussagen zur Metaphorik

Heyms Gedicht läuft auf eine vollständige Desillusionierung hinaus. Im lyrischen Text werden Bilder der Hoffnung im Keim erstickt. In der Rede vom „Untergang“ (V. 10) und von „goldne(n) Stufen“ (V. 4) am Himmel klingt die christliche Vorstellung des Jüngsten Tages, d. h. des letzten Tages, an. An diesem Tag stehen die Toten auf, das Jüngste Gericht findet statt und für die Gerechten setzt das ewige Leben ein. So ist möglicherweise mit der Marseillaise das Vertrauen auf sozialen Fortschritt und ein besseres Leben verbunden.

Vermutlich tragen die Toten rebellische Gedanken, kritisieren im Innern ihre Lage, sind verzweifelt und möchten sich der Situation widersetzen, denn sie denken an die Revolution, die eine erhoffte Erlösung darstellen könnte. Jedoch der Glaube an die alten Verheißungen ist geschwunden. Das Weltuntergangsszenario weckt keine Hoffnungen auf ein besseres Jenseits mehr, die Marseillaise ist nur noch Begleitmusik für ein aussichtsloses, mechanisches und monotones Verhalten.

Schluss
Fazit

Die Quartette und Terzette sind miteinander verbunden, da Beschreibungen und Stimmungen aus den Quartetten in den Terzetten weitergeführt werden. Wie die Schornsteine der Großstadt ragen die Grabsteine schwarz in den Himmel, auch für die Toten scheint der Sonnenuntergang ein Kontrast zu Dunkelheit, Kälte und Enge zu bilden und – wie die Marseillaise – zumindest eine Erinnerung an eine erhoffte Erlösung zu sein.

Merkmale des Expressionismus

Expressionistische Merkmale, wie beispielsweise die Kritik an der gesellschaftlichen Erstarrung, die Angst und Verzweiflung der Menschen sowie die Suche nach dem Sinn des Lebens, lassen sich deutlich erkennen. Auch das Ausschöpfen der Kraft sprachlicher Mittel ist ein Kennzeichen dieser Epoche. Füllwörter und Partikel wurden weggelassen, damit keine Beschönigung, sondern eine Provokation zum Ausdruck kommt. So wurde auch gern mit Farbsymbolik gearbeitet. Diese wird auch im Gedicht „Berlin" verwendet (vgl. V. 3, V. 9 und 10). Die Farbe Schwarz (vgl. V. 3 und 9) unterstreicht das trost- und hoffnungslose Bild des Lebens. Dazu wird die Farbe Rot (vgl. V. 13) mit dem Untergang in Verbindung gebracht.

Die Epoche des Expressionismus wird zum einen bestimmt durch das vom Kaiserreich geprägte Bürgertum und zum anderen durch die hoffnungslose Lage der einfachen Arbeiter. Weiterhin gehen Vorahnungen des Ersten Weltkrieges in die Literatur dieser Zeit ein.

Botschaft des Dichters

Während die kritische Sicht der Zeit einige Frühexpressionisten in Aufbruchstimmung versetzt und sie mit neuen Formen experimentieren lässt, bleibt der Dichter bei der traditionellen Form des Sonetts. Er provoziert vor allem dadurch, dass er keine Hoffnung, keinen optimistischen Blick auf das Großstadtleben oder das Leben generell zulässt. In seinem lyrischen Text zeigt Georg Heym die Perspektivlosigkeit des Proletariats in der Großstadt und greift dabei die Industrialisierung und Verstädterung an.

Thüringen – Besondere Leistungsfeststellung Deutsch
Übungsaufgabe 9: Gedichtvergleich

Text 1:
Matthias Claudius, Abendlied (1779)

Der Mond ist aufgegangen
Die goldnen Sternlein prangen
Am Himmel hell und klar;
Der Wald steht schwarz und schweiget,
Und aus den Wiesen steiget
Der weiße Nebel wunderbar.

In: Claudius, Matthias: Sämtliche Werke.
München: Winkler 1968, S. 217 f. (gekürzt).

Text 2:
Karlhans Frank, Abendlied (1973)

Der mond ist aufgegangen,
die goldnen sternlein prangen,
mein freund, du siehst es nicht,
weil aus profitfabriken
die menschen nebel schicken,
gefährlich, giftig, stinkend, dicht.

In: Manfred Ach, Manfred Bosch (Hg.):
Gegendarstellungen. Lyrische Parodien.
Andernach: Ascher 1974 (gekürzt).

Arbeitsauftrag

Interpretieren Sie die Gedichtanfänge im Vergleich!

Lösungsvorschlag

Es handelt sich hier um eine vergleichende Gedichtinterpretation. Der Schreibende ist also gezwungen auf beide Verfasser entweder gleichmäßig einzugehen oder den Schwerpunkt auf eines der beiden Gedichte zu legen und das andere dann zum Vergleich heranzuziehen. In jedem Fall müssen beide Gedichte von der Entstehungszeit her eingeordnet werden. Falls möglich, kann man sich auch zum Verfasser äußern. Anschließend wird der Inhalt kurz zusammengefasst. Dann beschäftigen Sie sich intensiv mit den einzelnen Aussagen, versuchen sie in einem Zusammenhang zu sehen, sowohl das Ausgangsgedicht betreffend als auch das zu vergleichende. Dabei spielt die Absicht des Dichters eine große Rolle: Welche Botschaft übermittelt er uns heute in unserer Zeit? Mit welcher Wortwahl tut er dies? Unterstreicht sie seine Absicht? Welche Aussagen sprechen uns besonders an, lassen uns nachdenken? Zu welchen Schlussfolgerungen kommen wir, wenn wir diese Texte lesen? Alle diese Fragen sollten bearbeitet werden. Am Schluss steht dann ein entsprechendes Fazit, das wertend zusammenfasst.

Einleitung
Zur Lyrik

Lyrische Werke sind eine besondere Form der Literatur. Wenn wir sie betrachten, so verlangt dies immer auch, dass wir uns in Gedichte hineinfühlen und -denken, und dies in einem außergewöhnlichen Maß. Im Lauf der Epochen hat die Lyrik immer wieder eine besondere Rolle gespielt. Oft wird ihr allein die Aufgabe zugedacht, Emotionen und Stimmungen darzustellen. Dass dies nicht die gesamte Bandbreite der Lyrik abdeckt, wird im folgenden Gedichtvergleich sichtbar. Es handelt sich um zwei Gedichte mit dem gleich lautenden Titel „Abendlied", was dazu verleiten könnte auch inhaltlich Ähnliches zu erwarten.

Hauptteil
Epochale Einordnung

Die Entstehungszeit der Gedichte unterscheidet sich um etwa 200 Jahre. Das Werk von Matthias Claudius entstand in der Literaturepoche des Sturm und Drang/Klassik, während Karlhans Franks Parodie politisch ausgerichtete Gegenwartsliteratur darstellt, die in diesem Fall bewusst nach Gegenpositionen sucht und diese auch findet.

Äußere Form/ Reimschema/ Rhythmus

Beide Gedichte werden in gekürzter Form betrachtet, nämlich jeweils nur die erste Strophe. Diese besteht in beiden Fällen aus sechs Versen. Sie folgen dem gleichen Reimschema, was den Bezug des modernen Textes auf das Claudius-Gedicht noch deutlicher werden lässt: So stehen die Zeilen eins und zwei im Paarreim, während die Verse drei bis sechs einen umarmenden (umschließenden) Reim darstellen. Dieses Reimschema aabccb bezeichnet man auch als Schweifreim. Beim Versmaß handelt es sich um einen dreihebigen Jambus. Die Betonung folgt einem gleichmäßigen Rhythmus mit drei Hebungen und drei Senkungen. Nur der letzte Vers enthält jeweils vier Hebungen. Beide Gedichte erinnern in ihrer einfachen Form an das Volkslied.

Romantisches Gedicht

Claudius betrachtet die Natur im eigentlichen Sinne. Er zeichnet das Bild eines romantischen Abends mit allem, was dazu gehört: Mond, Sterne, Wald und weißem Nebel. Der Leser fühlt sich gleichsam in eine andere Welt versetzt, die gleichzeitig nah und fern ist. Sie hat nichts mit dem täglichen Rennen und Hasten zu tun, das den Alltag bestimmt.

Gegensatz

Frank folgt dem Claudius-Text in den ersten beiden Versen. Beinahe scheint er uns damit zu ermüden. Denn, wenn wir die Gedichtanfänge nacheinander lesen, so meinen wir, er habe von seinem Vorgänger „abgeschrieben". Dann jedoch wendet er sich appellativ an seinen Freund, dem er erklärt, warum er den Mond und die Sterne nicht sehen kann: weil profitgierige Fabriken einen besonderen Nebel durch Menschenhand produzieren – „gefährlich, giftig, stinkend, dicht" (Text 2, V. 6). Hier setzt also eine harte Kritik an den Taten der Menschen seiner Zeit ein. Der Dichter bezieht sich dabei nicht auf einen Einzelnen, sein Bestreben ist es offensichtlich, dem Leser zu zeigen, dass „der Mensch im Allgemeinen" zur Gier neigt und in dieser Verhaltensweise keine Rücksicht auf die Befindlichkeiten anderer nimmt. Der eigene Vorteil zählt, nichts anderes. Das zweite Gedicht folgt also offensichtlich nicht der Intention, uns das Schöne an der Natur und in ihr zu zeigen, sondern den Menschen selbst als Verursacher der Zerstörung all dessen zu sehen, was ihn an natürlicher Schönheit umgibt. So zerstört er seine eigene Lebensgrundlage und damit das Leben selbst.

Moralische Wertung durch den Dichter

Gegensätzliches beider Gedichte

Nun ist der Unterschied in der inhaltlichen Sicht der beiden Autoren klar: Im ersten Fall sehen wir die nahezu reine Auseinandersetzung mit der uns umgebenden Natur, mit dem, was sie uns an Schönem, Eindrucksvollem, Aufregendem bieten mag. Das zweite Gedicht sieht den Menschen als Akteur im Vordergrund, er ist derjenige, der Schuld auf sich lädt, der gnadenlos vernichtet, wenn es Profit bringt. Hier ist der Lyriker auch Gesellschaftskritiker und nicht nur derjenige, der den Menschen schöne Sprache und ihre Verwendung zeigt. Wie er diese Inhalte in ironischer Form „verpackt", ist besonders bedeutsam und lässt den Leser vielleicht sogar lachen, bevor er ins Nachdenken verfallen mag.

Sprachgebrauch bei Claudius

Claudius bedient sich einer einfachen, volksliedhaften Sprache. Neben gebräuchlichen Substantiven wie „Mond“ (Text 1, V. 1), „Himmel“ (Text 1, V. 3), „Wiesen“ (Text 1, V. 5) und „Nebel“ (Text 1, V. 6) stehen ebenso klar verständliche Verben und Adjektive: „die goldnen Sternlein“ (Text 1, V. 2), „am Himmel hell und klar“ (Text 1, V. 3) oder „Der Wald steht schwarz“ (Text 1, V. 4). Die Formulierungen und sprachlichen Bilder sind überschaubar und für jeden nachzuvollziehen.

Als Stilmittel fallen Personifikationen auf – „Der Wald steht schwarz und schweiget“ (Text 1, V. 4) – und die Inversion – „Und aus den Wiesen steiget | Der weiße Nebel wunderbar“ (Text 1, V. 5 f.) –, die in ihrer Wirkung die Bildhaftigkeit bekräftigen. Außerdem steht das Wort „wunderbar“ (Text 1, V. 6) in einem Doppelsinn: Einerseits kann das Wunder der Natur Gegenstand der Betrachtung sein, andererseits findet das Wort auch in der Bedeutung von „sehr schön“ eine Entsprechung. Die Verben sind teilweise mit den Endungen „-et“ versehen („schweiget“, „steiget“), was aus heutiger Perspektive sehr altertümlich wirkt.

Kennzeichen des modernen Gedichts

Demgegenüber ist die Kleinschreibung der Substantive in Franks Gedicht ein häufiges Merkmal lyrischer Gegenwartstexte, die auch auf dieser Ebene die Abgrenzung zu allem Früheren suchen.

Gegenüberstellung des Sprachgebrauchs

Insgesamt erzielt Claudius mit seinem geschickten Sprachgebrauch, wie zum Beispiel der Alliteration in „schwarz und schweiget“ (Text 1, V. 4), einen intensiven Eindruck seiner Naturschilderung, die trotz des hereinbrechenden dunklen Abends eine friedliche, positive Ausstrahlung hat.

Im Gegensatz dazu ist die Sprache bei Frank von der dritten Zeile an Angst erregend und teilweise böse anmutend. Und dies will der Verfasser auch so. Mit der persönlichen Ansprache des Lesers/Hörers als „mein freund“ (Text 2, V. 3) begeht das lyrische Ich einen geschickten Schachzug, denn schon durch die nächste Äußerung, „du siehst es nicht“ (Text 2, V. 3), entsteht ein Bruch mit der romantischen Abendstimmung bei Claudius.

Direkt schließt sich die Begründung an, der Bruch wird aufgeklärt: „weil aus profitfabriken die menschen nebel schicken“ (Text 2, V. 4 f.). Der Verursacher wird offen genannt, wenngleich der allgemeine Begriff des „menschen“ (Text 2, V. 5) uns nur im Zusammenhang mit dem zuvor gebrauchten „du“ betroffen macht. Frank beendet die Strophe mit einer Furcht einflößenden Klimax: „gefährlich, giftig, stinkend, dicht“ (Text 2, V. 6). Von der nicht genauer beschriebenen Gefahr steigert sich – einem Aufschrei gleich – die Akkumulation der Adjektive bis zu dem Begriff „dicht“, der den Leser förmlich nach Luft ringen lässt.

Veränderung der Aussage

Aus der anfänglich analog zu Claudius gebrauchten Sprache wird eine völlig andere mit einer ebenso veränderten Aussage, die nicht mehr die Naturschönheit des Abends betrachtet, sondern den Menschen als den „Mörder“ der Natur, und damit auch seiner selbst, brandmarkt.

Schluss
Abschließender Vergleich

So kann man schließlich feststellen, dass die zu Anfang so verführerisch gleich aussehenden Gedichte durch die Veränderungen, die in dem moderneren vorgenommen wurden, kaum noch etwas Verbindendes haben. Wenn es eine Gemeinsamkeit gibt, dann die, dass auch an unserem Himmel die Sterne noch prangen, nur wissen wir nicht, wie lange noch, wenn wir uns so verhalten, wie das zweite Gedicht es beschreibt.

Thüringen – Besondere Leistungsfeststellung Deutsch
Übungsaufgabe 10: Interpretation eines Prosatextes

Günter Kunert (*1929): **Das Bild der Schlacht am Isonzo**[1]

Auch der Maler war in der Schlacht gewesen; bald danach fertigte er ein Gemälde an, auf dem er darstellte, was er gesehen hatte: Im Vordergrund lagen Sterbende, denen die Gedärme aus den aufgerissenen Leibern quollen, und Leichen, über die Pferde und Tanks weggegangen, daß bloß blutiger Brei geblieben, geschmückt mit Knochensplittern. Dahinter stürmten die Soldaten der gegnerischen Heere aufeinander zu, in besudelten Uniformen, angstverzerrt die Gesichter. Im Hintergrund, unterhalb des Befehlsstandes, waren Offiziere dabei, Weiber zu schwängern, Kognak zu saufen und die Ausrüstung ganzer Kompanien für gutes Geld zu verhökern.

Dies war das Bild, und es hing im Atelier des Malers, als ein Besucher erschien, der sich porträtieren lassen wollte und durch Wesen und Benehmen sich als alter General zu erkennen gab. Er erschrak vor dem Bild.

So sei die Schlacht nie gewesen, rief er, das Bild lüge! Sein blinzelnder Blick fuhr kreuz und quer das Werk ab und entdeckte dabei hinter dem zerschmetterten Schädel eines Toten eine kleine Gestalt, die trommelnd und singend und mit kühn verschobenem Helm aufs Schlachtfeld lief. Dieses Detail kaufte der General, ließ es aus dem Gemälde schneiden und einrahmen: Damit künftige Generationen sich ein Bild machen könnten von der großen Schlacht am Isonzo.

In: Günter Kunert: Tagträume in Berlin und andernorts. München: Hanser 1972.

1 Isonzo: italienischer Fluss nordwestlich von Triest, Platz von Schlachten im 1. Weltkrieg.

Arbeitsauftrag

Interpretieren Sie die Anekdote!

Lösungsvorschlag

Bei der Bearbeitung der Aufgabe sind mehrere Probleme zu lösen. Zuerst müssen Sie einen einführenden Abschnitt zum Thema „Was ist eine Anekdote und welche Ziele verfolgt sie“ erarbeiten. Hier sollten Sie wissen, dass es sich um eine epische Kleinform handelt, die pointiert charakteristische Geschehnisse meist im Zusammenhang mit historischen Persönlichkeiten oder Ereignissen spiegelt. Dabei muss das Erzählte nicht real stattgefunden haben. Häufig werden in Anekdoten Personen nicht mit Namen versehen, damit sie gleichsam als Beispiel für die Handlungsweise von Menschengruppen stehen können. Die Anekdote enthüllt menschliche Charakterzüge und führt uns als Leser zu einer Bewertung des Vorgehens der Personen in der geschilderten Situation. Also wird uns – ähnlich wie in Fabel oder auch Parabel – eine Art moralische Botschaft geliefert, um deren Erkenntnis und Wertung Sie Sich nun bemühen und sie, soweit das möglich ist, auf das heutige Leben beziehen.
Im nächsten Arbeitschritt werden Sie den Text kurz wiedergeben und die wesentliche Handlung hervorheben. Dabei wird deutlich, welche Zielrichtung der Text verfolgt. Anhand der Textarbeit erklären Sie dann charakteristische Situationen und Botschaften und bearbeiten die Fragen des Stils. Sie müssen sich also als Verfasser des Aufsatzes fragen, warum der Schriftsteller gerade diese Sichtweise der Dinge präsentiert und ob die Absicht des Verfassers/Erzählers deutlich wird. Aus dieser Sicht werten Sie als Schreibender und fassen ihre Erkenntnisse zusammen.

Einleitung

Im Alltag versteht man unter einer Anekdote eine kleine, bemerkenswerte Geschichte aus dem Leben eines Menschen, die meist in geselliger Runde zum Besten gegeben wird. Als Literaturform liegt die eigentliche Blütezeit der Anekdote schon im 18. Jahrhundert. Damals war sie eine Gattung, die häufig verwendet wurde. Es mag sein, dass die Menschen durch den Mangel an anderen Medien gezwungen waren, sich auf diesem Weg Neuheiten und Ereignisse zu verschaffen, die geeignet erschienen zu einer Entwicklung einer moralischen Sichtweise auf die Dinge. Auch der Dichter Heinrich von Kleist (1777–1811) schrieb einige Anekdoten.
In unserer heutigen, schnelllebigen Zeit sind wir auf diese Werke vordergründig nicht mehr angewiesen. Man benutzt die Tageszeitung, Radio, Fernsehen, Internet und erhält einen Eindruck von dem, was geschehen ist, meist verbunden mit einer möglichen wertenden Einsicht.

Dennoch werden auch heute noch Anekdoten geschrieben, so etwa die aus der Zeit um 1970 stammende Anekdote „Das Bild der Schlacht am Isonzo“ von Günter Kunert. Sie vermittelt bereits durch die Überschrift einen Hinweis auf eventuell zu erwartende moralische Botschaften, die sich mit der Situation des Krieges und seiner Auswirkungen beschäftigen könnten.

Hauptteil
Textgrundlage, Thema

In einem fast kühl-distanzierten Sprachstil stellt der Schriftsteller Günter Kunert fest, dass ein Maler, der an der Schlacht am Isonzo teilgenommen hat, ein Bild von selbiger anfertigt. Dieses wird, den realen Geschehnissen entsprechend, sehr grausam. Nach der Fertigstellung hängt das Bild in seinem Atelier, bis eines Tages ein ehemaliger General kommt und es besichtigt. Dieser ist von dem Bild und seiner furchtbaren Aussage gar nicht angetan und meint, dass die Schlacht so nicht gewesen sei. Er zeigt sich wütend sowie enttäuscht und versucht lange, einen Hinweis zu erlangen, dass das Bild irgendeine positive Botschaft beinhalte. Schließlich sieht er eine winzige Figur, die gleichsam wie ein Soldat aus dem Bilderbuch durch das Bild zu laufen scheint, „trommelnd und singend“ (Z. 15). Diesen kleinen Bildausschnitt kauft der General, lässt das Gemälde zerschneiden und nimmt nur die kleine Figur mit, auf dass spätere Generationen die „Wahrheit“ über die Schlacht erfahren sollen.

Zusammenfassung des Inhalts

Nach dem Lesen des Textes fragt sich der Leser bestimmt, wie verblendet man sein muss, um bei all der gezeigten Grausamkeit kriegerischen Tuns eine solche Winzigkeit als das Wesentliche anzusehen. Offensichtlich zeigt diese Anekdote nicht nur, wie sehr wir als Menschen von unserer Einstellung zu den Dingen abhängig sind, sondern auch, dass das alte Sprichwort Recht zu haben scheint, welches besagt, dass die Wahrheit über eine Sache im Auge des Betrachters liegt. Für uns aber, die Schüler von heute, ist die Frage wichtig, ob nicht Krieg immer Krieg bleibt, also Leiden und Schrecken verbreitet, Unschuldige sterben lässt und nur eine Botschaft haben könnte, die da lautet: Krieg ist die schlimmste aller Möglichkeiten.

Wertende Problemerfassung

Günter Kunert bedient sich eines kargen, fast emotionslosen Sprachstils, der an eine Berichterstattung erinnert. Dies wird in knappen Sätzen deutlich, wie zum Beispiel: „Auch der Maler war in der Schlacht gewesen“ (Z. 1) oder „Dies war das Bild“ (Z. 10). Auf den zweiten Blick jedoch fällt auf, dass neben diesen kalten und kurzen Sätzen eine Passage existiert, in der sehr emotional beschrieben wird. Hier geht es um den Inhalt des Bil-

Sprache und Stil:
distanzierter Stil
knappe Sätze

ausführliche Bildbeschreibung

des. Eindrucksvoll und fast akribisch genau beschreibt der Verfasser hier die einzelnen Details: „aufgerissene Leiber“, „Leichen, über die Pferde und Tanks weggegangen“ waren, Heere, die aufeinander zustürmten, mit „besudelten Uniformen“ und angstverzerrten Gesichtern (vgl. Z. 3–7). Die Beschreibung kulminiert in der Feststellung, „unterhalb des Befehlsstandes waren Offiziere dabei, Weiber zu schwängern, Kognak zu saufen und die Ausrüstung ganzer Kompanien für gutes Geld zu verhökern“ (Z. 7–9). Mit der Aufzählung aller Widerwärtigkeiten menschlichen Tuns bringt Kunert seine Anekdote zu einem ersten Höhepunkt. Der Leser schüttelt angewidert den Kopf und gleichzeitig weiß er, dass dies eine exakte Beschreibung des Krieges sein muss. Einer Fotografie gleich gelingt dem Schriftsteller die genaue Wiedergabe der grauenhaften Situation.

Namenlosigkeit der Personen

Interessant und wirkungsvoll wird die Geschichte auch durch die auf den ersten Blick neutral und distanziert wirkende Darstellung aller Personen ohne Namen. Dies ist ein gewolltes stilistisches Mittel, um die Figuren allgemein nachvollziehbar zu zeichnen. Damit wird deutlich, dass diese Gräuel nicht ganz bestimmte Soldaten begangen haben, sondern wohl jeder Mensch dazu in der Lage gewesen wäre.

Spannungskurve

Die Spannung hat mit der Beschreibung der dargestellten Gräuel durch den allwissenden Erzähler ein hohes Niveau erreicht. Nun erfährt der Leser davon, dass das Bild im Atelier hängt. Diese Mitteilung lässt die Spannung etwas sinken. Und auch das Auftauchen eines Besuchers erscheint uns nicht als etwas Besonderes, denn darauf warten Künstler ja.

Dass diese neue Figur sich jedoch durch „Wesen und Benehmen als alter General zu erkennen gab“ (Z. 11 f.) zeigt erneut Kunerts prägnanten Schreibstil, denn ohne allzu großen erzählerischen Aufwand oder gar Einzelheiten aufzuzählen, hat er uns mit der Verwendung der Begriffe „Wesen und Benehmen“ zwei zentrale Bestandteile menschlicher Charakteristik genannt.

Interpretation des Verhaltens des Generals

Als der ehemalige General dann vor dem Bild erschrickt, vermutet der heutige Leser, dass dies aus dem furchtbaren Erinnern geschieht. Erst mit dem folgenden Satz wird deutlich, dass der frühere General sich betrogen fühlt. So hat er persönlich die Schlacht nicht erlebt. Und dies mögen wir ihm auch fast glauben, denn Generäle kämpfen nicht auf dem Schauplatz der grausamen menschlichen Triebe, sie sind während einer Schlacht in

relativer Sicherheit, sie trifft der Krieg, wenn überhaupt, erst am Schluss, und dann in abgeschwächter Form.
So kann man verstehen, dass er behauptet, „das Bild lüge!“ (Z. 13). Für ihn macht es dies sicher auch, denn er hat sich in seiner Erinnerung und aus seinem Denken heraus die Schlacht glorreich ausgemalt.
Allein die Tatsache, dass in den Schlachten am Isonzo zahllose Soldaten barbarisch zu Tode kamen, kann auch an dem General nicht vorübergegangen sein. Dennoch bezichtigt er das Bild der Lüge und sucht auf dem Bild nach seiner Wahrheit. Dies tut er, bis er endlich eine winzige Figur entdeckt, die scheinbar „kühn“ (Z. 16) und entschlossen hinter einem „zerschmetterten Schädel“ (Z. 14 f.) hervortritt, „trommelnd und singend“ (Z. 15). Das scheint die Verkörperung seines Heldenbegriffes zu sein. Für ihn ist der Krieg allein das Heldenhafte. Sogar die Fröhlichkeit des kleinen Trommlers erscheint ihm realistisch. Wenn wir allerdings Berichte aus Kriegszeiten sehen, dann sind doch eher die Kämpfe, in denen Abertausende ihr Leben lassen mussten, das reale Bild. Der General sieht diese menschenverachtende und den Tod einkalkulierende Maschinerie nicht, er glaubt zutiefst an die ruhmreiche Schlacht, in die der lustige und fröhliche Soldat zieht und aus der er sicher wieder zurückkehren kann. Seine Sichtweise unterscheidet sich also fundamental von der des Soldaten, der eine solche Schlacht gerade noch überlebt hat.
Der auktoriale Erzähler berichtet, dass der ehemalige General nur dieses Detail kauft, es aus dem Bild schneiden und einrahmen lässt. So will er künftigen Generationen zeigen, wie glorreich Schlachten verlaufen.

Moralische Wertung

Dieser Vorgang zeigt die Denkweise der ewig Gestrigen, derjenigen, die auch die schlimmsten Vorgänge nicht zu einer Einsicht bringen können. Von Menschlichkeit, Mitmenschlichkeit, ist hier keine Rede. Da wird die Wahrheit zur Lüge und die Lüge zur Wahrheit umfunktioniert.

Fazit

Als Leser aus der heutigen Perspektive muss man darüber nachdenken, welche Sichtweise die wahre ist und woran sich dies orientiert. Vielleicht mag der General aus seinem Blickwinkel auf die Dinge Recht haben, genauso aber auch der Soldat oder ein Maler, der die Schrecken des Krieges darstellt und nicht etwa beschönigt.

Die Position des Erzählers wird allerdings dargestellt durch seinen ironischen Schreibstil. Dies wird ganz besonders deutlich in der Wiederholung der Überschrift mit einer einzigen Ergänzung im letzten Satz. Diese lautet „groß“. Sie ist eindeutig eine Anspielung auf die Sichtweise des Generals, der also das kleine Detail zum für ihn „großen Ganzen“ werden lässt. Ironie

Und tief in unserem Inneren fällt uns nach längerem Nachdenken ein, dass diese Vorgänge nicht etwa nur an ein Bild vom Krieg gekoppelt sind, sondern wir auch in unserem Leben oft versuchen, Dinge „schönzureden“, obwohl sie es nicht sind. Manchmal ist die Wahrheit sicher grausam, aber aus ihr lässt sich lernen, aus ihrer Verfälschung nicht. **Schluss**

Thüringen – Besondere Leistungsfeststellung Deutsch 2010
Aufgabe 1: Nichttextgebundene Erörterung

Kummerkasten Internet?
Jugendliche treffen im Internet anonym zum Chatten aufeinander.

These nach: Focus Schule, Nr. 4/09, S. 60

Arbeitsauftrag

Erörtern Sie, ob Internetforen aus Ihrer Sicht Zuflucht, Hilfe oder Gefahr sind!

Lösungsvorschlag

Die Aufgabenstellung verlangt von Ihnen, dass Sie sich in Form einer ***freien Erörterung*** *mit dem Thema „Internetforen" auseinandersetzen. Bei der freien oder auch fachspezifischen Erörterung können Sie sich inhaltlich ausschließlich auf Ihre Allgemeinbildung und Ihr Fachwissen stützen. Wie in einem Fachgespräch oder einer Diskussion wird von Ihnen eine* ***Betrachtung des Problems aus verschiedenen Perspektiven*** *erwartet. Die Auseinandersetzung mit einer These erfordert dabei überzeugende Argumente und anschauliche Beispiele.*
Aus dem Unterricht kennen Sie verschiedene Verfahrensweisen für diese Art von Aufgabe: das dialektische und das linear-steigernde Strukturierungsmodell. Die Aufgabenstellung fordert von Ihnen, sich in angemessenem Umfang mit allen drei aufgeworfenen Möglichkeiten (Zuflucht, Hilfe, Gefahr) auseinanderzusetzen. Da hier bereits eine Positionierung für Internetforen (Zuflucht, Hilfe) und dagegen (Gefahr) enthalten ist, sollten Sie sich für das ***dialektische Erörtern*** *entscheiden, das eine Anordnung der Argumente in Pro- und Contra-Blöcken vorsieht.*
Bevor Sie mit dem Verfassen Ihres Aufsatzes beginnen, sollten Sie das Thema gründlich durchdacht und eine ***Stoffsammlung*** *vorgenommen haben. Diese ist wichtig, um Ihre* ***Argumente*** *und* ***Beispiele*** *für und gegen Internetforen zu überblicken. Außerdem hilft Ihnen die Stoffsammlung, das Thema objektiv zu bearbeiten und eine zu frühe Positionierung zu vermeiden.*
Bei der Reinschrift der Erörterung sollten Sie schließlich darauf achten, Ihren Aufsatz klar zu strukturieren. Die im Allgemeinen erforderliche Definition der wichtigsten Schlüsselbegriffe kann dabei in diesem Fall aufgrund der relativ einfach verständlichen Schlagwörter (Hilfe, Zuflucht, Gefahr) entfallen.
Denken Sie daran, Ihre Ausführungen in angemessener Ausdrucksweise niederzuschreiben. Gerade die freie Erörterung verleitet dazu, in die Umgangssprache zu verfallen, da sie stark vom subjektiven Verständnis des Schreibers geprägt ist.

Einleitung
Freizeitbeschäftigung Jugendlicher

Ein schöner Sommertag, perfektes Freibadwetter. Schülerinnen und Schüler warten sehnsüchtig auf das Klingelzeichen zum Ende des Unterrichts. Endlich ist es soweit: Schnell nach Hause – und los geht's! Doch wer meint, dass sich der Großteil der Jugendlichen nun auf den Weg ins Schwimmbad begibt, um dort Freunde zu treffen, der irrt. Stattdessen führt der Weg des durchschnittlichen deutschen Teenagers zum Computer: Einschalten, Betriebssystem laden, Browser öffnen und schon ist man drin in der verlockenden und farbenfrohen Welt des Internets, die einen per Klick sogleich mit zahlreichen Freunden vernetzt und zum Chat mit virtuellen Bekannten einlädt.

Doch sind Internetforen nicht nur ein Kommunikationsmittel im eigentlichen Sinne; sie dienen als Beratungsstellen, Hausaufgabenhilfen, Informationsquellen, Kummerkästen, Tausch- und Handelsbörsen zugleich und werden laut der Zeitschrift *Focus Schule* vom April 2009 insbesondere von Jugendlichen genutzt. Die folgende Auseinandersetzung soll daher der Frage nachgehen, inwiefern Internetforen als Hilfe bringender Zufluchtsort oder als Gefahr angesehen werden können.

These und Fragestellung

Laut *Focus Schule* nutzen Jugendliche das Internet vermehrt als „Kummerkasten", suchen also Zuflucht und Hilfe in Internetforen. So fällt es den meisten jungen Nutzern solcher Foren beispielsweise nicht schwer, einem anonymen Chatpartner private Probleme anzuvertrauen, über die man sonst nur mit dem besten Freund oder der besten Freundin reden würde. Die Anonymität, die vielen dieses „Sprechen" über Sorgen erleichtert, wird vor allem dadurch gewährleistet, dass man bei der Anmeldung in einem solchen Forum nicht den realen, sondern einen fiktiven Namen angibt und ein Profil erstellt, welches nur die Angaben enthält, die man selbst bereit ist, von sich preiszugeben. Gerade diese Anonymität ist es allerdings auch, die solche Foren nicht nur für Jugendliche anziehend macht – und wird „Kissy68" merken, wenn sie von „FeuerTeufel05" belogen wird? Wahrscheinlich nicht. Auf diesen wichtigen Aspekt wird später noch näher eingegangen.

Hauptteil

Zuflucht und Hilfe:

Hilfe bei Problemen und Alltagssorgen

Dennoch können Internetforen als Zufluchtsort für Menschen mit akuten Problemen angesehen werden, beispielsweise für Suchtkranke. Viele Süchtige, die eine Entziehungskur gemacht haben, begeben sich im Anschluss daran in die Betreuung einer professionell geführten Selbsthilfegruppe, die es ihnen ermöglicht, in der Gesellschaft wieder Fuß zu fassen und mentale Stärke zu entwickeln. Zwar kann der Besuch einer solchen Gruppe auch in einer medienzentrierten Gesellschaft wie unserer kaum durch ein Internetforum ersetzt werden, da es den Foren meist an einem kompetenten Gesprächsleiter mangelt. Jedoch bieten diese Foren den Suchtkranken die Möglichkeit, sich mit Menschen mit ähnlichem Schicksal auszutauschen, sich gegenseitig „zuzuhören" und Kraft zu geben. Dies ist auch für Jugendliche von enormer Bedeutung, da laut einer Studie jeder Dritte, der jünger als 25 ist, bereits harte Drogen konsumiert hat beziehungsweise konsumiert.

Zuflucht für Suchtkranke

Weiterhin bieten Internetforen auch denjenigen Jugendlichen einen Zufluchtsort, die sich mehr und mehr von ihrem persönlichen Umfeld isolieren – sei es, weil sie sich einer bestimmten Szene zuwenden oder weil sie in ihrem Bekanntenkreis keine wahrhaftigen Freundschaften pflegen. Viele von ihnen sind auf der Suche nach Liebe, Wärme und Geborgenheit, scheitern aber in der Realität an gesellschaftlichen Umgangsformen und den Regeln des Zusammenlebens, weil sie beispielsweise kaum anpassungsfähig sind. Der soziale Ausschluss dieser jungen Menschen führt zu Selbstzweifeln, Angst und Minderwertigkeitsgefühlen. Hier wird das Internet bedeutsam. Versteckt hinter einem Profil lernt man schnell und anonym Leute kennen. Per Mausklick werden Kontakte in die Freundesliste aufgenommen – oder eben nicht. So schön das Chatten für die Betroffenen auch sein mag, sollte man jedoch nicht vergessen, dass es die Probleme in der Realität nicht löst. Hilfreicher wäre sicher der direkte Dialog mit den Mitmenschen.

Rückzugsort für sozial isolierte Jugendliche

Internetforen bieten aber nicht nur Zufluchtsmöglichkeiten in schwierigen Lebenssituationen, sondern sind oftmals auch praktische Hausaufgabenhilfen für Jugendliche. Egal ob ein Referat über die NS-Außenpolitik, Goethes „Faust“ oder den Treibhauseffekt gehalten werden muss – in zahlreichen und eigens dafür eingerichteten Internetforen wird man schnell fündig. Auch die Interpretation einer dramatischen Szene für die Deutschstunde stellt kein zeitliches Problem für den gestressten Abiturienten mehr dar, weil er genau weiß, wo er danach suchen muss. Ungünstig für den Schüler wird es nur dann, wenn die abgegebene Hausaufgabe schlecht benotet wird, weil die Ausarbeitung aus dem Internet einerseits nicht den Anforderungen genügt und andererseits nicht vom Schüler selbst stammt. Das Problem ist offensichtlich: Jeder, der über einen Internetzugang verfügt, kann Daten und Materialien im „World Wide Web“ zur Verfügung stellen – natürlich auch qualitativ minderwertige. Die Ausarbeitungen von schlechter Qualität sind im Internet oft über viele Jahre hin auffindbar und werden trotz Fehlerhaftigkeit nicht korrigiert.

Hausaufgabenhilfe

Das Internet steht Jugendlichen aber durchaus auch in verschiedenen Bereichen beratend zur Seite, zum Beispiel in Rechts- oder Gesundheitsfragen. Allerdings kann ein Internetforum wohl kaum einen spezialisierten Rechtsanwalt oder einen erfahrenen Mediziner ersetzen.

Beratung in praktischen Lebensfragen

Häufiger ist daher eine Online-Beratung auf anderem Gebiet: Internetforen, die Jugendlichen seelischen Beistand leisten. Vor allem Missbrauchs- oder Misshandlungsopfer nutzen diese Möglichkeit, da sie oftmals unerkannt bleiben möchten. Die Aufgaben, die vor etwa zehn bis fünfzehn Jahren Seelsorger und Jugendpsychologen noch telefonisch wahrgenommen haben, werden heute größtenteils auf das Internet übertragen. Die Anonymität von Internetforen wirkt sich in diesem Bereich also sehr vorteilhaft aus.

Seelischer Beistand

Wie die Auseinandersetzung bis hierhin zeigt, liegen Zuflucht und Hilfe sehr dicht beieinander und können oftmals nicht deutlich voneinander getrennt werden. Die Personen, die das Internet als Zufluchtsort nutzen, sind meist auch auf der Suche nach Hilfe. Hierfür sind in Internetforen tatsächlich Anknüpfungspunkte zu finden. Dass aber die Gefahren nicht zu unterschätzen sind, zeigen die folgenden Abschnitte.

Zwischenbilanz

Auch wenn sich aus Internetbekanntschaften schon Freundschaften und sogar andauernde Beziehungen oder Ehen entwickelt haben, so ist doch die Gefahr, dass man virtuell einen Betrüger oder Straftäter kennenlernt, immer präsent.

Gefahren:

Das zentrale Problem in diesem Zusammenhang ist eben die Tatsache, dass sämtliche Chataktivitäten in Internetforen anonym verlaufen. Der Unehrlichkeit ist in diesem Medium damit Tür und Tor geöffnet. Max Mustermann etwa reagiert auf Fragen anderer als „FeuerTeufel05“ nicht mehr unbedingt ehrlich wie in der Regel sonst, was damit zu erklären ist, dass „FeuerTeufel05“ nur eine zweite, fiktive Identität von Max Mustermann ist. Wie in diesem Beispiel muss diese zweite Identität jedoch nicht im Mindesten mit der Realität übereinstimmen und kann mit einem einzigen Mausklick auf die Schaltfläche „Logout“ wieder abgelegt werden.

Anonymität

Unehrlichkeit durch fiktive Identitäten

Dass die mangelnde Kontrolle darüber, mit wem man es tatsächlich zu tun hat, mit echter Gefahr verbunden ist, zeigt das Beispiel folgender Situation: Ein Unbekannter klingelt an der Haustür und erklärt, die Wasseruhr ablesen zu müssen. Da die Sechzehnjährige allein zu Hause ist und der vermeintliche Beauftragte des Wasserwerks keine überzeugenden Nachweise für seine Behauptung bei sich hat, weist das Mädchen ihn ab. Im Internet dagegen verhält sich die Sechzehnjährige deutlich weniger vorsichtig: „Dreamboy16“, den sie erst vor Kurzem online kennen gelernt hat, hat sie nicht so konsequent abgewiesen wie

Fehlende Kontrolle

den Fremden an der Haustür. Bereitwillig hat sie auf seine Fragen geantwortet, ihm Fotos von sich geschickt und ihn somit im übertragenen Sinne direkt in ihr Zimmer geholt. Sollte dieser „Dreamboy16“ geschickt am Computer sein, gelingt es ihm, durch die gesendeten Bilder eine Verbindung zum PC der Sechzehnjährigen herzustellen und Einblick in deren persönliche Daten zu erhalten. So könnte er beispielsweise weitere Bilder von ihr im Internet verbreiten, die nicht für die Öffentlichkeit bestimmt waren. Auch Zugriff zu sensiblen Informationen wie etwa Bankdaten oder Bewerbungsunterlagen könnte sich der Betrüger, der sich hinter dem Online-Pseudonym tatsächlich verbirgt, so erschleichen und die so gewonnenen Informationen missbrauchen.

Datenklau

Weiterhin besteht die Möglichkeit, gestohlene Bilddateien so zu manipulieren, dass beispielsweise plötzlich entwürdigende Fotos von der Sechzehnjährigen im Internet auftauchen und damit zugänglich für alle Welt sind, die in der Realität nie entstanden sind. Derartige Eingriffe können sowohl psychische Schäden bei der betroffenen Person verursachen, als auch negative Auswirkungen auf den beruflichen Werdegang haben, etwa wenn ein Personalchef bei der Suche nach Informationen über die Bewerber auf die zweifelhaften Bilder stößt.

Datenmanipulation

Nicht zuletzt wäre denkbar, dass „Dreamboy16“ ein Straftäter ist, der über das Internet ein Opfer sucht und sich dafür eine Zweckidentität zugelegt hat. Das jugendliche Mädchen hat keine Möglichkeit, den Wahrheitsgehalt der Chatnachrichten von „Dreamboy16“ zu überprüfen. Ist sie unvorsichtig, hat sie einen möglichen Betrüger, Sexualstraftäter oder Gewaltverbrecher schnell ungewollt zu sich geführt.

Bedrohung durch Straftäter

Schließlich können Internetforen auch im politischen Sinne gefährlich sein, weil sie extremen Parteien eine Plattform und einen idealen Handlungsrahmen bieten, um ihr ideologisches Gedankengut der Weltöffentlichkeit zugänglich zu machen und auf diesem Wege Anhänger zu finden. Genau wie die großen demokratischen Parteien der Bundesrepublik die Möglichkeit eines Internetauftrittes nutzen, besteht diese Möglichkeit auch für neofaschistische oder linksextreme Gruppen, die hier auf eine weitaus breitere Leserschaft treffen als in örtlichen Lokalzeitungen.

Verbreitung antidemokratischen Gedankenguts

Das Verhältnis zwischen Zuflucht, Hilfe und Gefahr in Bezug auf Internetforen lässt sich nur schwer bestimmen und ist stark von jedem einzelnen Nutzer abhängig. Inwiefern Internetforen Hilfestellungen geben oder Zufluchtsort sein können, aber auch welche Gefahren sie bergen, wurde hier diskutiert. Etwas zu eindimensional scheint es, das Internet als „Kummerkasten" zu bezeichnen, da es eine Vielzahl von Internetforen mit ganz verschiedenen thematischen Ausrichtungen gibt. Wichtig für die Nutzer, insbesondere für Jugendliche, ist es, Grenzen zu ziehen und zu bedenken, dass man meist nicht sicher wissen kann, mit wem man kommuniziert und ob tatsächlich der Banknachbar aus der eigenen Klasse am anderen PC sitzt.

Schluss

Internetforen: Zuflucht, Hilfe und Gefahr

Vorsicht im Umgang mit vertraulichen Daten

Eine allgemeine Positionierung für eine der diskutierten Seiten scheint mir kaum möglich. Für mich persönlich gilt, dass ich Internetforen schon oft als hilfreich empfunden habe, auch wenn sie für mich kein geeigneter Zufluchtsort bei persönlichen Problemen sind. Gefahren im Umgang mit den Plattformen lassen sich zumeist vermeiden, wenn man sich bei personenbezogenen Daten bedeckt hält und unseriöse Foren meidet – was jedoch kein Grund ist, generell auf die Dienste von Internetforen zu verzichten.

Thüringen – Besondere Leistungsfeststellung Deutsch 2010
Aufgabe 2: Textgebundene Erörterung

Komasaufen trotz Krankenhaus

Klinikaufenthalte schrecken Jugendliche nicht vom weiteren Komasaufen ab. Entscheidend für das Zurückgleiten in alte Trinkmuster sind laut einer Studie vor allem der Freundeskreis und die vermeintlich positiven Auswirkungen des Alkohols.

[…]

Exzessiv trinkende Jugendliche lernen selbst aus einer Alkoholvergiftung nur begrenzt: Rund 17 Prozent derer, die wegen einer Alkoholvergiftung im Krankenhaus waren, geben an, danach genauso viel oder sogar noch häufiger zur Flasche zu greifen. Dabei hat sich die Zahl der 14- bis 19-Jährigen, die wegen Alkoholvergiftung in einer Klinik betreut wurden, in den letzten sechs Jahren verdoppelt.

Für den Report „Krankenhaus 2009“ hatten Wissenschaftler des Instituts für Sozialmedizin, Epidemiologie und Gesundheitsforschung (ISEG) im Auftrag der Gmünder ErsatzKasse[1] 1 168 Jugendliche zwischen 14 und 20 Jahren befragt, die in den vergangenen drei Jahren mindestens einmal wegen Alkoholvergiftung in einer Klinik waren. 83 Prozent von ihnen erklärten zwar, dass sie weniger konsumieren als zuvor. Sie trinken aber immer noch weit mehr als Jugendliche mit gemäßigtem Alkoholkonsum. Dabei erlitten Jungs häufiger eine Alkoholvergiftung als Mädchen: Seit 2002 stieg ihre Behandlungsrate von 24 auf 52 pro tausend Versicherte, bei Mädchen von 18 auf 37.

Als Risikofaktor machte das Institut vor allem das soziale Umfeld aus: Ist im Freundeskreis Komasaufen die Norm, steigt die Anfälligkeit für ein riskantes Trinkverhalten. Auch wer häufiger Partys und Diskotheken besucht, sei anfälliger.

Geht es um die sozialen und persönlichen Lebensumstände, neigen die Geschlechter unterschiedlich zum Trinken. Jungen kompensieren mit Alkohol eher kritische Lebenssituationen. Sie tendieren zur Maßlosigkeit, wenn sie größere Geldressourcen in Alkoholika „umsetzen“ können. Bei den Mädchen steigt der Konsum, wenn sie eine neurotische Persönlichkeit besitzen. Im Griff zur Flasche meinen viele, ihr Ansehen und ihre Machtposition in der Gruppe stärken zu können.

Alkoholverbote in den Innenstädten oder Verkaufsverbote an den Tankstellen bewirken laut GEK[1]-Chef Rolf-Ulrich Schlenker wenig: Nötig sei ein Mix aus jugendgerechter Information, Sportförderung und jugendärztlicher Betreuung.

Aus: Thüringer Allgemeine, 5. 8. 2009.

1 Gmünder ErsatzKasse: Krankenkasse.

100 % Fun – Alkoholismus, die neue Trendsportart

Flatratesaufen, Kampftrinken, Schnäpschen aufs Häuschen: Dank solcher und ähnlicher Veranstaltungen steigen Kinder und Jugendliche zu hauptberuflichen Alkoholikern [...] auf. Was ist wirklich dran am Trendsport Alk?
Das Training beginnt in jungen Jahren: Besonders die süßen Alkoholika sind bei den 8- bis 14-Jährigen beliebt. Industriell gefertigte Alkopops gelten als zu teuer, deshalb stellen die Jugendlichen die begehrte „Mische" am liebsten selbst her. [...]

http://www.welt.de/satire/article769603/100_Fun_Alkoholismus_die_neue_Trendsportart.html, 20. 3. 07, Lino Wirag

Arbeitsauftrag

Erörtern Sie das aktuelle Problem in Form eines Referates vor Ihren Mitschülern! Nutzen Sie dazu die Fakten aus den Quellen!

Lösungsvorschlag

Laut Aufgabenstellung sollen Sie sich in Form eines ***Referates*** *mit der Thematik „Exzessiver Alkoholkonsum bei Kindern und Jugendlichen" auseinandersetzen und dabei die Daten und Fakten aus den beiden zur Verfügung gestellten Quellen nutzen.*
Verlangt wird eine ***besondere Form der textgebundenen Erörterung****, da Sie die Texte nicht im Hinblick auf Sprache und Inhalt hin analysieren, sondern ihnen Fakten entnehmen sollen, die Sie anschaulich in einem Referat verarbeiten. Wichtig ist, dass Sie die Inhalte der Texte hinterfragen, diskutieren und gegebenenfalls auch widerlegen.*
Von Ihnen wird erwartet, dass Sie eine eigene Position entwickeln und diese mit überzeugenden ***Argumenten*** *und passenden* ***Beispielen*** *belegen. Markieren Sie sich zunächst die wichtigsten Fakten aus beiden Texten, sammeln und ordnen Sie dann weitere Aspekte zum Thema und beginnen Sie anschließend Ihren Aufsatz. Beachten Sie dabei die geforderte Textsorte (Referat). Adressatenorientierung, eine klare Strukturierung Ihrer Gedanken sowie Kreativität sind gefragt.*
Auch für Ihre Ausdrucksweise ist zu bedenken: Sie nehmen nicht nur die Rolle des Schreibers, sondern auch die des Referenten ein, müssen also zwischen beiden einen „Mittelweg" finden. Gestalten Sie Ihren Aufsatz sprachlich ansprechend für Jugendliche, aber nicht umgangssprachlich. Wenden Sie sich durchaus direkt an Ihre Mitschüler, das ist sinnvoll, um den Text als Referat zu kennzeichnen. Vermeiden Sie aber das Einfügen von Zwischenfragen an die fiktiven Zuhörer wie „Was meint ihr dazu?" oder „Gibt es Fragen?".

Liebe Mitschülerinnen und Mitschüler,
es ist ein Dauerthema in den Medien und vielleicht seid auch ihr schon in verschiedenen Situationen darauf angesprochen worden: Ich rede vom steigenden Alkoholkonsum vieler Jugendlicher in unserem Alter. Kaum ein Tag vergeht, an dem die Nachrichten nicht über Alkoholexzesse Jugendlicher berichten: Nach dem Motto „Einer geht noch!" trinkt man Wodka-Energy & Co., bis der „Kick" endlich einsetzt. Doch muss dieser „Spaß" bei immer mehr Jungen und Mädchen in unserem Alter in der Klinik enden? Diese Frage wird auch in vielen Zeitungen diskutiert, wie zum Beispiel in der *Thüringer Allgemeinen,* wo es heißt „Komasaufen trotz Krankenhaus" oder in der *Welt,* die „100% Fun – Alkoholismus, die neue Trendsportart" titelt. Im Rahmen meines Referates werde ich auf Grundlage dieser Zeitungsartikel näher auf das aufgeworfene Problem eingehen und dabei die Ursachen des erhöhten Alkoholkonsums sowie einige Maßnahmen, die dem entgegenwirken sollen, erörtern.

Einleitung

Thema: Jugendliche trinken bis zum Klinikaufenthalt

Einige Zahlen machen das Ausmaß des Problems schnell deutlich: Wie die *Thüringer Allgemeine* berichtet, hat sich die Zahl der 14- bis 19-Jährigen, die mindestens eine von einer Klinik unterstützte Ausnüchterung verzeichnen können, in den vergangenen sechs Jahren verdoppelt. Dabei stellt ein solcher alkoholbedingter Krankenhausaufenthalt für viele Jugendliche nicht einmal eine Abschreckung von weiterem exzessivem Trinken dar: Bei etwa 17 % der wegen Alkoholvergiftung Eingelieferten verändert sich an ihrem Konsum danach nichts zum Besseren. Selbst die restlichen 83 Prozent der in der Klinik ausgenüchterten Jugendlichen reduzieren zwar hinterher das Trinken von Alkohol, liegen aber mit ihrem Konsum insgesamt immer noch deutlich über dem gemäßigten Durchschnitt der Gleichaltrigen.

Hauptteil

aktuelle Situation: immer mehr alkoholbedingte Klinikeinweisungen Jugendlicher

Was die Unterschiede zwischen Jungen und Mädchen bezüglich des Trinkverhaltens angeht, habt ihr wahrscheinlich eigene Erfahrungen und so sind manche von euch sicher nicht davon überrascht, dass männliche Jugendliche statistisch gesehen wesentlich häufiger als Mädchen zur Flasche greifen und demzufolge auch viel mehr Jungs aufgrund von Alkoholmissbrauch in eine Klinik eingewiesen wurden. Trotzdem will ich betonen, dass sich die Behandlungsquote auch bei den Mädchen mehr als verdoppelt hat.

Zwar sind diese Zahlen bereits alarmierend genug; dennoch möchte ich noch eine Angabe aus der *Welt* hinzufügen, wo das

Trinken als „Trendsportart" bezeichnet und von 8- bis 14-Jährigen berichtet wird, die sich am liebsten auf süßen Alkohol stürzen. Ich spreche also von Kindern, die zum Teil etwa halb so alt sind wie wir selbst und die harten Alkohol konsumieren.

Ursachen für exzessiven Alkoholkonsum:

Nachdem uns nun vermutlich allen klar ist, wie umfassend sich das Problem inzwischen gestaltet und warum es eine solche Präsenz in den Medien hat, werde ich mich im Folgenden mit der Frage nach den Ursachen für diese Entwicklung befassen.

Freundeskreis

Laut dem *Institut für Sozialmedizin, Epidemiologie und Gesundheitsforschung (ISEG)* ist es in erster Linie das soziale Umfeld eines Jugendlichen, unser Freundeskreis insbesondere, das maßgeblich das Trinkverhalten beeinflusst. Wird in der Clique viel Alkohol konsumiert, tendiert auch der Einzelne eher zu übermäßigem Genuss. Dieser Faktor leuchtet schnell als ein wichtiger ein und vielleicht wart ihr auch selbst schon einmal in einer Situation unter Freunden, in der ihr das Gefühl hattet, genug zu haben, euch aber doch von den anderen zum Weitertrinken animieren habt lassen. Wie sich so etwas auswirken kann, wenn es dauerhaft ein Kind oder einen Jugendlichen beeinflusst, haben wir anfangs gehört.

Familie, Bekannte

Meiner Meinung nach muss aber ergänzt werden, dass zum sozialen Umfeld eines jungen Menschen nicht nur dessen Freunde gehören. Auch die Familie – Eltern, Geschwister und Großeltern – sowie Bekannte üben einen Einfluss aus und prägen das Kind oder den Teenager. Wächst man in einer Familie auf, in der regelmäßig Alkohol in größeren Mengen konsumiert wird, nimmt sich das betreffende Kind die Erwachsenen schnell zum Vorbild und verhält sich, da es nichts anderes kennt, in seinen Trinkgewohnheiten ebenso. Die Hemmschwelle, Alkohol auch exzessiv zu konsumieren, ist in diesen Fällen meist geringer. Und Jugendliche, deren Eltern unter Alkoholismus leiden, trinken unter Umständen mehr, weil ihnen vermittelt wurde, dass Probleme mit Alkohol „gelöst" werden.

Ausgehverhalten

Auch die Frage, wo man seine Freizeit verbringt, kann den Konsum von Alkoholika beeinflussen. So wurde zum Beispiel festgestellt, dass häufige Party- und Discobesucher anfälliger für das exzessive Trinken sind. Auch dieser Faktor scheint logisch: Dass sich das Getränkeangebot auf Feten und in Clubs in der Regel nicht auf Apfelschorle und Cola beschränkt, wissen wir alle aus eigener Erfahrung. Ist erst mal „aufgetischt", wird das richtige Maß leicht aus den Augen verloren.

Die meisten von euch würden als Grund für das Trinken von Alkohol vermutlich den Spaßfaktor angeben. Wir alle wissen, dass Alkohol enthemmt und sicherlich kann mancher eine lustige Geschichte von einer feucht-fröhlichen Feier erzählen. Und seien wir ehrlich: Auf einer Party oder in der Disco wollen junge Menschen auch flirten und andere kennen lernen, womit sich mancher (so glaubt er oder sie zumindest) nach einem Bier oder Ähnlichem leichter tut. Allerdings sollten wir nicht vergessen, dass übermäßiger Alkoholkonsum auch zu peinlichen oder unangenehmen Situationen führen kann, weil man im Rausch leicht die Kontrolle verliert. In einem Punkt sind wir uns sicher einig: Spätestens wenn die Ambulanz kommen muss, ist der Spaß endgültig vorbei.

Spaß, Gelöstheit

Diese Folge zu vermeiden, fällt aber offenbar gerade Jungen schwer. Für sie ist in einer Gruppe der Konsum von Alkohol häufig ein Mittel, um die eigene Männlichkeit unter Beweis zu stellen: indem man zeigt, wie viel man verträgt. Aufgrund von solchem Konkurrenzverhalten und Imponiergehabe trinkt also mancher junge Mann mehr Alkohol als vielleicht beabsichtigt und wacht am nächsten Tag mit Kopfschmerzen und Filmriss und im schlimmsten Fall im Krankenhaus auf.

Geschlechterspezifisches Trinkverhalten:

Jungen: Imponiergehabe

Weiterhin neigen laut Zeitungsartikel Jungen dazu, schwierige Lebenssituationen mit Hilfe von Alkohol zu kompensieren. Steckt beispielsweise die Beziehung mit der Freundin in einer Krise oder läuft es schlecht in Schule oder Ausbildung, tendieren männliche Jugendliche dazu, ihren Frust im Alkohol zu ertränken. Natürlich ist bekannt, dass diese Strategie aber eher weitere Probleme hervorruft, als bestehende zu lösen.

Krisenbewältigung

Die Gründe für Alkoholkonsum von Mädchen unterscheiden sich zum Teil von denen der Jungen. Der Wunsch, sich in der Gruppe zu behaupten und akzeptiert zu werden, ist auch für sie ein Kriterium, wenngleich nicht so dominant wie bei den männlichen Teenagern. Häufiger aber sind die Ursachen für das Trinken bei ihnen laut der *Thüringer Allgemeinen* psychische Probleme und Schwierigkeiten mit der eigenen Persönlichkeit. So helfen sich Mädchen mit Alkohol zum Beispiel über Ängste, Unsicherheit oder Gefühle der Unzulänglichkeit hinweg.

Mädchen: Zweifel an der eigenen Person

Nach dieser Ursachenforschung möchte ich im letzten Teil meines Referates auf einige Maßnahmen zu sprechen kommen, mit denen man den massiven Alkoholkonsum vieler Jugendlicher vielleicht eindämmen könnte.

Maßnahmen gegen exzessiven Alkoholkonsum:

Den Zeitungsberichten zufolge lehnt der Chef einer deutschen Krankenkasse, Rolf-Ulrich Schlenker, Alkoholverbote in Innenstädten und Verkaufsverbote an Tankstellen in diesem Zusammenhang ab, da diese Maßnahmen nicht den gewünschten Erfolg bringen würden. Ich denke, man kann dieser Einschätzung zustimmen. Ihr benötigt wohl kaum ein Beispiel für die bekannte Tatsache, dass der Reiz des Verbotenen oft eher das Gegenteil des Beabsichtigten erreicht.

Nutzlosigkeit von Verboten

Dagegen erscheinen mir Maßnahmen wie etwa jugendgerechte Information, Sportförderung und jugendärztliche Betreuung, die derselbe Krankenkassenchef vorschlägt, durchaus sinnvoll. Bestimmt könnt ihr euch vorstellen, dass man nicht gerne verkatert sonntagmorgens zum Fußballturnier oder zum Leichtathletikwettkampf antritt. Auch die Aufklärung junger Menschen darüber, welche Schäden sie ihren Organen durch übermäßigen Alkoholkonsum zufügen und was dieses Trinkverhalten auf Dauer mit ihrem Gehirn anrichtet, kann kaum ein Fehler sein.

Sport, Aufklärung

Doch Appelle allein reichen wohl kaum aus. Ich denke weiterhin, die Maßnahmen, die gegen den steigenden Alkoholkonsum Jugendlicher ergriffen werden sollten, dürfen nicht allein auf den Schultern der Gesundheitspolitik lasten. Auch wenn man als Teenager von seinen Eltern nicht mehr bevormundet oder kontrolliert werden will – ihr wisst, wovon ich rede – ist die Erziehung und das Vermitteln von Werten doch in erster Linie Aufgabe der Eltern und nicht etwa des Gesundheitsamts. Um das Komasaufen als „Trendsportart" in den Griff zu bekommen, ist es daher notwendig, dass Eltern mehr Zeit mit ihren Kindern verbringen, dass sie ihnen einen vernünftigen Umgang mit Alkohol sowie ein Gefühl der Eigenverantwortung vermitteln.

Aufmerksamkeit der Eltern

Verantwortung für diese Problematik sollte dennoch auch die Gesellschaft übernehmen. Das Budget von Jugendlichen ist meist recht begrenzt. Wenn Diskotheken- und Clubbetreiber das ausnutzen und die Teenager mit günstigen Angeboten zum Flatratesaufen und Kampftrinken verleiten, handeln sie nicht verantwortungsbewusst. Natürlich wollen wir, dass unser Bier beim Ausgehen bezahlbar für uns ist. Wozu eine Aufhebung der Mengenbegrenzung aber führt, belegen die Zahlen, die ich eingangs nannte – und das unterstützt wohl auch niemand von euch.

Verantwortung von Veranstaltern

Schließlich muss ich aber betonen, dass gerade Jugendliche unseres Alters, die Wert darauf legen, dass sie keine Kinder mehr sind, auch Verantwortung für sich und ihr eigenes Verhalten

Verantwortung der Jugendlichen selbst

übernehmen sollten. Dazu gehört, zu wissen, wo die eigenen Grenzen im Umgang mit Alkohol liegen, und sich dementsprechend für das eigene Trinkverhalten verantwortlich zu zeigen. Damit aber nicht genug, liegt es auch mit in unserer Verantwortung, den Jüngeren ein Vorbild zu sein. Laut Jugendschutzgesetz dürfte die zu Beginn erwähnte Altersgruppe der 8- bis 14-Jährigen gar nicht an alkoholische Getränke herankommen. Dass 16- oder 18-jährige Teenager für diese jüngeren häufig alkoholische Getränke besorgen, ist nicht nur verantwortungslos, sondern auch strafbar. Es liegt also mit an uns selbst, das Bild der exzessiv saufenden Jugend wieder zu revidieren.

Vorbildfunktion

Schluss

Zum Abschluss meines Vortrages lässt sich zusammenfassend sagen, dass die Ursachen für den exzessiven Alkoholkonsum Jugendlicher vielfältig und möglicherweise auch nur begrenzt zu beeinflussen sind. Dies ist aber kein Grund, die Hände in den Schoß zu legen. Die Gesellschaft, die Eltern sowie die Jugendlichen selbst, für sie alle gilt es, Verantwortung zu übernehmen und sich dem Problem zu stellen. Konkret heißt das gerade für die letztgenannten Gruppen: Eltern sollten genau hinsehen, was ihr jugendliches Kind in seiner Freizeit tut; sie handeln jedoch auch richtig, wenn sie ihrem Kind mit zunehmendem Alter mehr Freiräume lassen. Dieses Vertrauen, das die Eltern ihren Kindern dafür entgegenbringen müssen, dürfen die Teenager im Gegenzug nicht ausnutzen. Wir sollten uns vielmehr klar machen, dass die zunehmende Freiheit, die wir haben, von uns verlangt, dass wir Verantwortung für uns und unser Handeln übernehmen.

Verantwortung

Freiheit und Vertrauen

Helga M. Novak (geb. 1935): EIS

Ein junger Mann geht durch eine Grünanlage. In einer Hand trägt er ein Eis. Er lutscht. Das Eis schmilzt. Das Eis rutscht an dem Stiel hin und her. Der junge Mann lutscht heftig, er bleibt vor einer Bank stehen. Auf der Bank sitzt ein Herr und liest eine Zeitung. Der junge Mann bleibt vor dem Herrn stehen und lutscht.

Der Herr sieht von seiner Zeitung auf. Das Eis fällt in den Sand.

Der junge Mann sagt, was denken Sie jetzt von mir?

Der Herr sagt erstaunt, ich? Von Ihnen? Gar nichts.

Der junge Mann zeigt auf das Eis und sagt, mir ist doch eben das Eis runtergefallen, haben Sie da nicht gedacht, so ein Trottel?

Der Herr sagt, aber nein. Das habe ich nicht gedacht. Es kann schließlich jedem einmal das Eis runterfallen.

Der junge Mann sagt, ach so, ich tue Ihnen leid. Sie brauchen mich nicht zu trösten. Sie denken wohl, ich kann mir kein zweites Eis kaufen. Sie halten mich für einen Habenichts. Der Herr faltet seine Zeitung zusammen. Er sagt, junger Mann, warum regen Sie sich auf? Meinetwegen können Sie soviel Eis essen, wie Sie wollen. Machen Sie überhaupt, was Sie wollen. Er faltet die Zeitung wieder auseinander.

Der junge Mann tritt von einem Fuß auf den anderen. Er sagt, das ist es eben. Ich mache, was ich will. Mich nageln Sie nicht fest. Ich mache genau, was ich will. Was sagen Sie dazu?

Der Herr liest wieder in der Zeitung.

Der junge Mann sagt laut, jetzt verachten Sie mich. Bloß, weil ich mache, was ich will. Ich bin kein Duckmäuser. Was denken Sie jetzt von mir?

Der Herr ist böse.

Er sagt, lassen Sie mich in Ruhe. Gehen Sie weiter. Ihre Mutter hätte Sie öfter verhauen sollen. Das denke ich jetzt von Ihnen.

Der junge Mann lächelt. Er sagt, da haben Sie recht.

Der Herr steht auf und geht.

Der junge Mann läuft hinterher und hält ihn am Ärmel fest. Er sagt hastig, aber meine Mutter war ja viel zu weich. Glauben Sie mir, sie konnte mir nichts abschlagen. Wenn ich nach Hause kam, sagte sie zu mir, mein Prinzchen, du bist schon wieder so schmutzig. Ich sagte, die anderen haben nach mir geworfen. Darauf sie, du sollst dich deiner Haut wehren. Laß dir nicht alles gefallen. Dann ich, ich habe angefangen. Darauf sie, pfui, das hast du nicht nötig. Der Stärkere braucht nicht anzufangen. Dann ich, ich habe gar nicht angefangen. Die anderen haben gespuckt. Darauf sie, wenn du nicht lernst, dich durchzusetzen, weiß ich nicht, was aus dir werden soll. Stellen Sie sich vor, sie hat mich gefragt, was willst du denn mal werden, wenn du groß bist? Neger, habe ich gesagt. Darauf sie, wie ungezogen du wieder bist.

Der Herr hat sich losgemacht.

Der junge Mann ruft, da habe ich ihr was in den Tee getan. Was denken Sie jetzt?

Aus: Helga M. Novak: Aufenthalt in einem irren Haus. Gesammelte Prosa. Schöffling & Co. Verlagsbuchhandlung GmbH, Frankfurt am Main 1995, S. 83–85.

Arbeitsauftrag

Interpretieren Sie die Kurzgeschichte!

Lösungsvorschlag

Laut Aufgabenstellung wird von Ihnen erwartet, dass Sie sich interpretierend mit der Kurzgeschichte „EIS“ von Helga Maria Novak auseinandersetzen. Eine Interpretation verlangt von Ihnen, dass Sie ***den Text beschreiben, untersuchen und deuten****. Eine kurze* ***Zusammenfassung des Inhalts*** *sollte ebenfalls erfolgen. Legen Sie sich zunächst einen Plan mit den wichtigsten zu analysierenden Aspekten an, den Sie zur Vorbereitung Ihres Aufsatzes abarbeiten:*

- *Assoziationen zum Titel*
- *Aufbau, Textgliederung mit Teilüberschriften (dient der inhaltlichen Erfassung)*
- *Klärung des Themas*
- *Bestimmung und Nachweis der Textsorte*
- *sprachliche Gestaltung (Satzbau, Erzählperspektive, Zeitgestaltung, Tempusformen, orthografische oder grammatische Auffälligkeiten, Stilebene, rhetorische Figuren)*
- *Deutung und Schlussfolgerung*

Beginnen Sie nach diesen Voruntersuchungen mit dem Schreiben Ihrer Interpretation. Gerade bei Kurzgeschichten eignet sich oft ein kreativer Einstieg in das Thema. Aber auch ein Übersichtssatz (Textautor, Titel, Textart, Thema) stellt meist eine gute Einleitung dar. Die ***Textsorte*** *wurde Ihnen in der Aufgabenstellung bereits mitgeteilt. Wichtig ist jedoch, dass Sie diese auch anhand von Textmerkmalen* ***nachweisen****. Achten Sie außerdem darauf, Tempuswechsel innerhalb Ihres Aufsatzes zu vermeiden. Zulässige Tempora für Interpretationen sind Präsens und Perfekt. Der Schluss sollte noch einmal die wesentlichen Erkenntnisse Ihrer Interpretation zusammenfassen.*

Einleitung
Assoziationen: Eis

Zu einem heißen Sommertag gehört ein schönes, kühles Eis, im Winter erfreuen wir uns am Eis beim Schlittschuhlaufen. Symbolisch und sprichwörtlich dagegen haben wir weniger positive Assoziationen: Eine „auf Eis gelegte“ Beziehung, ein eisiges d. h. spannungsreiches Verhältnis zweier Menschen.

Eis bei Novak

Die Kurzgeschichte *EIS* von Helga M. Novak, die 1982 in „Kürzestgeschichten“ veröffentlich worden ist, trägt also einen ambivalenten Titel, der Neugierde weckt. Inhaltlich überwiegt in dem Text die bedrohlich-negative Bedeutungskomponente des Wörtchens: zwischenmenschliche Isolation, Gleichgültigkeit und mangelnde Bereitschaft zur Kommunikation sind das Thema.

Aufgabenstellung

Im Rahmen der folgenden Auseinandersetzung mit Novaks Kurzgeschichte werden diese thematischen Schwerpunkte untersucht und anhand des Textes nachgewiesen.

Hauptteil
Inhalt

Novaks Kurzgeschichte *EIS* handelt von einem jungen Mann, der beim Spaziergang in einer Grünanlage einem auf einer Bank Zeitung lesenden Herrn begegnet. Der Jüngere lutscht ein Eis, das direkt vor dem anderen Mann zu Boden fällt. Dieses Missgeschick stellt den Ausgangspunkt dar für das nun folgende Gespräch zwischen den beiden, das der junge Mann beginnt und immer weiterführt oder wieder aufnimmt, obwohl der Ältere vielfach abwehrt und zu verstehen gibt, dass er an keiner Kommunikation interessiert ist. Als der jüngere der beiden Männer daraufhin in seinen Äußerungen zunehmend herausfordernd wird, reagiert der Herr unwirsch und steht schließlich genervt auf und geht davon. Selbst von dieser unmissverständlichen Geste aber lässt sich der junge Mann nicht abweisen, sondern hält den anderen fest und berichtet in einem Monolog von dem Verhältnis zu seiner Mutter, als er selbst noch ein Kind gewesen ist. Der Ältere jedoch nimmt schon nicht mehr an der Unterhaltung teil, was auch die nochmals gesteigerten Provokationen des Gesprächsführers nicht ändern, die in der abschließenden Aussage gipfeln, er habe der Mutter etwas in den Tee getan.

Merkmale der Gattung Kurzgeschichte:
offenes Ende, direkter Einstieg

Novaks Text weist damit ein für Kurzgeschichten typisches offenes Ende auf, welches den Leser sowohl zum Nachdenken über das Gelesene als auch zum Weiterdenken der Handlung animiert. Für die Textsorte Kurzgeschichte spricht bei *EIS* auch der unvermittelte Einstieg in das Geschehen ohne langatmigen Prolog oder Einführungen.

geradlinige, sich entwickelnde Handlung

Die Handlung der Geschichte verläuft geradlinig und ist in steigernder Form angeordnet. Die Situation wird chronologisch dargestellt, sie entwickelt sich kontinuierlich: Auf die Ausgangssituation folgt der Beginn eines Gesprächs. Im Verlauf desselben nehmen sodann die Provokationen des jüngeren Mannes zu, der ältere zeigt immer weniger Interesse an der Unterhaltung. Den Abschluss bilden der Monolog des Ersteren über seine Kindheitserlebnisse sowie seine finale Enthüllung, er habe der eigenen Mutter etwas in den Tee getan. Was dieses „etwas" war, bleibt zwar offen, bedeutet aber sicher nichts Gutes. Möglich wäre aber auch, dass diese Aussage eine provokative Lüge des jungen Mannes ist.

Thema

Weiterhin ist auch die thematische Anlage des Textes charakteristisch für die Textsorte Kurzgeschichte, die häufig den Konflikt eines Individuums mit der Gesellschaft oder den zweier Menschen untereinander – kurzum zwischenmenschliche Beziehungen – darstellt. Dazu passen außerdem die ausschnittartige Darstellung einer kurz andauernden Alltagssituation sowie die fehlende Charakterisierung der Figuren, die beide anonym und in ihren Aussagen und Verhaltensweisen typisiert und damit beliebig übertragbar sind.

alltägliche Situation

typisierte Figuren

Erzählerische und sprachliche Gestaltung:

Erzählperspektive

Novaks Kurzgeschichte zeichnet sich durch einen neutralen, objektiven Erzählstil mit auktorialen Zügen aus, bei dem der Erzähler sich extrem zurücknimmt und dem Leser kaum Informationen zu den äußeren Umständen des Geschehens oder den Figuren an die Hand gibt. Dementsprechend gibt es im Text kaum Erzählerbericht, es dominiert die Figurenrede. Wo der Erzähler doch zu Wort kommt, findet meist keine Wertung oder Kommentierung, sondern reine Beschreibung statt (vgl. Z. 1–4). Auch eine Innensicht fehlt völlig, der Leser muss sich mit der Außenperspektive auf Handlung und Figuren begnügen und ist damit verstärkt zur Deutung des Dargestellten aufgefordert. Die Erzählweise hat insgesamt beinahe dokumentarischen Charakter und schafft eine kühle, nüchterne Atmosphäre.

Fehlende Satzzeichen bei wörtlicher Rede

Bei der in der Geschichte vorherrschenden direkten Rede fehlt durchgehend die Markierung durch Anführungszeichen. Dies verstärkt nicht nur die „Unsichtbarkeit" des Erzählers, sondern schließt vor allem den Leser noch intensiver in das Geschehen mit ein, sodass das Gefühl der Unmittelbarkeit und des Dabeiseins entsteht. Hierzu trägt auch die Verwendung des Präsens als Erzähltempus bei. Abweichungen davon finden sich einzig innerhalb der Passage, die das Verhältnis des Protagonisten zu seiner Mutter beschreibt (Z. 30–39). An dieser Stelle wird in der Gesprächssituation im Park eine bereits zurückliegende Unter-

Tempus

redung des jungen Mannes mit seiner Mutter wiedergegeben. Der Gebrauch des Präteritums in dieser Rückschau verdeutlicht das Aufeinandertreffen der zwei Zeitebenen.

Der Text ist in die mittlere Stilebene einzuordnen, er ist in Standardsprache verfasst. Die Wortwahl zeichnet sich weder durch vulgäre, noch gehobene Ausdrücke aus. Die verwendete Sprache entspricht also der dargestellten Alltagssituation im Park. Stilebene

Ins Auge fallen gleich zu Beginn die vielen kurzen Sätze und der parataktische (reihende) Satzbau, die die Nüchternheit der Erzählweise unterstreichen, aber auch eine gewisse Ungeduld vermitteln und den Leser zur folgenden Konversation „vorantreiben“. Sprachlich-stilistische Mittel: Satzbau

Die zahlreichen Wiederholungen und Parallelismen der Satzanfänge („Der junge Mann…“, „Der Herr…“, „Der junge Mann…“ etc.) spiegeln die Gleichförmigkeit des festgefahrenen Gesprächs der Männer wider. Wiederholungen, Parallelismen

Die Anapher am Anfang des Textes „Das Eis … Das Eis …“ (Z. 2) lenkt die Aufmerksamkeit sofort auf den symbolischen Begriff und seine Bedeutung innerhalb der Kurzgeschichte. Anapher

Schließlich ist besonders die Frage des jungen Mannes „Was denken Sie jetzt?“ auffällig, die vielfach in gleicher oder ähnlicher Wortwahl wiederholt wird (Z. 6, 9, 20, 23, 41 f.). Sie verstärkt den Eindruck der Aufdringlichkeit des Protagonisten, zugleich aber wird auch dessen Bedürfnis nach Aufmerksamkeit und Rückversicherung für sein Verhalten und seine Person deutlich – selbst von Seiten eines ihm völlig Unbekannten. Fragen

Schon der Beginn des Textes zeigt, dass sich der junge Mann mit dem Eis in der Hand nach Aufmerksamkeit sehnt: er bleibt direkt vor der Parkbank des Herrn stehen und lutscht dort „heftig“ (Z. 3) sein Eis. Der Jüngere ist es auch, von dem die konkrete Kontaktaufnahme ausgeht (Z. 6). Er wünscht sich einen Gesprächspartner, vielmehr vielleicht noch einen Zuhörer, will in jedem Fall seine Gedanken kundtun. Analyse des Inhalts: Drang nach Aufmerksamkeit

Dass der Zeitungslesende ihn kaum wahrnimmt und eigentlich beschäftigt ist, scheint der junge Mann gar nicht zu bemerken, er ist vollkommen auf sich selbst fixiert. So sind auch seine Person, seine Befindlichkeit, seine Eigenschaften, Gedanken und Erfahrungen einziger Gegenstand des nachfolgenden Dialogs. Fixierung auf die eigene Person

Dieser bleibt jedoch aufgrund der Einseitigkeit, mit der er geführt wird, oberflächlich und inhaltsleer. Oberflächlichkeit des Gesprächs

Die Unterhaltung bestreitet der junge Mann nahezu ausschließlich durch Provokationen, er fordert sein Gegenüber durch zunehmend unverfrorene Behauptungen heraus. Deutlich wird dabei jedoch vor allem die eigene Unsicherheit, der innere Konflikt, den der junge Mann offenbar austrägt. So belegen etwa Bezeichnungen seiner selbst als „Trottel" (Z. 9), „Habenichts" (Z. 14) oder „Duckmäuser" (Z. 23), für die man ihn vermeintlich hält, dass er Probleme mit seinem Selbstbild bzw. Selbstwert hat. Man kann mutmaßen, dass er in der Vergangenheit mit diesen oder ähnlichen Negativurteilen belegt wurde. Seinen Aussagen zufolge fürchtet er auch verachtet zu werden (Z. 22). Die Herausforderung seines Gegenübers ist möglicherweise die Strategie des jungen Mannes, sich gegen diese Art der Kränkung aufzulehnen, dem vielleicht auch zuvorzukommen, um sich zu schützen. Daher macht er, wie er mehr trotzig denn selbstbewusst erklärt, jetzt nur noch, was er will (Z. 19 f.). Besonders überzeugend allerdings wirkt diese Erklärung schon deshalb nicht, weil sich auch hieran die Frage, die sich stetig wiederholt, anschließt, was denn das Gegenüber darüber denke. Von der Last der Beurteilung durch andere kann sich der junge Mann also offenbar nicht befreien. Seine Unsicherheit und Unruhe drückt sich schließlich auch durch seine Körpersprache aus, wenn er „von einem Fuß auf den anderen" tritt (Z. 18).

Unsicherheit, Selbstzweifel

Furcht vor negativer Beurteilung

Der Herr, der zu Beginn erstaunt, sodann höflich-distanziert reagiert, wird angesichts der Aufdringlichkeit und provokanten Art des Jüngeren im Verlauf des Gesprächs zunehmend abweisend, signalisiert eindeutig Desinteresse, etwa wenn er erneut beginnt, in seiner Zeitung zu lesen (Z. 16 f., 21), oder den jungen Mann explizit auffordert: „[L]assen Sie mich in Ruhe." (Z. 25) Die Bezeichnung desselben als „Herr" signalisiert, dass er der ältere der beiden Männer ist (vgl. Z. 14 f.). Seine Ausdrucksweise, die weniger umgangssprachlich als die des Jüngeren ist, sowie das Zeitunglesen deuten außerdem darauf hin, dass er sozial besser gestellt und gebildet ist. Wenngleich jedoch das Verhalten des jungen Mannes sehr befremdlich wirkt, kommt auch für das des Herrn nicht viel Verständnis oder gar Sympathie auf. Er interessiert sich nicht im Geringsten für das, was unmittelbar um ihn herum vor sich geht. Den Kontakt mit dem anderen möchte er so schnell wie möglich wieder beenden und legt offenbar Wert auf Distanz zu seinen Mitmenschen. Die Zeitung wirkt dabei

Abwehr und Desinteresse des Herrn

fast wie ein Schild, der der Abgrenzung dient. Das Auftreten des Älteren erscheint insgesamt kalt und gefühllos.

Scheitern der Kommunikation

Mit diesem Verhalten trägt der Herr zum Scheitern der Kommunikation zwischen den Männern bei. Dass diese so misslingt, wird durch die Örtlichkeit, an der sich die Szene abspielt, noch hervorgehoben: Das Gegeneinander der Männer steht im Kontrast zu dem Ort der Kontaktaufnahme, der Begegnung, des Miteinanders, den ein Park gemeinhin darstellt.

Unreife des Jüngeren

Ausschlaggebend für den unglücklichen Verlauf des Gesprächs ist aber der jüngere Protagonist: In seiner Trotzigkeit und Unverfrorenheit wirkt er extrem kindisch und unreif. Diese Charakterzüge werden schon durch das „heftig[e]“ (Z. 3) Schlecken des Eises zu Beginn angedeutet. Grundlegende soziale Verhaltensweisen scheinen ihm fremd. So hat er offenbar kein Gespür für seine Taktlosigkeit, mit der er den Wunsch des Herrn nach Ruhe ignoriert (oder aber er widersetzt sich willentlich der gesellschaftlichen Norm der Höflichkeit). Ein solch aufdringliches Verhalten sowie das immense Bedürfnis nach Zuwendung kennt man sonst nur von Kindern, die die persönlichen Grenzen eines anderen mangels besseren Wissens noch nicht immer respektieren.

Mutter-Sohn-Gespräch als Spiegel der Parkszene

Insofern scheint es beinahe folgerichtig, dass die Protagonisten der Geschichte im weiteren Verlauf schließlich auf die Kindheitserfahrungen des jungen Mannes zu sprechen kommen. Bezeichnenderweise lächelt Letzterer, als der Herr seine Mutter erwähnt (Z. 25–27), beinahe so, als habe er auf das Stichwort gewartet. Auch die Geste, mit der der junge Mann sein Gegenüber am Davongehen hindert, ihn am Arm festhält, wirkt wieder äußerst kindlich. Die Passage, die sodann von dem Gespräch zwischen Mutter und Sohn berichtet (Z. 30–39), spiegelt inhaltlich die wesentlichen Charakteristika der aktuellen Situation im Park wider: Auch hier verhält sich der junge Mann äußerst provokant und fordert seine Mutter im Gespräch heraus („ich habe angefangen.“, Z. 34; „ich habe gar nicht angefangen“, Z. 35). Diese wiederum – wie der Herr im Park – lässt sich nicht wirklich auf das Gespräch ein, ihre Antworten wirken mechanisch, oberflächlich, kalt. Ein tatsächliches Interesse an der Gedanken- und Gefühlswelt ihres Sohnes scheint nicht vorhanden zu sein. Zwar bemüht sie sich offenbar, nach außen als gute Mutter und Hausfrau zu wirken, deren Sohn in sauberen Kleidern steckt („du bist schon wieder so schmutzig“, Z. 31 f.); als ihr Sohn jedoch auf ihre Frage, was er denn einmal werden wolle, mit „Neger" (Z. 38) antwortet, scheint sie überfordert und kritisiert den Jungen ohne weitere Erklärung und ohne näher auf ihn einzugehen („wie ungezogen du wieder bist", Z. 39).

Schluss

Deutung und Schlussfolgerung

Das Grundproblem also, das die Kurzgeschichte Novaks thematisiert, ist dieser Mangel an Interesse, an Zuwendung und an Orientierung, den der junge Mann in seiner Kindheit erfährt und der ihn langfristig prägt, wie die spätere Situation in ihren vielen Parallelen zeigt. Thema sind Fragen der Erziehung und Schwierigkeiten in der Eltern-Kind-Beziehung ebenso wie in der zwischen den Generationen im Allgemeinen – einem älteren Herren und einem jungen Mann etwa. Die Namenlosigkeit dieser Figuren weist dabei auf die Anonymität innerhalb einer Gesellschaft hin, in der jeder vor allem mit sich selbst beschäftigt ist. Der Text zeigt auf, welche möglichen Konsequenzen sich aus solch mangelnder Bereitschaft zur Kommunikation und dazu, sich auf eine andere Person einzulassen, ergeben können: Desorientierung, Selbstzweifel, soziale und kommunikative Inkompetenz.

Titel und Symbol „Eis"

Das Eis, Titel sowie Symbol innerhalb des Textes, steht dabei für die Distanz und Kälte zwischen den Menschen, die allzu häufig mit sich selbst beschäftigt sind, sich nicht über Oberflächlichkeiten hinauswagen wollen und kein Interesse daran haben, Gefühle, Sichtweisen oder Probleme anderer zu verstehen.

Thüringen – Besondere Leistungsfeststellung Deutsch 2010
Aufgabe 4: Gedichtinterpretation

Johann Wolfgang von Goethe (1749–1832)

Willkommen und Abschied (1771)

Es schlug mein Herz, geschwind zu Pferde!
Es war getan fast eh gedacht.
Der Abend wiegte schon die Erde,
Und an den Bergen hing die Nacht;
Schon stand im Nebelkleid die Eiche,
Ein aufgetürmter Riese, da,
Wo Finsternis aus dem Gesträuche
Mit hundert schwarzen Augen sah.

Der Mond von einem Wolkenhügel
Sah kläglich aus dem Duft hervor,
Die Winde schwangen leise Flügel,
Umsausten schauerlich mein Ohr;
Die Nacht schuf tausend Ungeheuer,
Doch frisch und fröhlich war mein Mut:
In meinen Adern welches Feuer!
In meinem Herzen welche Glut!

Dich sah ich, und die milde Freude
Floß von dem süßen Blick auf mich;
Ganz war mein Herz an deiner Seite
Und jeder Atemzug für dich.
Ein rosenfarbnes Frühlingswetter
Umgab das liebliche Gesicht,
Und Zärtlichkeit für mich – ihr Götter!
Ich hofft' es, ich verdient' es nicht!

Doch ach, schon mit der Morgensonne
Verengt der Abschied mir das Herz:
In deinen Küssen welche Wonne!
In deinem Auge welcher Schmerz!
Ich ging, du standst und sahst zur Erden
Und sahst mir nach mit nassem Blick:
Und doch, welch Glück, geliebt zu werden!
Und lieben, Götter, welch ein Glück!

Trunz, Erich (Hrg.): GOETHE – GEDICHTE. München 1994, S. 28 f.

Arbeitsauftrag

Beschreiben und deuten Sie, wie sich die Gefühle der Liebenden in den Naturbildern widerspiegeln!
Ordnen Sie das Gedicht auch in seine Literaturepoche ein!

Lösungsvorschlag

*Bei dieser Aufgabe geht es darum, sich mit einem der bekanntesten Gedichte von Johann Wolfgang von Goethe, nämlich „Willkommen und Abschied", **interpretierend auseinandersetzen**. Vordergründig sollen Sie bei dieser Interpretation untersuchen, wie sich die **Gefühle** der Liebenden in den **Naturbildern** widerspiegeln, sowie zusätzlich das Gedicht in eine **Literaturepoche** einordnen.*
*Das Gedicht dürfte Ihnen aus dem Deutschunterricht in Klassenstufe 9 oder 10 bekannt sein. Von daher werden Sie wissen, dass Goethe **zwei Versionen des Gedichtes** veröffentlicht hat: eine 1775, die 1771 entstanden ist, die andere 1789, entstanden vermutlich 1785. Etwas problematisch ist, dass in den vorliegenden Prüfungsangaben die Textversion nicht zum Veröffentlichungsjahr passt. Die Fassung, in der Ihnen das Gedicht vorliegt, ist die spätere von 1789 (bzw. 1785).*
*Verlassen Sie sich bei der **Epocheneinordnung** des Gedichts, wie sie die Aufgabenstellung verlangt, auf Ihr diesbezügliches Wissen aus dem Deutschunterricht.*
Denken Sie bei der Bearbeitung der Aufgabe daran, was eine Gedichtinterpretation beinhaltet:

- *Inhalt/Kommunikationssituation erläutern (Wer spricht warum zu wem?)*
- *lyrische Einordnung (hier: Erlebnislyrik)*
- *formale Analyse (d. h. Metrum, Reimform, sprachliche und stilistische Mittel)*
- *inhaltliche Analyse, Bildlichkeit (Motive, Metaphern, Symbole)*
- *Deutung und Schlussfolgerung.*

*Vergessen Sie jedoch nicht den in der Aufgabenstellung genannten **Schwerpunkt:** die Untersuchung der sich in den Naturbildern spiegelnden Gefühle der Liebenden. Diesen Aspekt sollten Sie entsprechend ins Zentrum Ihres Aufsatzes stellen.*
Zwar fordert die Aufgabenstellung eine formale Analyse nicht explizit ein, auf die wichtigsten Formmerkmale sollte allerdings knapp eingegangen werden.
Als einleitender Satz bietet sich an, den Autor des Textes, den Titel, die Textsorte und das Thema zu nennen. Beachten Sie schließlich auch, dass eine Gedichtinterpretation das Tempus Präsens erfordert.

Dass die Liebe nicht erst heute ein universales Thema ist, sondern sie auch vor mehreren hundert Jahren schon eine zentrale Rolle im Leben der Menschen gespielt hat, wissen wir unter anderem durch Literatur wie die von J. W. von Goethe, etwa sein vorliegendes Liebesgedicht *Willkommen und Abschied.* Die folgende Auseinandersetzung mit diesem Gedicht konzentriert sich besonders auf die Untersuchung der Gefühle der Liebenden und die Frage, wie diese in *Willkommen und Abschied* durch Naturbilder metaphorisch zum Ausdruck gebracht werden.

Einleitung

Willkommen und Abschied – ein Liebesgedicht

Aufgabenstellung

Willkommen und Abschied ist eines der bekanntesten Gedichte aus dem umfangreichen Goetheschen Werk. Goethe hat zwei Versionen des Gedichtes veröffentlicht, eine im Jahr 1775, eine zweite, überarbeitete Fassung 1789. Der hier analysierte Text entspricht dieser zweiten Fassung.

Hauptteil

Versionen des Gedichtes

Willkommen und Abschied ist regelmäßig aufgebaut, es besteht aus vier Strophen, die jeweils acht Verse umfassen. Das Gedicht ist durchgehend im Kreuzreim verfasst, weibliche und männliche Kadenzen wechseln sich ab. Von der äußeren Form her wirkt der Text also äußerst gleichmäßig und harmonisch.

Strophen, Verse, Reimschema

Diese formalen Prinzipien gelten auch für das Metrum: Ein vierhebiger Jambus zieht sich konsequent durch das gesamte Gedicht. Die Regelmäßigkeit des Takts bildet so die Situation des lyrischen Ichs nach: Das Hufgetrappel des Pferdes auf dem nächtlichen – und später morgendlichen – Ritt sowie das Herzklopfen, das zunächst aus Unruhe und Furcht und später aus Erregung durch die ersehnte Begegnung mit der Geliebten resultiert, wird imitiert.

Metrum

Willkommen und Abschied ist ein Beispiel für die Lyrik des Sturm und Drang. In der hier vorliegenden späteren Version des Gedichts (entstanden vermutlich 1785, veröffentlicht 1789) zeichnet sich allerdings bereits eine Entwicklung Goethes zur Klassik ab, was eine eindeutige Epochenzuordnung erschwert.

Epochennachweis: Erlebnislyrik des Sturm und Drang

Im Sturm und Drang stehen vor allem das Individuum und sein Gefühlsüberschwang im Zentrum der Literatur. Dies gilt insbesondere für die sogenannte Erlebnislyrik, die in dieser Zeit und besonders durch die Goethesche Dichtung entsteht. In der Erlebnislyrik werden die Stimmung und das Empfinden des lyrischen Ichs unvermittelt und damit für den Leser oder Hörer eindringlich dargestellt. *Willkommen und Abschied* ist ein typisches Beispiel für die Erlebnislyrik dieser Zeit, die sich vor allem durch sprachliche Ausdruckskraft und Bildhaftigkeit auszeichnet. Auch intensive Naturbilder, die in der Regel mit den Gefühlen und Erlebnissen des lyrischen Ichs korrespondieren – Mensch und Natur werden als Einheit verstanden –, sind charakteristisches Kennzeichen der Literatur dieser Epoche.

In den ersten beiden Strophen von Goethes Gedicht beschreibt das lyrische Ich einen Ritt durch den späten Abend, das Ziel ist zunächst noch unbekannt. Die Natur um den Reiter her verdüstert sich auf seinem Weg zunehmend, dennoch beteuert das lyrische Ich seinen Frohsinn und seine Energie. Gleich darauf, mit Beginn der dritten Strophe erfährt man den Grund hierfür: Das lyrische Ich ist am Ziel des Rittes, bei der Geliebten, angelangt. Diese dritte Strophe spiegelt folglich die harmonische Zweisamkeit des Paares wider, das nun in Liebe vereint ist. Der Morgen und damit auch der Abschied sind Thema der vierten Strophe. Die Liebenden müssen sich wieder trennen und sind entsprechend traurig. Gleichzeitig jedoch dankt das lyrische Ich bei aller Trauer abschließend für das große Glück, das es erfährt: zu lieben und geliebt zu werden.

Inhalt / Kommunikationssituation

Das Gedicht lässt sich, wie mit der Wiedergabe des Inhalts schon angedeutet, in drei Sinnabschnitte gliedern: den Ritt vor der Begegnung, die Vereinigung der Liebenden und die erneute Trennung. Diese unterschiedlichen Situationen und die damit verbundenen Empfindungen des lyrischen Ichs spiegeln sich in der Darstellung der umgebenden Natur wider.

Inhaltliche Analyse:

Das lyrische Ich, voller Ungeduld (vgl. V. 1 f.), macht sich in der ersten Strophe im hereinbrechenden Abend auf den Weg. Zwar „wiegt“ der Abend bereits die Erde (V. 3), wie es heißt, das Bild, das damit erzeugt wird, ist aber noch ein angenehm friedliches. Schon mit dem nächsten Vers jedoch ändert sich dies: schwer und dunkel, so scheint es, „hängt“ die Nacht an den Bergen (V. 4). Bis zum Ende der Strophe wird diese Abfolge vom Abend zur Nacht noch gesteigert, wenn schließlich von „Finsternis“ (V. 7) die Rede ist. Die Bilder der im Düsteren in die Höhe ragenden Dinge, die Berge (V. 4), die Eiche (V. 5), das Gesträuche (V. 7) verstärken die bedrohliche Stimmung, die bereits von der Dunkelheit ausgeht, und auch die Personifikationen des Baumes und der Finsternis tragen zu diesem Eindruck bei. Die Eiche wird nicht nur einem Riesen, an sich schon ein Superlativ, gleichgesetzt, sondern dieser ist zusätzlich „aufgetürmt“ (V. 6). Auch die Finsternis lauert nicht nur mit ihren Augen, es sind gleich hundert Stück und sie sind schwarz (V. 7)

1. Strophe: Dunkelheit, Bedrohung

– womit auch der Bildbereich der Dunkelheit wieder aufgenommen wird. Zum Ende dieser ersten Strophe erzeugen die Naturbilder, die das lyrische Ich begleiten, also eine Angst einflößende Atmosphäre. In seiner Einsamkeit fern der Geliebten erkennt der Reiter in seiner Umgebung nur Unheimliches, Beunruhigendes, das ihn bedroht, beobachtet und einschüchtert.

2. Strophe: Steigerung des Düsteren, Gefährlichen

Am Beginn der zweiten Strophe steht zunächst ein Hoffnungsschimmer: Der Mond, der das Dunkel erhellen könnte, taucht auf. Doch wiederum wird diese Möglichkeit sofort relativiert. Der Mond ist eingehüllt in einen „Wolkenhügel" (V. 9), aus dem er nur „kläglich" (V. 10) hervorzuschauen vermag. Wie schon in Strophe 1 verstärken Personifikationen den Eindruck, der Reiter sei nicht alleine in der Dunkelheit, sondern von Unheilvollem umgeben, das ihn belauert: der Mond „[s]ah" hervor (V. 10), die Winde „schwangen leise Flügel" (V. 11). Auch wird das Gefühl der Bedrohung in der zweiten Strophe durch den Einbezug weiterer Sinne nochmals gesteigert. Zu den visuellen Eindrücken und den „Augen" (V. 8) aus der ersten Strophe kommen nun der „Duft" (V. 10) und das „Ohr" (V. 12), das umsaust wird, hinzu – durch mehrere Sinne nimmt also das lyrische Ich die Anspannung der Situation wahr. Es bringt selbst zum Ausdruck, welcher Art die Atmosphäre während des Ritts ist: „schauerlich" (V. 12), und bestätigt, wiederum als Steigerung der „hundert schwarzen Augen" (V. 8), die Nacht bringe „tausend Ungeheuer" (V. 13) hervor. Eine wahre Herausforderung stellt also dieser einsame Ritt durch den späten Abend dar, die Natur um das lyrische Ich scheint nur aus düsteren Schatten und Gefahr zu bestehen.

Wende zu Entschlossenheit und Frohsinn

Und doch heißt es plötzlich auf dem Höhepunkt dieser dramatischen Schilderung: „frisch und fröhlich war mein Mut" (V. 14). Völlig unvorhergesehen bricht dieser Optimismus des Liebenden herein. Unterstrichen wird der positive Umschwung durch die Alliteration („frisch und fröhlich") sowie die in den nächsten beiden Versen folgenden leidenschaftlichen Ausrufe. Die elliptische Form der Letzteren bringt die Erregung des lyrischen Ichs zum Ausdruck, die Gestaltung als Parallelismus unterstreicht die Einheit von Körperlichkeit („Adern", V. 15) und Gefühl („Herzen", V. 16): Sehnsucht und Verlangen ‚brennen' allumfassend in ihm. Deutlich zeigt sich an dieser Stelle außerdem die charakteristische Kraft und Emphase eines typischen Subjektes des Sturm und Drang.

Nachdem die unheimlichen Naturbilder der ersten Strophen kaum nachvollziehen lassen, woraus das plötzliche „Feuer“ (V. 15) und die positive Energie des Reiters resultieren, erklärt sich dies mit dem ersten Wort der dritten Strophe: Alles nächtliche Unheil wird bedeutungslos angesichts der Nähe der Geliebten, die er nun, in Strophe 3, endlich erreicht hat. Urplötzlich verkehrt sich die finstere Nacht in ein „rosenfarbnes Frühlingswetter“ (V. 21) – ein an Symbolik reicher Ausdruck: Der Frühling, der für das Erwachen, für Wärme und Lebenskraft steht, sowie die Rose, Blume der Liebenden, versinnbildlichen die freudig-verliebten Empfindungen des vereinten Paares. Dazu passt auch das Bild der „milde[n] Freude“ (V. 17), die gleich einem Bach auf das lyrische Ich fließt (V. 18) und Angst und Sorge hinwegspült, sodass „jeder Atemzug“ (V. 20) nun wieder leicht fällt und nur für die Herzensdame ist. Das Glück des Liebenden könnte größer kaum sein, wie seine Beschreibungen der Angebeteten verraten. Verzückt ist er durch den „süßen Blick“ (V. 18), das „liebliche Gesicht“ (V. 22) und die „Zärtlichkeit“ (V. 23) der Geliebten. Ihre Anwesenheit allein hat die Macht, die gesamte Umgebung zu verwandeln.

3. Strophe: Vereinigung des Liebespaars, Wandel der Umgebung

In der vierten Strophe schließlich folgt der Abschied auf das vorherige Willkommen. Viel zu früh, „schon mit der Morgensonne“ (V. 25) müssen sich die beiden wieder trennen. Als ob die Liebenden sich den Anblick des jeweils anderen für immer einprägen wollten, dominiert das Wortfeld „sehen“ („Auge“, V. 28, „sahst“, V. 29 und 30, „Blick“, V. 30). Der Kummer des Abschieds drückt sich in einem „verengt[en]“ Herzen (V. 26) des lyrischen Ichs sowie dem „Schmerz“ (V. 28) und dem „nasse[n] Blick“ (V. 30) der Geliebten aus. Jedoch beschränkt sich die Darstellung der Trennung im Gedicht nicht auf diese leidvollen Gefühle; die Nacht der Liebe ist den beiden noch gegenwärtig. Das Nebeneinander der Empfindungen zeigt sich etwa in der wieder aufgegriffenen Stilfigur des Parallelismus. Letzterer ist aber nicht etwa konträr zu den vorfreudigen Ausrufen in Strophe 2 nun rein negativer, trübseliger Art, sondern gekennzeichnet durch beides, durch Glück („In deinen Küssen welche Wonne!“, V. 27) und durch Schmerz zugleich („In deinem Auge welcher Schmerz!“, V. 28). Auch das Bild der hellen „Morgensonne“ (V. 25) vermittelt nicht Kummer und Frust, sondern vielmehr Hoffnung auf ein baldiges Wiedersehen – wenngleich die Verse 29/30 vermuten lassen, dass der Abschied von der

4. Strophe: Schmerzlicher, aber mit Hoffnung verbundener Abschied

Geliebten endgültig ist. Letztlich ist, wie schon in den vorherigen Strophen, auch dieses Naturbild im Einklang mit dem dominierenden Gefühl des lyrischen Ichs in der Abschiedsszene: Seine abschließenden Worte sind positive und drücken Dank aus an die Götter, die ihn das Glück der Liebe erfahren lassen.

Formale Analyse:

Apostrophe des lyrischen Du

Auffällig im Hinblick auf die Form ist die direkte Ansprache des lyrischen Du in der dritten und vierten Strophe. Das lyrische Ich bekundet diesem gegenüber seine Liebe: „Dich sah ich" (V. 17), „Ganz war mein Herz an deiner Seite" (V. 19), etc. Die Präsenz der Geliebten am Ende des Gedichts wird durch diese Apostrophe formal betont und für den Leser noch deutlicher spürbar.

Sprachlich-stilistische Mittel:

Ausrufe

Die Ausrufe, die sich jeweils in den letzten beiden Versen der Strophen 2, 3 und 4 finden, verdeutlichen die Erregung und Intensität der Emotionen des lyrischen Ichs und bewirken zugleich einen Spannungsanstieg zum jeweiligen Strophenende.

Enjambements

Zahlreiche Enjambements (V. 7/8, 9/10, 17/18, etc.) im Gedicht sorgen für ein besonders intensives Mitverfolgen des Geschehens durch den Leser. Sie bringen Fluss in den Text und lassen das Gedicht beinahe wie eine Erzählung wirken. Außerdem spiegelt dieses stilistische Mittel durch das Vorantreiben von Vers zu Vers die Vorwärtsbewegung des lyrischen Ichs während seines nächtlichen Ritts wider.

Zur Intensivierung des Dargestellten nutzt Goethe, wie bereits an einigen Beispielen gezeigt wurde, vielfältige Stilmittel.

Anaphern

Sofort fällt etwa die Anapher in den ersten beiden Versen auf („Es schlug … | Es war …", V. 1 f.), die das Regelmäßige des Metrums und des Reimschemas unterstützt. Die Anapher erzeugt zugleich Spannung: Die Aufmerksamkeit wird auf das „Es" gelenkt, das jedoch zunächst undefiniert bleibt und die Frage offen lässt, worum es geht. Weitere Anaphern gehen mit Parallelismen einher (V. 15 f., V. 27 f., V. 31 f.) und wirken sich jeweils den Inhalt verstärkend aus. Zentrale Stellen des Gedichts werden so hervorgehoben wie etwa der Moment, in dem die Stimmung sich wendet (V. 15 f.). Der Parallelismus in der vierten Strophe (V. 27 f.) verdeutlicht die beiden gleichzeitig wahrgenommenen Emotionen Liebe und Trauer, unterstützt also ebenfalls den inhaltlichen Aspekt.

Parallelismen

Inversion

Auffällig ist schließlich auch eine Inversion („Dich sah ich", V. 17), mit der als Auftakt des Verses und der dritten Strophe stark betont wird, worauf das lyrische Ich die ganze Zeit zusteuert: „Dich", d. h. seine Geliebte.

Durch das ganze Gedicht hindurch, besonders in den ersten beiden Strophen, finden sich überdies Metaphern (z. B. V. 3, 4, 5 f., etc.) und Personifikationen (V. 7 f., 11 f., etc.). Sie veranschaulichen jene Naturimpressionen, die die Gefühle der Liebenden widerspiegeln, und tragen zum Entstehen der Stimmung in den jeweiligen Strophen bei, so etwa dem bedrohlich-unheimlichen Eindruck zu Beginn oder der gelöst-glücklichen Atmosphäre im späteren Teil des Textes.

Metaphern, Personifikationen

Das Gedicht *Willkommen und Abschied* ist ein Bekenntnis zur Liebe. Mit eingängigen, anschaulichen Bildern lässt Goethe den Leser die Stimmungsumschwünge des lyrischen Ichs intensiv mitempfinden. Der Text zeigt auf, wie Liebende Hindernisse zu überwinden wissen und Schwierigkeiten mit eisernem Willen begegnen, um zum Ziel zu kommen. Dem lyrischen Ich verleiht die Liebe diese Kraft, sodass es das glückliche Willkommen bei der Angebeteten erreicht. Dass ein solches auch immer wieder einen Abschied nach sich zieht, auch das wird in Goethes Gedicht deutlich. Wesentlich dabei aber ist die abschließende Erkenntnis, dass dieser Moment letztlich nicht das Glück mindern kann, das zu lieben und geliebt zu werden bedeutet.

Schluss

Macht der Liebe, Willkommen und Abschied als ewiges Prinzip

Thüringen – Besondere Leistungsfeststellung Deutsch 2011
Aufgabe 1: Nichttextgebundene Erörterung

„[…] Dem Sport ist zu allen Zeiten und vor allem von allen Regierungen aus gutem Grund immer größte Bedeutung beigemessen worden. Er unterhält und benebelt und verdummt die Massen; […].“

Thomas Bernhard (1931–1989)

Bernhard, Thomas: Die Ursache: Eine Andeutung. Residenz Verlag, Salzburg 1975.

Arbeitsauftrag

Nehmen Sie zu diesem Zitat des österreichischen Schriftstellers Thomas Bernhard Stellung und begründen Sie diese ausführlich unter Hinzuziehung eigener Beispiele und Erfahrungen.

Lösungsvorschlag

*Bei dieser Aufgabe der nichttextgebundenen Erörterung sollen Sie sich mit einem nicht ganz einfachen **Zitat** des Schriftstellers Thomas Bernhard auseinandersetzen. Versuchen Sie zunächst, die wesentlichen Inhalte des Textauszugs zu erfassen. Formulieren Sie die **Hauptaussage** eventuell als Hilfestellung **mit eigenen Worten**. Auf dieser Grundlage können Sie dann überlegen, **welche Position** Sie einnehmen möchten: Stimmen Sie Thomas Bernhard zu? Lehnen Sie seine Haltung ab? Oder nehmen Sie eine vermittelnde Haltung ein?*
*Bevor Sie mit dem Schreiben beginnen, sollten Sie eine **Stoffsammlung** anlegen. Suchen Sie Begründungen und Beispiele, die die Aussage des Schriftstellers stützen oder widerlegen. Bedenken Sie: Eine Stellungnahme erfordert, dass Sie das Thema **dialektisch** erörtern. Das heißt, Sie müssen sowohl **Pro-** als auch **Kontra-Argumente** finden und diskutieren.*
Schreiben Sie dann Ihren Aufsatz nach dem klassischen Muster: Einleitung – Hauptteil – Schluss.
*In der **Einleitung** führen Sie kurz zum Thema hin und erläutern das Zitat.*
*Der **Hauptteil** besteht im Wesentlichen aus Ihrer Argumentation. Beginnen Sie mit der Position, die Ihrer eigenen ferner ist. Sind Sie beispielsweise anderer Ansicht als Thomas Bernhard, notieren Sie zuerst die Argumente, die seine Meinung unterstützen. Achten Sie beim Argumentieren auf glaubwürdige und schlüssige Begründungen und veranschaulichen Sie Ihre Aussagen anhand von konkreten Beispielen.*
*Zum **Schluss** formulieren Sie Ihre eigene Haltung zur Aussage des Schriftstellers. Ein kurzes Fazit oder Resümee des im Hauptteil Erörterten bietet sich dazu an. Sie können Ihren Aufsatz z. B. mit einem Ausblick auf eine mögliche Weiterentwicklung der Problematik oder auch mit persönlichen Gedanken abrunden.*

Einleitung
Hinführung zum Thema

Sport – für mich ist er aus meiner Freizeitgestaltung nicht wegzudenken. Mir macht es Spaß, im Training meine Freunde zu treffen und mich dabei auszupowern. Wenn ich einmal, bedingt durch zu viele Hausaufgaben, auf die Basketballstunden verzichten muss, fühle ich mich unwohl und bin meistens sogar schlechter gelaunt. Auch einen Urlaub mit meiner Familie, egal ob am Wasser oder in den Bergen, stelle ich mir ohne sportliche Aktivitäten nur halb so schön und lustig vor.

Erläuterung des Zitats

Dass es aber auch kritischere Haltungen zum Thema Sport gibt, beweist das vorliegende Zitat Thomas Bernhards, veröffentlicht 1975 in seinem Buch „Die Ursache: Eine Andeutung." Der Schriftsteller äußert sich darin recht pauschal über die Bedeutung des Sports in Gesellschaft und Politik sowie über dessen negative Auswirkungen auf die Menschen. Er ist der Auffassung, dass Sport in der Gesellschaft schon immer von großer Bedeutung war und von allen Regierungen hochgehalten wurde, weil er die „Massen" unterhalte, beneble und verdumme.

Hauptteil

Zwei Seiten des Themas

Diese Betrachtung Bernhards erscheint mir spontan etwas einseitig und zu sehr vereinfacht. Sport kann Zwietracht säen, aber auch den Zusammenhalt unterstützen, er ist anfällig für (radikal) nationalistisches Gedankengut, aber er fördert auch die Völkerverständigung, er bietet Anknüpfungspunkte für Gewalt, kann aber ebenfalls zu Fairness erziehen, er ist Ursache vieler körperlicher Sofort- und Folgeschäden, zugleich aber auch förderlich für die Gesundheit des Menschen. Schon diese offene Aufzählung zeigt, dass es zahlreiche Aspekte gibt, die man in eine Diskussion über dieses Thema einbeziehen kann. Auf einige davon werde ich im Folgenden näher eingehen.

Zustimmende Argumente zum Zitat:

Verschleierung unangenehmer politischer Wahrheiten

Es ist sicherlich richtig, dass der Sport im Laufe der Geschichte immer wieder politisch genutzt wurde, um den Menschen Sand in die Augen zu streuen oder, wie Bernhard es ausdrückt, sie zu „benebeln". Ein Regime oder eine Regierung macht sich dabei den Unterhaltungsfaktor großer sportlicher Ereignisse zunutze, um von unangenehmen politischen Vorgängen abzulenken oder um Eindrücke zu vermitteln, die nicht den realen Gegebenheiten entsprechen. Ein bekanntes Beispiel für einen solchen Missbrauch des Sports sind die Olympischen Spiele 1936 in Berlin. Die Nationalsozialisten unter Führung Hitlers nutzten diese für ihre politische Propaganda. Die Machthaber wollten der Welt vorführen, dass Deutschland ein friedliebendes und sozial eingestelltes Land sei. Währenddessen aber rüsteten sie im Hintergrund bereits militärisch auf, um sich auf einen Krieg vorzubereiten. Außerdem sind mit fadenscheinigen Begründungen bis auf eine Ausnahme, die Fechterin Helene Meyer, alle jüdischen Teilnehmer von den Wettkämpfen ausgeschlossen worden.

Ein zeitnahes Beispiel für einen solchen politischen Missbrauch des Sports stellen die Olympischen Sommerspiele 2008 in Peking dar. Im Rahmen dieser Veranstaltung präsentierte sich China als weltoffen, freiheitsliebend und sozial. Zugleich aber herrschte im Land strikte Zensur und die Verletzung von Menschenrechten, wie beispielsweise Verurteilungen zum Tode oder die prozesslose Inhaftierung von Personen, war (und ist) an der Tagesordnung.

Immer wieder wurde der Sport von Seiten der Politik auch dafür ausgenutzt, die Stärke und Überlegenheit des eigenen Landes oder Volkes gegenüber anderen Nationen oder Volksgruppen zu demonstrieren. Erschreckend ist in diesem Zusammenhang z. B. das systematische Doping, wie es in der DDR im Rahmen von Talentförderung und Leistungssport vorgenommen wurde. Die ostdeutschen Spitzensportler wurden als Aushängeschilder des Landes gefeiert und als Helden verehrt. Sie sollten indes nicht nur den eigenen Erfolg, sondern vor allem auch den des ganzen Regimes repräsentieren. Die Zuschauer, die dabei an ehrliche Siege und herausragende sportliche Leistungen glaubten, wurden regelrecht für dumm verkauft.

Demonstration von Überlegenheit

Die Demonstration der eigenen Stärke und das damit verbundene Triumphgefühl gehören durch die Wettkampfsituation im Sport praktisch automatisch dazu. Daraus können sich aber auch außerhalb von totalitären politischen Systemen Probleme ergeben. Das zeigt sich z. B. regelmäßig bei sogenannten Derbys im Fußball oder Eishockey, wenn fanatische Anhänger regional konkurrierender Vereine aufeinandertreffen. Diese sind nicht selten vom Siegeswunsch so „benebelt“, dass es zu Handgreiflichkeiten oder Massenschlägereien kommt.

Gewalt

In vielen Sportarten identifizieren sich Begeisterte mit einer bestimmten Mannschaft oder einem bestimmten Verein. Das harmlos scheinende Angebot der Identifikation aber kann auch in einer Demokratie durch politisch radikale Gruppen, z. B. rechtsextreme, unterwandert werden. Diese nutzen dann die Loyalität der Fans für ihre Zwecke aus und rekrutieren so neue Mitglieder. Eine solche Verknüpfung von Sport und Politik zeigt sich etwa am Fußballclub Lazio Rom: Als Siegesgeste erhob der Stürmer und Mannschaftskapitän Paolo Di Canio im Stadion bereits mehrfach seinen Arm zum Hitlergruß. Scheinbar benebelt von der unterhaltenden Funktion des Fußballs, lässt die Öffentlichkeit dies durchgehen, der Spieler wurde lediglich zu einer Geldstrafe verurteilt.

Unterwanderung durch politisch radikale Gruppierungen

Schließlich lässt sich anführen, dass auch die viele Zeit, die die Menschen in den Unterhaltungsfaktor „Sport“ investieren, sie gewissermaßen „verdummen“ kann. Massen verbringen ihre Freizeit bei Public-Viewing-Events, Menschen aller Schichten sitzen stundenlang vor der Mattscheibe, um Boxkämpfe, Formel-1-Rennen oder Tour-de-France-Fahrten zu verfolgen. Statt sich mit ihrer geistigen und politischen Bildung zu befassen, wählen Unzählige solche unpolitischen und geistig kaum for-

Vernachlässigung geistiger und politischer Bildung

dernden Freizeitbeschäftigungen. Ein Mehr an kritischen und engagierten Zeitgenossen, die ihre Zeit nicht mit Sport, sondern mit Politik, Kultur, Literatur usw. verbringen, wäre dagegen sicher unbequemer für die Regierenden. Denn wenig gebildete oder schlecht informierte Bürger bieten der Politik eher die Möglichkeit, Dinge durchzusetzen, die vielleicht auf Widerstand stoßen würden, wenn sich die „Massen", d. h. die Bevölkerung, mit den entsprechenden Inhalten auseinandersetzen würden.

Trotzdem sehe ich auch vieles, was sich einer solch negativen Betrachtung des Sports entgegenhalten lässt.

Ablehnende Argumente zum Zitat:

Unterhaltung, die durch den Sport ohne Zweifel erfolgt, muss nicht zwangsläufig etwas Negatives sein. Das Außerordentliche und Außergewöhnliche fasziniert und begeistert die Menschen. Solche besonderen Leistungen kann man im Sport in den unterschiedlichsten Disziplinen bewundern. Die Wettkampfsituation spornt an, fördert den Ehrgeiz und gibt einem die Möglichkeit, sich unter fairen Bedingungen mit anderen zu messen. Im besten Fall wird ausdauerndes Training und harte Arbeit durch ein Erfolgserlebnis und durch Anerkennung belohnt. Mancher Mitschüler beispielsweise ist froh, wenn er nach einer vergeigten Physikarbeit oder einem schlechten Vokabeltest in einem unserer Schulwettbewerbe, z. B. im Beachvolleyball-Turnier, punkten kann. Bleibt sein Erfolg im Unterricht einmal aus, erfährt er doch auf dem Spielfeld, dass Anstrengung sich lohnt. Damit erfüllt der Sport eine wichtige Vorbildfunktion, die auch andere Bereiche des Lebens beeinflussen kann, und er wird insofern zu Recht von politischer Seite unterstützt.

Vorbildfunktion: Förderung von Ehrgeiz, Ansporn zu guten Leistungen → Anerkennung, Erfolgserlebnis

Für solche Förderung des Sports gibt es noch weitere Gründe. Neben der positiven Verbindung von Leistung und Erfolg, die er vermittelt, hilft der Sport, soziale Kompetenzen zu entwickeln. Dazu gehört beispielsweise, einen guten Umgang mit Misserfolgen zu erlernen, sich in eine Gemeinschaft einzufügen und sich auf andere zu verlassen. Auch faires, kameradschaftliches Verhalten wird in praktisch jedem Sport großgeschrieben. Wenn ich z. B. an Aktivitäten an unserer Schule denke, wie den Unicef-Lauf oder das Tischtennisturnier, fällt mir als Erstes der Zusammenhalt zwischen den Teilnehmern ein, der sich nur durch gemeinsames Sitzen im Unterricht sicher nie so entwickelt hätte.

Ausbildung sozialer Kompetenzen: Fairness, Loyalität, Zusammenhalt

Auch in politischer und gesellschaftlicher Hinsicht gibt es Möglichkeiten, wie der Sport die soziale Gemeinschaft stärken kann. Als ein Beispiel wäre etwa der Rückhalt zu nennen, den viele

Förderung von kultureller Integration

Sportler ausländischer Herkunft in deutschen Mannschaften und Vereinen haben. So mancher tut sich auf dem Fußballplatz leichter mit der Integration in die andere Kultur als in der Schule oder am Arbeitsplatz. Wenn die Politik den Sport dann unterstützt, kann man das sicher nicht als „Benebelung" betrachten, sondern als sinnvolle Unterstützung einer positiven Tendenz.

Sport und Gesundheit:

Förderlich für Körper und Geist

Nicht zuletzt lässt sich der hohe Stellenwert des Sports in Gesellschaft und Politik auch mit dem Stichwort „Gesundheit" begründen. Immer neue Studien fördern Erschreckendes zutage, wie z. B. die Feststellung, dass bereits jedes fünfte Kind im Grundschulalter übergewichtig ist. Auch die Zunahme von Herz-Kreislauf-Erkrankungen oder Rückenleiden in unserer Gesellschaft ist bekannt, ebenso wie der Bewegungsmangel vieler junger Leute, die zu viel Zeit vor Fernseher und Computer verbringen. All das spricht dafür, den Menschen sportliche Betätigung ans Herz zu legen. Heute weiß jeder, dass körperliche Aktivität nicht nur länger fit, sondern auch gesund hält. Bewegung fördert die Durchblutung und bewirkt so eine gute Versorgung des Körpers mit Sauerstoff, das Herz wird geschont; sie trainiert Muskeln und stabilisiert Knochen. Doch nicht nur der Körper, auch der Geist profitiert, wenn wir Sport treiben: Koordination und Konzentration verbessern sich. Gerade nach langem Stillsitzen oder Lernen z. B. spürt man, wie gut es tut, eine Stunde zu schwimmen oder durch den Wald zu laufen. Der Kopf wird frei und man kann sich anschließend ausgeglichener und konzentrierter an seine Arbeit setzen. Ein gewisses Maß an Sportbegeisterung führt also keinesfalls zwingend zur Verdummung, sondern kann im Gegenteil die geistige Leistungsfähigkeit sogar erhöhen.

Schluss

Resümee und eigene Position: eher ablehnende Haltung

Zusammenfassend kann ich der Aussage Bernhards nur bedingt zustimmen. Es gab und gibt in der Tat Möglichkeiten, durch die der Sport die Massen benebelt oder verdummt, was von der Politik in übler Weise ausgenutzt wurde oder wird. Pauschal aber lässt sich die große Bedeutung des Sports in der Gesellschaft damit nicht begründen. Wie in meinen Ausführungen deutlich wird, geben zahlreiche positive Aspekte des Sports Anlass, ihn als wichtigen Bestandteil der Gemeinschaft anzusehen und zu fördern.

Persönliche Gedanken

Ich persönlich möchte auf den Spaß, den ich beim Jubeln im Stadion habe, wenn meine Mannschaft gewinnt, ebenso wenig verzichten wie auf das gute Gefühl, wenn ich drei Bälle hintereinander im Korb versenkt habe. Darin sehe ich weder etwas gefährlich „Benebelndes" noch etwas „Verdummendes".

Noten im Internet

„Es ist inzwischen ein Sport, gute Bewertungen zu sammeln."

Jeffrey Wimmer, Professor für Medienwissenschaft an der TU Ilmenau

Filme, Lehrer, Handwerker – im Internet wird alles bewertet. Warum machen die Menschen das?

Neue Medien wie das Internet haben den Menschen schon immer das Gefühl gegeben, sich emanzipieren zu können, sei es als Konsumenten oder als Bürger. Hinzu kommen ein Mentalitäts- und Kulturwandel: Die Hemmschwelle, Privates öffentlich zu machen, ist gesunken. Es macht vielen Menschen nichts mehr aus, in einer Hotelbewertung zu schreiben, wo und wann sie mit ihrer Familie im Urlaub waren.

Melden sich nun mehr und andere Menschen zu Wort als früher?

Theoretisch kann jeder mitmachen, unabhängig von Bildung, Alter oder Geschlecht. Auch ohne Hochschulabschluss kann man Literaturkritiken auf Amazon.de schreiben. Meistens beteiligen sich aber die ohnehin Aktiveren. Wer bereits sozial und kulturell engagiert ist, nutzt auch das Internet intensiver. Die überwiegende Mehrheit der Gesellschaft ist eher passiv und immer noch nicht alle haben Zugang zum Netz. Das wird sich ändern, wenn die heute 12- bis 13-Jährigen ins Berufsleben eintreten: Dann werden wir eine Netzwerkgesellschaft haben.

Warum soll ich mich auf Bewertungen und Tipps von Fremden verlassen?

Weil es eine große Kraft der Selbstregulierung gibt. Die Nutzer kontrollieren sich gegenseitig. Das ist wie bei Wikipedia, dem Internetlexikon, da hat man anfangs auch gedacht, das wird nie funktionieren – tatsächlich korrigieren die Nutzer Fehler in Minutenschnelle.

Wie muss eine Internetgemeinschaft, also eine Community, aussehen, damit ich ihr vertrauen kann?

Man sollte vor allem darauf achten, ob die Beurteilungen über eine längere Zeit konstant ausgefallen sind. Und: Viele Nutzer, die lockere Beziehungen zueinander haben, erlauben mehr unabhängige Perspektiven – und damit eine höhere Qualität der Urteile.

Wie bitte, schwache Bindungen sollen besser sein als enge?

Ja, das ist wie mit guten Freunden: Die können bei Entscheidungen manchmal auch nicht helfen, weil sie die gleichen Informationen haben wie man selbst. [...]

Die Deutschen sind berüchtigt dafür, viel zu meckern – auch im Internet?
Nein. In großen Communitys gibt es Ehrenkodizes[1] und Selbstverpflichtungen, die man unterschreiben muss. Zu viel meckern ist nicht erlaubt. Man will ja auch selbst gut bewertet werden. Bei Ebay oder Amazon ist es ein Sport, gute Bewertungen zu sammeln. Reputation ist sehr wichtig. Wer ohne Grund meckert, fällt ein- oder zweimal auf. Aber sobald andere Nutzer den Schwindel aufdecken, kann er sogar gezwungen sein, sich aus der Gemeinschaft abzumelden.

Wimmer, Jeffrey: Noten im Internet. http://www.chrismon.de/4554.php; 05. 10. 2010
Fragen: Imke Plesch

1 Kodize(s): Pluralform von Kodex

Arbeitsauftrag

Beschreiben Sie die Haltung von Prof. Wimmer und legen Sie Ihre Auffassung zur Problematik *Bewertungen im Internet* dar.

Lösungsvorschlag

*Nach dem **genauen Lesen** des vorgegebenen Textes sollten Sie zunächst mithilfe des Wörterbuchs **unbekannte Begriffe** (z. B. Reputation) klären. Schreiben Sie danach Ihre textgebundene Erörterung nach dem klassischen Muster:*
*In der **Einleitung** sollten Sie kurz und gezielt **zum Thema hinführen**. Es eignen sich z. B. ein passendes Beispiel oder auch allgemeine Aussagen. Am Ende der Einleitung nennen Sie die üblichen **Basisinformationen** zum Text, d. h. Textsorte, Titel, Verfasser, Quelle und das Thema, das behandelt wird (Arbeitshypothese).*
*In Ihrem **Hauptteil** ist es sinnvoll, der Strukturierung des Textes zu folgen. Versuchen Sie also zunächst, diese zu erkennen, und notieren Sie sich die jeweiligen **Sinnabschnitte**. Durch die Fragen der Reporterin ist in diesem Fall der Text schon vorstrukturiert.*
*Entsprechend Ihrer Einteilung geben Sie dann den **Inhalt des Textes** in eigenen Worten wieder und beschreiben die **Position Prof. Wimmers**. Achten Sie dabei auf klare Formulierungen und auf den Gebrauch des Konjunktivs in der indirekten Rede.*
***Setzen Sie sich** anschließend mit der Position und den Aussagen des Befragten **auseinander**. Bedenken Sie dabei den dreiteiligen Aufbau eines **Arguments:** Es besteht aus einer These, einer überzeugenden Begründung und möglichst einem anschaulichem Beispiel (oder mehreren).*
*Am **Schluss** Ihrer Erörterung formulieren Sie ein **Fazit/Resümee**. Vergleichen Sie z. B. Ihre eigene Einschätzung mit der Prof. Wimmers oder nehmen Sie eine Bewertung des Textes etwa hinsichtlich seiner Überzeugungskraft und Machart vor.*

Einleitung
Hinführung zum Thema

Sehe ich mich in meinem Bekanntenkreis einmal um, findet sich kaum ein Jugendlicher oder Erwachsener, der nicht nahezu täglich in seiner Freizeit das Internet nutzt. Ob zur Kontaktpflege in sozialen Netzwerken, zum Ansehen von Clips auf Videoplattformen, ob zum Schreiben von E-Mails, zum Vorbereiten von Hausaufgaben, zur Informationsrecherche oder zum Online-Shopping – die Nutzung des Internets gehört heute bei den meisten Menschen zum täglichen Medienprogramm.

Titel, Textsorte, Verfasser, Quelle, Thema

Mit einer ganz bestimmten Möglichkeit der Internetnutzung befasst sich auch der informierende Sachtext „Noten im Internet", der am 5. 10. 2010 auf der Internetseite von chrismon.de veröffentlicht wurde. Bei dem Text handelt es sich um ein Interview mit Jeffrey Wimmer, Professor für Medienwissenschaft an der TU Ilmenau, über das Thema der Abgabe von Bewertungen im Internet. Der Wissenschaftler vergleicht das Sammeln guter Noten bei den verschiedensten Online-Portalen mit einer Art sportlichem Wettkampf, wie schon aus dem dem Text vorangestellten Zitat hervorgeht. Insgesamt sind die Einschätzungen Wimmers zu dem Thema eher positiv.

Hauptteil
Strukturierung des Textes: Vier Sinnabschnitte

Der Text ist durch die Fragen der Interviewerin bereits vorstrukturiert; er lässt sich thematisch in vier Abschnitte einteilen: Im ersten (Z. 1–8) erfragt die Journalistin die Gründe für den Trend, Dinge im Internet zu bewerten. Mit der zweiten Frage samt Antwort (Z. 9–16) wird geklärt, welchen Personenkreis das Phänomen betrifft. Im dritten und längsten Abschnitt (Z. 17–30) werden der Nutzen und die Vertrauenswürdigkeit von Online-Bewertungen erörtert. Am Ende des Interviews (Z. 31–37) geht es um mögliche negative Aspekte, die mit dem Online-Bewerten einhergehen könnten.

Haltung Wimmers:

1. Abschnitt:

Motivation für Online-Beurteilungen:

– Mentalitäts- und Kulturwandel

Die im ersten Absatz erfragte Motivation der Menschen für Online-Beurteilungen („Warum machen die Menschen das?", Z. 2) beruht nach Einschätzung von Professor Wimmer auf einer Veränderung der Gesellschaft. Er spricht von einem „Mentalitäts- und Kulturwandel" (Z. 5): Während die Menschen früher eher wenig von ihrem Privatleben preisgegeben haben, gibt es heute immer weniger Hemmungen, private Vorlieben, Abneigungen oder weitere Details an die Öffentlichkeit zu tragen (vgl. Z. 5–8). Einen zweiten Grund für die Zunahme von Bewertungen im Internet sieht der Medienwissenschaftler in dem Wunsch der Menschen, „sich [zu] emanzipieren" (Z. 4). Sie möchten unabhängiger sein, mehr mitreden und freier entscheiden können, sowohl in Fragen der Politik und Umwelt, „als Bürger", als auch im Privaten, „als Konsumenten" (Z. 4). Das scheint durch neue Medien wie das Internet möglich zu sein.

– Emanzipation der Menschen

2. Abschnitt:

Personengruppe der Online-Kritiker:

– Jeder kann teilnehmen

Denn, wie Professor Wimmer im zweiten Abschnitt bestätigt, das Internet bietet eine Plattform, auf der sich jeder äußern kann, „unabhängig von Bildung, Alter oder Geschlecht" (Z. 10). Die Zeiten, in denen also z. B. Ansichten von eher jungen Menschen oder von Personen mit eher geringer Bildung nicht gehört wurden, scheinen damit vorbei zu sein. Für die Abgabe einer Meinung im Netz spielt es keine Rolle, ob man männlich oder weiblich, Bauarbeiter oder Anwalt, 13 oder 73 Jahre alt ist. Allerdings schränkt Herr Wimmer diese Idealvorstellung etwas ein: Wenn es um die Wortmeldungen im Internet geht, stellt man fest, dass es in erster Linie die Jüngeren und die Aktiveren der Gesellschaft sind, die sich am Austausch beteiligen.

– Vor allem Junge und Aktive

3. Abschnitt:

Zuverlässigkeit von Bewertungen im Internet:

– Nutzer korrigieren sich gegenseitig

– Kriterien einer vertrauenswürdigen Community

Wenn es nachfolgend um den Nutzen der Online-Bewertungen geht, erklärt Prof. Wimmer zunächst, dass es sich dabei tatsächlich um eine relativ zuverlässige Informationsquelle handle, da es eine „große Kraft der Selbstregulierung" (Z. 18) gebe. Als Beispiel nennt er das Internetlexikon *Wikipedia*, wo sich die Nutzer gegenseitig in Minutenschnelle korrigieren. Die wettkampfähnliche Situation wirkt sich hier also positiv aus. Diese Aussage über die Zuverlässigkeit von Internetgemeinschaften lässt der Wissenschaftler jedoch nicht völlig uneingeschränkt, sondern er führt zwei Kriterien an, auf die man achten sollte: Zum einen sollten Bewertungen „über eine längere Zeit konstant" ausfallen (Z. 24 f.) und sie sollten zum anderen von möglichst vielen Nutzern stammen, die untereinander nicht zu eng vernetzt sind (vgl. Z. 25 f.). Dadurch ergebe sich nämlich eine unabhängigere Sichtweise und somit „eine höhere Qualität der Urteile" (Z. 26 f.).

4. Abschnitt:

Mögliche Probleme:

– Vorurteil des Meckerns bestätigt sich nicht

– Durch Selbstverpflichtungen wird Missbrauch vorgebeugt

Abschließend wird ein mögliches Problem einer Community, die Bewertungen abgibt und sammelt, thematisiert: das Problem von zu viel ‚Meckerei', wofür laut Interviewerin „die Deutschen [...] berüchtigt" seien (Z. 31). Prof. Wimmer aber erklärt, dass sich dieses Vorurteil im Internet nicht bestätige, da ein guter Ruf dort sehr viel zähle. Wer unbegründet schlechte Kommentare abgebe, verstoße gegen „Ehrenkodizes und Selbstverpflichtungen" (Z. 32), die es in den meisten Internetgemeinschaften gebe. Als Konsequenz müsse der Meckerer nicht nur selbst wenig gute Bewertungen befürchten, sondern im schlimmsten Fall sogar mit Ausschluss aus der Community rechnen. Diese Art von negativem Einfluss ist daher laut Professor Wimmer auf Internetplattformen, wo Produkte oder Leistungen beurteilt werden, nicht allzu häufig.

Positives Gesamturteil Wimmers

Alles in allem lässt sich somit eine recht positive Einschätzung des neuen „Internetsports", Noten zu verteilen, von Seiten des Medienwissenschaftlers feststellen.

Eigene Auffassung:

Zustimmung, aber mit Einschränkung

Ich selbst schließe mich dieser Auffassung grundsätzlich an. Allerdings gibt es meiner Meinung nach auch einige Punkte, die in dem Interview nicht zur Sprache kommen, die man aber ebenfalls berücksichtigen sollte, wenn man über dieses Thema spricht.

Zunehmende Veröffentlichung von Privatem:

Dass immer mehr Menschen ihr Privates zum Öffentlichen machen, wie es Prof. Wimmer beschreibt, lässt sich an vielen Stellen in unserer Gesellschaft beobachten: Auf privaten Fernsehsendern zeigen uns Fremde, wie sie ihre Wohnung einrichten oder wie sie ihr Essen kochen, in Internetgemeinschaften erfahren wir, welche Musik sie mögen oder wie sie Partys feiern. Dass die Hemmungen in dieser Hinsicht sinken, kann zwar einerseits nützlich sein, etwa wenn ich ein gutes Café besucht habe und das veröffentliche, um anderen einen Tipp zu geben. Bei vielen Beiträgen im Internet ist der Nutzen allerdings fraglich und es scheint mir, als gehe es dabei eher um Eitelkeit und Geltungssucht. Denn wer profitiert davon, wenn andere jeden meiner Schritte online bewerten oder wenn ich selbst zu allem, was ich sehe oder lese, anklicke, ob es mir gefällt oder nicht gefällt. Eine solche allgemeine Bewertung sagt höchstens etwas über meinen persönlichen Geschmack aus – und davon hat zunächst niemand etwas. Möchte ich dagegen anderen mit meinen Erfahrungen weiterhelfen, wie im Falle des Cafébesuches, und gebe dazu detaillierte Informationen weiter, ist das durchaus positiv. Allerdings sollte man auch dann gründlich überlegen, ob man lustige Momentaufnahmen vom besten Club am Urlaubsort online stellt, um diesen für künftige Besucher zu beschreiben. Wer weiß, ob diese Fotos nicht eines Tages auch ein Personalchef entdeckt und sie einem dann im Berufsleben nicht zum Nachteil werden. Man sollte daher gut darüber nachdenken, welche privaten Details man für alle Welt zugänglich machen will und bei welcher Information es sich lohnt, sie zu bewerten. Möchte ich eine Beurteilung abgeben, ist es sinnvoll, Einzelheiten zu nennen und es nicht bei einem unbegründeten „gut" oder „schlecht" zu belassen.

– Nützlich bei Tipps,
aber: häufig überflüssige Beiträge und Bewertungen

– Detaillierte Bewertungen hilfreich,
aber: nicht jedes Detail online stellen

→ Darauf achten, was man veröffentlicht und bewertet

→ Bei Bewertungen auf Einzelheiten eingehen

Wenn man sich auf Online-Beurteilungen stützt, sollte man auch bedenken, wer diese abgegeben haben könnte. Wie aus dem Interview hervorgeht und ich auch aus meiner persönlichen Erfahrung bestätigen kann, sind es vermehrt junge Leute, die das Internet nutzen und in Online-Communitys aktiv sind. Das kann aber zu einer bestimmten Tendenz bei Bewertungen führen. Nimmt man z. B. die Beurteilung von Urlaubsorten oder die Rezension eines Films, kann diese sehr unterschiedlich ausfallen, je nachdem wie alt oder erfahren der Kritiker ist oder welche Vorlieben er hat. Andererseits kann es natürlich auch ein Vorteil sein, dass im Internet nicht nur ausgewiesene Experten zu Wort kommen, sondern z. B. auch ein „Außenseiter" seine Sichtweise darlegen kann. So kommt man vielleicht auch selbst einmal auf neue Ideen. Man sollte aber immer im Hinterkopf be-

Bewertungen abhängig von der urteilenden Person:

– Kann sich einseitig auswirken

– Kann zu neuen Anregungen führen

halten, dass eine abgegebene Meinung immer auch subjektiv ist, und sollte deshalb die Informationen, die sie enthält, auch kritisch hinterfragen.

→ Subjektivität von Bewertungen bedenken

Undurchsichtigkeit und Anonymität im Internet

Eine solche kritische Betrachtung ist im Internet allerdings nicht immer ganz leicht. Meist kann man nicht einfach beim Kritiker nachfragen, wenn etwas unklar ist. Auch ist nicht immer ersichtlich, ob die abgegebenen Bewertungen über einen langen Zeitraum erfolgt sind oder wie viele Nutzer etwas beurteilt haben, was Prof. Wimmer als Kriterien der Verlässlichkeit angibt. Diese Undurchsichtigkeit und die Anonymität, die auf vielen Bewertungsplattformen vorherrschen, sind meines Erachtens ein großes Problem. Sind es zum Beispiel zwei Personen, die ein Produkt als sehr schlecht bewertet haben, ist es dennoch möglich, dass es 200 andere Menschen gibt, die gegenteiliger Meinung sind, die aber auf der Internetseite nicht erfasst sind. So kann es leicht zu Fehleinschätzungen kommen.

→ Fehleinschätzungen möglich

Evtl. keine Objektivität der Urteilenden

Noch gravierender ist es, wenn sich ein Nutzer, der ein Urteil abgibt, dabei von Gefühlen leiten lässt statt von Objektivität. Niemand kann im ‚geschützten Raum' des Internets später nachvollziehen, ob eine Bewertung aus einer Laune oder Enttäuschung heraus entstanden ist. Auch zieht keiner einen Nutzen aus einer so abgegebenen Beurteilung. Fühlt sich ein Schüler beispielsweise nach einer mündlichen Kontrolle oder einer Klassenarbeit ungerecht behandelt und verleiht seinem Ärger mit einer negativen Bemerkung über den Lehrer auf einer entsprechenden Plattform Ausdruck, verbessert er dadurch weder seine eigene Situation noch die des Lehrers oder irgendeines anderen Schülers. Vielleicht handelte es sich eigentlich nur um ein Missverständnis. Auf diese Weise aber wurde dann einer weiteren Person unnötig geschadet.

→ Bewertung nutzlos

→ Kann Personen schaden

Bedeutung persönlicher Kommunikation

Bei all den Möglichkeiten, im Internet seine Meinung abzugeben, wird die persönliche Kommunikation inzwischen oft vergessen oder vernachlässigt. Möglicherweise ließe sich das Problem des Schülers mit dem Lehrer durch ein persönliches Gespräch leicht aus der Welt schaffen. Eine miese Bewertung im Internet dagegen führt nur zu Frust auf allen Seiten oder zur Zuspitzung der Situation. Suchen meine Eltern einen guten Handwerker, kann ihnen vielleicht ein Nachbar, der eine konkrete Arbeit zeigen oder detailliert von eigenen Erfahrungen erzählen kann, vermutlich besser weiterhelfen als ein wenig aussagekräftiges Punktesystem im Netz.

Als gewinnbringend kann sich die Möglichkeit, Online-Bewertungen zu nutzen, allerdings dann erweisen, wenn ich in meinem direkten Umfeld nicht weiterkomme. Möchte man z. B. etwas im Internet kaufen, ohne dabei betrogen zu werden, möchte man wissen, ob ein Hotel das hält, was es im Katalog verspricht, kann die größere Reichweite des Internets eventuell weiterhelfen, mehr über den Verkäufer oder die Urlaubsunterkunft zu erfahren. In solchen Fällen stellen Bewertungsplattformen im Internet eine sinnvolle Ergänzung zum direkten Austausch mit dem persönlichen Umfeld dar.

Größere Reichweite des Internets

→ Internetbewertungen als Ergänzung zum direkten Umfeld sinnvoll

Insgesamt sehe ich den Trend zum Online-Bewerten genau wie Prof. Wimmer eher als etwas Gutes und in vielen Fällen Sinnvolles an. Allerdings ist es meiner Meinung nach erforderlich, dabei auf einige ‚Stolperfallen' zu achten: Beim Abgeben von Urteilen sollte man sich nicht von persönlichen Gefühlen leiten lassen, sondern überlegen, wem die Einschätzung weiterhelfen könnte. Wo es die Möglichkeit zum direkten Austausch gibt, ist es ratsam, diesen zu nutzen. Und wenn man sich auf eine Einschätzung aus dem Internet stützt, empfiehlt es sich, möglichst viele Informationen über die abgegebenen Stimmen einzuholen und zu bedenken, dass nicht jede Meinung eine objektive Beurteilung darstellen muss. Berücksichtigt man diese Punkte, kann einem der ein oder andere Online-Tipp den Alltag sicherlich erleichtern und das Medium Internet dazu beitragen, auch ‚Normalbürgern' Gehör zu verschaffen.

Schluss

Fazit: Online-Noten in bestimmten Fällen sinnvoll und hilfreich

Aber: einige Kriterien zu beachten

Wolfgang Bächler (1925–2007): **Stadtbesetzung**

Schwarze Wälder belagern die Stadt, haben sie lautlos umzingelt. Längst haben sie Vorposten an die Einfallstraßen gestellt, Spähtrupps, Vorhuten, Fünfte Kolonnen[1] bis in den Stadtkern geschickt. Jetzt dringen sie nachts in die Vororte ein, schlagen sie Breschen in Villenviertel, stoßen an die Ufer des Flusses, die Böschungen der Kanäle vor und säumen alle Gewässer ein.

Pappelkolonnen sperren die Straßen ab, gliedern die Alleebäume ein, schließen zu dichteren Reihen auf, marschieren im Gleichschritt weiter. Tannen und Eschen befreien Gefangene in den Gärten und Parks, Friedhöfen und Hinterhöfen. Eichen und Buchen besetzen die Kreuzungen, Knotenpunkte, die großen Plätze, verbrüdern, verschwistern sich mit den Ulmen, Linden, Kastanienbäumen, sprengen die Ketten parkender Autos, drängen die Baumaschinen, Bauzäune, Grundmauern, Gerüste, Geländer zurück, schlagen Wurzeln in Gruben und Gräben.

Fichten umstellen die Amtsgebäude, das Rathaus, den Rundfunk, den Bahnhof, die Polizeiinspektionen, Gerichte, Gefängnis, das Arbeits- und das Finanzamt. Die Pappelfront hat die Kaserne erreicht, verteilt sich um die Gebäude. Ahornbäume füllen die Lücken, schreiten durchs Tor in den Hof. Machtlos klettern die Wachen mit ihren Gewehren die Äste hinauf in die Kronen, sehen vor lauter Bäumen die Stadt nicht mehr.

Geräuschlos, kampflos, ohne Verluste haben die Wälder die Stadt besetzt, erobern sie Heimatboden zurück, besiegen sie Steine, Stahl und Beton, verdrängen Verdrängte ihre Verdränger.

Bächler, Wolfgang: Stadtbesetzung. Fischer, Frankfurt a. M. 1979, S. 143.

1 Fünfte Kolonne: heimliche Gruppierung, deren Ziel der Umsturz einer bestehenden Ordnung im Interesse einer fremden aggressiven Macht ist

Arbeitsauftrag

Interpretieren Sie den Text.

Lösungsvorschlag

Der Arbeitsauftrag ist recht allgemein formuliert. Schreiben Sie deshalb ausgehend von einer Textanalyse Ihre Interpretation in der üblichen Form:
- *Einleitung mit Basisinformationen;*
- *Hauptteil: Inhaltsangabe; Textanalyse (Analyse von Inhalt und Aufbau, von Sprache und Stil) mit anschließender Deutung;*
- *Schluss: Resümee, Botschaft des Autors und evtl. persönliche Bemerkungen/ Schlussfolgerungen.*

Leiten Sie den Text ein, indem Sie zum Thema hinführen. Es bietet sich als ***Einstieg*** *z. B. an, Gedanken zum Titel des Textes zu äußern. Benennen Sie in Ihrer Einleitung anschließend Titel, Textsorte, Verfasser, Erscheinungsjahr und Thema. Den* ***Hauptteil*** *beginnen Sie mit einer* ***Inhaltsangabe****. Achten Sie darauf, dass Sie den Inhalt sachlich und distanziert im Präsens mit eigenen Worten formulieren. Bei der folgenden* ***Analyse und Interpretation*** *bietet es sich an, abschnittsweise vorzugehen. Teilen Sie dazu den Text in* ***Sinnabschnitte*** *ein und gehen Sie jeweils deutend auf den* ***Inhalt*** *ein. Dabei gilt es, auch* ***sprachlich-stilistische Besonderheiten*** *zu berücksichtigen und deren* ***Wirkung*** *zu ergründen. Denken Sie an die Verwendung der notwendigen Fachbegriffe (Erzähler, rhetorische Figuren wie z. B. Alliteration, Pars pro Toto etc.).*
Belegen Sie Ihre Ausführungen durch Zeilenverweise am Text oder zitieren Sie wichtige Textstellen, um Ihre Behauptungen zu beweisen.
Überprüfen Sie am ***Ende****, ob sich die eingangs formulierte Thematik des Textes bestätigt hat. Mit fachübergreifenden oder allgemeinen Gedanken zum Thema, einer Bewertung des Textes oder persönlichen Bemerkungen können Sie Ihre Interpretation abschließen.*

Einleitung
Assoziationen zur Überschrift

„Stadtbesetzung“ – der Titel des vorliegenden literarischen Textes erzeugt beim ersten Lesen negative, möglicherweise angsteinflößende Assoziationen: Eine Stadt wird von Fremden bzw. Feinden besetzt, d. h. militärisch eingenommen.

Thema, Titel, Textsorte, Verfasser, Erscheinungsjahr

Tatsächlich geht es in dem surrealistischen Prosatext um die Einnahme einer Stadt – durch zum Leben erwachte Bäume. Der kurze Text „Stadtbesetzung“ stammt von Wolfgang Bächler und wurde im Jahr 1979 veröffentlicht. Der Prozess der Vereinnahmung der Natur durch den Menschen wird darin in einer fiktiven Umkehrung beschrieben.

Hauptteil
Inhaltsangabe

Ein neutraler Erzähler beschreibt fast berichtend eine Art Feldzug der Natur gegen die menschliche Zivilisation. Die Protagonisten Mensch und Natur stehen sich antithetisch gegenüber, wobei der Mensch nur einmal ausdrücklich in Erscheinung tritt und sonst durch seine technischen Erzeugnisse und Ergebnisse der Verstädterung repräsentiert wird. In chronologischer Abfolge wird von den einzelnen Phasen der erfolgreichen Aktion zur Besetzung der Stadt berichtet. Große Wälder breiten sich immer weiter aus, sodass Straßen und Vororte und letztlich der Stadtkern und die Institutionen des öffentlichen Lebens erobert werden. Verschiedene Baumarten sind aktiv beteiligt. Zum Schluss hat es die Natur geschafft, die Stadt einzunehmen, sich die Zivilisation zu unterwerfen.

Textanalyse und Interpretation

1. Sinnabschnitt (Z. 1–5):

Ohne Einleitung wird der Leser sogleich mitten ins Geschehen versetzt. Zu diesem Zeitpunkt des Einstiegs in die Handlung haben „schwarze Wälder" die Stadt bereits „lautlos umzingelt" (Z. 1). Schon dieser erste Satz der Geschichte ruft eine äußerst bedrohliche Stimmung hervor durch die Personifizierung der aktiv handelnden Wälder – es sind gleich mehrere, das heißt eine Unmenge von Bäumen –, durch die düstere Farbe Schwarz und das „lautlos[e]" (Z. 1) Agieren sowie die Verben „belagern" und „umzingeln" (Z. 1), die das Geschehen wiedergeben. Es entsteht der Eindruck, als stünden die Bäume bereit, als lauerten sie im Dunkeln und in der Stille, um im nächsten Moment zuzuschlagen. Im Text wird so Spannung aufgebaut. Mit dem nächsten Wort, „Längst" (Z. 1), bestätigt sich das planvolle Vorgehen der Wälder. Es scheint, als ob niemand bemerkt habe, wie sie taktisch klug bereits „Vorposten", „Spähtrupps" und „Vorhuten" (Z. 2) positioniert haben „bis in den Stadtkern" (Z. 3) hinein. Nach dieser Lagebeschreibung beginnt mit dem folgenden „Jetzt" (Z. 3) die eigentliche Handlung, die nächtliche Übernahme der bewohnten Gebiete. Strategisch werden zunächst ruhige „Vororte" (Z. 3), „Villenviertel" (Z. 4) und Randgebiete eingenommen bis dorthin, wo noch Natur vorhanden ist: bis an „die Ufer des Flusses, die Böschungen der Kanäle" (Z. 4 f.). Menschen tauchen dabei nicht auf, sie sind nur indirekt präsent in Form der Erscheinungen ihrer Zivilisation.

Bedrohliche Stimmung von Anfang an

Personifizierung der Wälder

Spannungsaufbau

Planvolles Vorgehen der Wälder

Beginn der aktiven Stadtbesetzung

Die Verwendung von militärischem Vokabular für die Beschreibung der angsteinflößenden Vorgänge in diesem ersten Abschnitt („belagern", „umzingeln", Z. 1; „Spähtrupps, Vorhuten, Fünfte Kolonnen", Z. 2 f.; „schlagen sie Breschen", Z. 4; usw.) setzt sich auch im zweiten Absatz fort.

Militärischer Wortschatz

2. Sinnabschnitt (Z. 6–12):

Es kann nun keinen Zweifel mehr an den Absichten der Besetzer geben: Zuerst sperren sie die wichtigsten Straßen (vgl.

Z. 6) und verhindern eine Versorgung der Stadt ebenso wie eine Flucht aus ihr. Strategisch schließen die Bäume zu „dichteren Reihen“ auf und „marschieren im Gleichschritt“ voran (Z. 7), wie man es von Soldaten kennt. Zunehmend detailliert wird der folgende Handlungsverlauf beschrieben. Die unbestimmte Menge des Waldes spaltet sich auf in einzelne Baumarten, von denen jede wie Einheiten beim Militär ihre eigene Aufgabe zu haben scheint. In einer Aufzählung, die dem Leser keine Atempause lässt und die sich bis in den nächsten Absatz hinein fortsetzt, werden die einzelnen Aktionen wiedergegeben: „Tannen und Eschen befreien Gefangene“ (Z. 7 f.), „Eichen und Buchen besetzen die Kreuzungen, Knotenpunkte, die großen Plätze“ (Z. 8 f.). Verstärkt wird die Eindringlichkeit dieser Aufzählung durch sprachliche Mittel wie zahlreiche Alliterationen („Gefangene in den Gärten“, Z. 8; „Kreuzungen, Knotenpunkte“, Z. 9; „Baumaschinen, Bauzäune, Grundmauern, Gerüste, Geländer“ Z. 11 f.; „Gruben und Gräben“, Z. 12) und Assonanzen („Eichen und Buchen“, Z. 8 f.; „sprengen die Ketten“, Z. 10 f.). Das Spiel mit den Verben „verbrüdern, verschwistern“ (Z. 9 f.) lenkt die Aufmerksamkeit auf das Zusammenwachsen der verschiedenen Baumarten zu einer großen, nicht aufzuhaltenden Gemeinschaft. Die Aktionen der Bäume wirken militärisch exakt organisiert, die feindliche Übernahme zieht zunehmend engere Kreise und scheint auf einen Höhepunkt zuzusteuern. Die Besetzung erstreckt sich zunächst auf Formen der von Menschen kultivierten Natur wie Gärten und Parks (vgl. Z. 8), über wichtige Kreuzungen und Plätze (vgl. Z. 9), die die Ausbreitung des Menschen versinnbildlichen, und reicht bis hin zur Zerstörung von Autos und Baugeräten (vgl. Z. 11), die für das Fortschreiten menschlichen Vordringens in die Natur stehen. Am Ende des Absatzes schließlich „schlagen [die Bäume] Wurzeln“ (Z. 12) und bekräftigen so ihre Standhaftigkeit, ihre Entschlossenheit, sich von dort nicht wieder beseitigen zu lassen. Schrittweise, zielgerichtet und scheinbar unaufhaltsam erobert sich die Natur ihr ursprüngliches Terrain zurück.

Fortsetzung der strategischen Einnahme der Stadt

Baumarten „handeln“ wie militärische Einheiten

Detaillierte Aufzählung der Handlungen

Sprachliche Mittel:

Alliterationen

Assonanzen

Wortspiel

Inhaltliche Steigerung der feindlichen Übernahme

Den Höhepunkt erreicht diese Aktion im dritten Abschnitt, in dem die Einnahme der Bereiche des öffentlichen Lebens beschrieben wird. Nachdem die Besetzung bis dahin Infrastruktur und Außenanlagen betraf, gehen die Bäume nun noch einen Schritt weiter und gegen Gebäude vor. Genannt werden dabei all

3. Sinnabschnitt (Z. 13–18):

Höhepunkt: Einnahme von Gebäuden des öffentlichen Lebens

diejenigen, die den Kern und das Funktionieren der menschlichen Gesellschaft ausmachen: „[D]ie Amtsgebäude, das Rathaus, den Rundfunk, den Bahnhof, die Polizeiinspektionen, Gerichte, Gefängnis, das Arbeits- und das Finanzamt" (Z. 13 f.) werden umstellt. Auch hier unterstreichen Alliterationen die düstere Aussage. Um die Stadtbesetzung erfolgreich abzuschließen und eine eventuelle Gegenwehr zu verhindern, ist letztendlich „die Kaserne" (Z. 15) an der Reihe, die für die militärische Macht der Menschen steht. Letztere tauchen an dieser Stelle das einzige Mal direkt auf, sind jedoch, wie die Inversion des Satzes betont, „machtlos" (Z. 16) und widersetzen sich den Bäumen nicht. Ohne Gegenwehr klettern die „Wachen mit ihren Gewehren" (Z. 17) in die Baumkronen, wo sie „vor lauter Bäumen die Stadt nicht mehr" (Z. 17 f.) sehen. Mit der Umkehrung der Redensart wird das Resultat der beschriebenen militärischen Aktion benannt: Die Stadt ist durch die Bäume besetzt. Zugleich lässt sie sich als Verweis darauf deuten, dass die Menschen das Offensichtliche anscheinend nicht erkennen: ihren fatalen und überheblichen Umgang mit der Natur und die Möglichkeit, dass sich dies eines Tages rächen könnte. Im Text ist das auf äußerst drastische Weise bereits geschehen.

Alliterationen

Kaserne als letzte Bastion der Menschen wird erobert

Inversion

Umkehrung der Redensart

Im letzten Sinnabschnitt fallen Analogien zum Beginn auf, wodurch der Prosatext eine Art Rahmen erhält: Die Bäume bilden nun als „Wälder" (Z. 19) wieder eine einheitliche Menge, die anfängliche Stille (vgl. Z. 1) wird mit dem Adjektiv „[g]eräuschlos" (Z. 19) wieder aufgegriffen, der Titel wird bestätigt, „die Stadt [ist] besetzt" (Z. 19). Zusammenfassend formuliert der Erzähler das Ergebnis der Aktion der Bäume: „Geräuschlos, kampflos, ohne Verluste [...] erobern sie Heimatboden zurück" (Z. 19 f.). Die Steigerung erzeugt eine Siegesatmosphäre, der Ausdruck „Heimatboden" (Z. 20) legitimiert diesen Triumph, da offenbar etwas zurückerobert worden ist, das den Siegern bereits gehört hatte. Die Natur hat ihren ursprünglichen Besitz zurückerkämpft, hat sich gegen „Steine, Stahl und Beton" (Z. 20) behauptet, gegen die massivsten Baumaterialien des Menschen, die dessen zivilisatorische Ausbreitung symbolisieren. Bildhaft und eindringlich führt die Alliteration im letzten Teilsatz, „verdrängen Verdrängte ihre Verdränger" (Z. 20 f.), Ziel und Resultat des Geschehens noch einmal vor Augen: Die Verdrängten, die Bäume als Pars pro Toto für die Natur insgesamt, haben ihre Verdränger – die Städte, die Technik und letztlich die Men-

4. Sinnabschnitt (Z. 19–21): Bezüge zum Anfang → Rahmen

Ergebnis der Handlung: Triumph der Besetzer

Alliteration

Pars pro Toto

schen – aktiv und planmäßig verdrängt, genauso, wie es ihnen in der Vergangenheit ergangen ist.

Schluss

Offenes Ende

Passend zu dem unvermittelten Einstieg in den surrealistischen Text ist auch der Schluss ein offener: Ob die Besetzung und der Sieg der Natur von Dauer ist, was mit den Menschen passiert – diese Fragen zu dem fiktiven Szenario bleiben unbeantwortet.

Fazit / Botschaft des Textes

Die Umkehrung wirklicher Vorgänge lässt die absurd wirkenden Bilder der Geschichte entstehen und vermittelt so letztlich die Botschaft des Textes: Dem Leser soll bewusst werden, wie militant und erbarmungslos der Mensch tatsächlich oft gegen die Natur vorgeht. Die Geschichte warnt auf diese Weise vor einem allzu überheblichen Umgang mit der Natur, die der Mensch sich Untertan macht und oftmals gedankenlos aus seiner modernen Welt verdrängt.

Persönliche Gedanken

Aktualität des Textes

Auch mich persönlich regt der Text zum Nachdenken über einen behutsamen Umgang mit unserer Umwelt an. Angesichts immer wieder neuer Schreckensmeldungen über Naturkatastrophen wie Erdbeben und Tsunamis oder über Folgen des Klimawandels wie das Schmelzen des Polareises erscheint mir die aufrüttelnde Geschichte heute aktueller denn je.

Thüringen – Besondere Leistungsfeststellung Deutsch 2011
Aufgabe 4: Gedichtinterpretation

Robert Gernhardt (1937–2006)

WAS ES ALLES GIBT (1999)

Da gibt es die, die schlagen
Da gibt es die, die rennen
Da gibt es die, die zündeln
Da gibt es die, die brennen

Da gibt es die, die wegsehn
Da gibt es die, die hinsehn
Da gibt es die, die mahnen:
Wer hinsieht, muss auch hingehn

Da gibt es die, die wissen
Da gibt es die, die fragen
Da gibt es die, die warnen:
Wer fragt, wird selbst geschlagen

Da gibt es die, die reden
Da gibt es die, die schweigen
Da gibt es die, die handeln:
Was wir sind, wird sich zeigen.

Gernhardt, Robert: Gesammelte Gedichte. 1954 – 2004.
S. Fischer, Frankfurt a. M. 2005, S. 540.

Arbeitsauftrag

Interpretieren Sie das Gedicht.

Lösungsvorschlag

In der Aufgabenstellung werden keine konkreten Hinweise zur Analyse des Gedichts gegeben. Somit können Sie die wesentlichen Kriterien für Ihre Interpretation selbst bestimmen. Es empfiehlt sich, die üblichen Aspekte einer Gedichtinterpretation, ***Inhalt und Aufbau****,* ***Form****,* ***sprachliche Gestaltung*** *und* ***Deutung****, zu berücksichtigen.*

Formulieren Sie zunächst eine kurze ***Einleitung****, die zum Thema hinführt. Hierfür kommen z. B. aktuelle Bezüge, Gedanken zum Autor oder allgemein zum angesprochenen Themenkomplex in Betracht. Am Schluss der Einleitung nennen Sie die üblichen Basisinformationen zu Textsorte, Titel, Verfasser, Quelle und Thema.*

Den ***Hauptteil*** *beginnen Sie mit einer kurzen* ***Inhaltsangabe****. Gehen Sie im Weiteren auf die* ***Form*** *des Gedichts ein (Strophen, Verse, Reimschema etc.) und widmen Sie sich anschließend der detaillierten* ***inhaltlichen Analyse****. Ein strophenweises Vorgehen ist dabei sinnvoll. Achten Sie auf einen sachlichen Stil und die Formulierung mit eigenen Worten. Untermauern Sie wesentliche Aussagen durch Textbelege. Im Folgenden untersuchen Sie die* ***sprachliche Gestaltung*** *des Gedichtes (rhetorische Mittel, Satzbau, Wortwahl etc.). Diese Aspekte sollten immer auch auf den Inhalt bezogen und hinsichtlich ihrer Funktion und Wirkung hinterfragt werden. Das bloße Benennen stilistischer Mittel genügt nicht. Kommen Sie am Ende des Hauptteils zu einer abschließenden Vermutung über die* ***Gesamtaussage*** *und* ***Interpretation*** *des Gedichts.*

Für den ***Schluss*** *eignen sich z. B. ein persönlicher Bezug zum Thema, ein Fazit oder Aussagen zur Aktualität der Thematik, um so Ihren Aufsatz abzurunden.*

Einleitung
Hinführung zum Thema „Zivilcourage“

„Schule ohne Rassismus – Schule mit Courage“: Mehr als 800 Schulen bundesweit führen diesen Titel. In unserer Schule beispielsweise arbeiten schon seit mehreren Jahren zahlreiche Schüler in dieser Projektgruppe. Sie halten Kontakt zu einem Asylbewerberheim und beschäftigen sich in ihrer Freizeit mit den dort lebenden Kindern. Auch werden Veranstaltungen wie z. B. eine Rocknacht organisiert, deren Erlös dem Heim zugutekommt. Dieses Projekt ist ein Beispiel für direktes Engagement in unserer Gesellschaft und passt insofern zu dem vorliegenden

Basisinformationen

Gedicht *WAS ES ALLES GIBT* von Robert Gernhardt, das 1999 in „Gesammelte Gedichte. 1954–2004“ veröffentlicht wurde. Auch darin geht es um das Thema Gewalt und (Zivil-)Courage:

Hauptteil
Inhaltsangabe

Ein lyrischer Sprecher schildert in dem Gedicht, wie eine Gruppe von Menschen aggressiv oder zerstörerisch handelt und wie andere, wiederum anonyme Dritte, darauf reagieren bzw. damit umgehen. Verschiedene Möglichkeiten dafür werden im Gedicht genannt. Im letzten Vers schließlich wird ein nicht näher bestimmtes „Wir“ eingeführt. So wird am Ende der Leser indirekt angesprochen und miteinbezogen, er fühlt sich möglicherweise herausgefordert, zu überlegen, wie er selbst in bestimmten Situationen handeln würde.

Formale Analyse:

Strophen, Verse, Metrum, Reimschema

Das Gedicht besteht aus vier Strophen zu je vier Versen und ist im dreihebigen Jambus verfasst. Dieser erzeugt beim Lesen eine eingängige, vielleicht auch „vorwärts drängende“ Wirkung: Schnell handeln, nicht lange überlegen – das könnte ein möglicher Deutungsansatz sein. In allen Strophen reimen sich der zweite und der vierte Vers, das Reimschema ist also *abcb defe* usw. Die Kadenzen aller Verse sind weiblich.

Inhaltliche Analyse:
Titel

Der Titel des Gedichts stellt eine Ellipse in Form eines Nebensatzes dar. Es könnte z. B. ergänzt werden: Ich zähle nun auf, ich mache mir Gedanken darüber, „was es alles gibt“. Der Leser erwartet demnach eine Art Bestandsaufnahme, eine Inventur. Der Gegenstand dieser ist allerdings durch die allgemeine Formulierung völlig offen. Die Beantwortung der Ergänzungsfrage erfolgt im Verlauf des Gedichtes.

Strophe 1:
Ausgangssituation:
Täter und Opfer

In der ersten Strophe wird gewissermaßen eine Ausgangssituation beschrieben, auf der die folgenden Strophen aufbauen. Zwei gegensätzliche Gruppen von Handelnden stehen sich gegenüber, was durch die abwechselnden Verben im Präsens deutlich wird: Auf der einen Seite finden sich diejenigen, die Gewalt ausüben, „die schlagen“ (V. 1) und „die zündeln“ (V. 3); auf der anderen Seite ist die Rede von den Opfern, die (vor dem Angriff davon-) „rennen“ (V. 2) oder die bereits „brennen“ (V. 4). Es geht, so viel steht fest, um eine bedrohlich-bedrückende Lage.

Strophe 2:
Mögliche Reaktionen antithetische Struktur

Ab der zweiten Strophe werden sodann mögliche Reaktionen von Menschen auf eine solche bedrohliche Situation thematisiert. Dabei wird die antithetische Struktur beibehalten: Es wird von Leuten berichtet, die „wegsehn“ (V. 5), und von solchen, die dagegen „hinsehn“ (V. 6). Das passive Mahnen mancher (vgl. V. 7) wird dem aktiven Hingehn (vgl. V. 8) gegenübergestellt. Auffällig ist, dass nicht die Rede von Personen ist, die Letzteres tatsächlich tun, sondern dass diese mögliche Form der Hilfe lediglich als das genannt wird, was man tun müsste. Statt also in einer Notsituation hinzusehen und hinzugehen, also einzuschreiten, beschränken sich viele lieber auf das Reden darüber („mahnen“, V. 7). Hervorgehoben wird diese Aussage dadurch, dass hier erstmalig das starre Schema von Parallelismen und Anaphern im Satzbau durchbrochen wird, das bis dahin, also von Vers 1 bis 7, identisch ist.

Strophe 3: Weitere Reaktionen

Das antithetische Schema der zweiten Strophe findet sich auch in der dritten wieder: Die eher Passiven, Wissenden, treffen auf die, die aktiv nachfragen (vgl. V. 9 f.). Analog zu den Personen, die in der vorherigen Strophe mahnten, wird nun sogar vor übermäßigem Aktivismus gewarnt (vgl. V. 11): „Wer fragt, wird selbst geschlagen" (V. 12). Dieser Satz, der wieder als Strophenende die vorangehenden Parallelismen unterbricht, steht zusätzlich als einziger im Passiv. Somit spiegelt sich syntaktisch die beschriebene Situation, in der auch die (unbequemen) Fragesteller einem Gewaltakt ausgeliefert sind, wieder und wird dadurch hervorgehoben.

Fortsetzung und Steigerung der gegensätzlichen Struktur

Passiv

Strophe 4: Abweichungen vom Muster

Schließlich setzt sich das nun schon bekannte Muster auch in der vierten und letzten Strophe fort, mit kleinen Abweichungen allerdings: Der erste Vers der Strophe endet in diesem Fall mit dem eher positiv besetzten, Aktivität ausdrückenden Verb: „reden" (V. 13). Das entgegenstehende Schweigen der ‚Erdulder' folgt erst darauf (vgl. V. 14). Das letzte Verb, das der lyrische Sprecher in der immer gleichen „Da gibt es die"-Satzstruktur auflistet, „handeln" (V. 15), erhält durch diese Position besonderes Gewicht. Ihm wird kein gegensätzliches Pendant hinzugefügt, es bleibt, abweichend vom bisherigen Schema, uneingeschränkt stehen. Diese Besonderheiten können als Hinweis darauf verstanden werden, dass es genau das ist, was in einer Situation, wie sie zu Beginn beschrieben wird, angebracht wäre.

Höhepunkt

Schlussappell

Der letzte Vers schließt daran mit einer Art indirektem Appell an. Im Gegensatz zum Rest des Gedichtes steht dieser Satz nicht im Präsens, sondern im Futur, weist also über den Ist-Zustand hinaus. Außerdem werden die allgemeinen, unpersönlichen Bezeichnungen für das handelnde Subjekt „die" oder „wer" zugunsten eines den Leser aufrüttelnden „Wir" aufgegeben: „Was wir sind, wird sich zeigen." (V. 16)

Steigernder Aufbau des Gedichts

Insgesamt lässt sich somit ein steigernder Aufbau des Gedichts erkennen: Während in der ersten Strophe die Beschreibung möglicher Szenarien erfolgt, in denen jemand Hilfe brauchen könnte, werden in den Strophen zwei bis vier denkbare Reaktionen gegensätzlicher Art benannt. Am Schluss wird subtil auf die Notwendigkeit, zu handeln, hingewiesen und der Leser durch das Pronomen „wir" in das Geschehen einbezogen. Die indirekte

Frage danach, „was wir sind" (V. 16), regt zu der Überlegung an, auf welcher Seite man selbst wohl stünde und wie sich der Einzelne letztlich verhielte, wenn er mit einer Gewalttat konfrontiert wäre.

Gernhardts Gedicht *WAS ES ALLES GIBT* weist eine auffällige Gestaltung auf. Sofort springen die zahlreichen Wiederholungen und der starre Aufbau ins Auge. Parallele Satzstrukturen und Anaphern sind charakteristisch für das Gedicht. Ein Vers beginnt jeweils mit demselben Hauptsatz („Da gibt es die …"), den zweiten Teil bildet ein Nebensatz (Relativsatz). Diese Monotonie – man könnte auch etwas Refrainartiges darin erkennen – erhöht die Eindringlichkeit der Aussage.

Sprachlich-stilistische Analyse: Wiederholungen, Parallelismen, Anaphern

Variiert wird das starre Schema, wie bereits erwähnt, lediglich in den Schlussversen der zweiten, dritten und vierten Strophe (V. 8, 12, 16). Die Formulierung weicht von dem bekannten Parallelsatz ab, die Satzstruktur ist verändert (der Hauptsatz folgt dem Nebensatz). Diese syntaktisch-formale Auffälligkeit unterstreicht jeweils die kritische inhaltliche Aussage.

Syntax

Dass in überwiegend gleich konstruierten und formulierten Sätzen des Gedichtes immer nur das Verb am Versende wechselt, sorgt auch für eine nur sehr vage Beschreibung der jeweiligen Situation. Dieses Fehlen von konkreten Details stellt eine gewisse Beliebigkeit her: Nicht eine spezielle Tat oder ein bestimmter Vorgang ist gemeint, sondern die geschilderte Situation und damit der thematisierte Sachverhalt ist verallgemeinerbar.

Passend dazu werden die Personen, die im Gedicht handeln, mit den verallgemeinernden Pronomen „die" und „wer" bezeichnet. Hier kann von jeder beliebigen Person die Rede sein. Die Verwendung solcher pauschalisierender Formulierungen macht deutlich, dass die beschriebenen Situationen jederzeit und überall vorkommen können und die Frage des Handelns einen jeden betrifft. Daneben erzeugen die anonymen Pronomen beim Lesen auch eine gewisse Distanz: „Die" – das ist man nicht selbst, das sind die anderen. Umso stärker tritt daher der Kontrast des letzten Verses („wir", V. 16) hervor, mit dem der Leser aufgefordert wird, sich auch selbst mit der Thematik auseinanderzusetzen.

Pronomen

Robert Gernhardts Gedicht handelt von Gewalt und von Zivilcourage. Da gibt es die Gruppe der Täter, die angreifen, Gewalt anwenden und Panik verbreiten (vgl. Strophe 1). Demgegenüber werden Außenstehende beschrieben, die das Geschehen mög-

Interpretation, Gesamtaussage

licherweise ignorieren, die nicht einmal hinsehen oder aber solche, die sensationslüstern zuschauen, aber nicht eingreifen und stattdessen Warnungen aussprechen (vgl. Strophe 2 und 3). Es werden aber nicht zuletzt auch mutige Helfer angeführt, die z. B. kritisch nachfragen (vgl. Strophe 3) und letztlich auch handeln (vgl. Strophe 4), wenn andere bedroht werden, und so vielleicht sogar Leben retten. Dass mehr Menschen ein solches Verhalten zeigen sollten, lautet meines Erachtens die Botschaft des Textes und so verstehe ich das Gedicht als einen Aufruf zur Zivilcourage: Es sind nicht „die" anonymen anderen, die in einer kritischen Situation verantwortlich sind. Wir alle sind gefragt!

Schluss

Gedanken zum Hintergrund,

Robert Gernhardt schrieb dieses Gedicht 1999, im selben Jahr wurde in Wien der Verein ZARA (Zivilcourage und Anti-Rassismus-Arbeit) gegründet. Den Menschen, die sich dort engagieren, geht es darum, sich für jemanden einzusetzen, dem Unrecht geschieht – ein Ziel, das meiner Meinung nach jeder verfolgen sollte.

zum Autor,

Gernhardt ist oft als Nonsens-Lyriker beurteilt worden. Ich denke aber, dass dieses Gedicht ihn als anzuerkennenden Gegenwartsliteraten ausweist, dessen Texte Missstände in der Gesellschaft aufzeigen, wie hier z. B. die Problematik der oft fehlenden Zivilcourage. Ob es um rassistische Übergriffe oder jugendliche S-Bahn-Schläger geht – es ist ein Thema, das an Aktualität nicht verliert und die Menschen immer wieder aufs Neue beschäftigt.

zur Aktualität

Thüringen – Besondere Leistungsfeststellung Deutsch 2012
Aufgabe 1: Nichttextgebundene Erörterung

„Die größte Gefahr für den modernen Menschen ist,
daß seine Verantwortung rascher wächst als sein Verantwortungsgefühl.“

Ernst Reinhardt (geb. 1932)

Reinhardt, Ernst: Gedankensprünge. Basel 2003.

Arbeitsauftrag

Erörtern Sie, inwiefern die Aussage von Ernst Reinhardt zutrifft.

Lösungsvorschlag

Diese Aufgabe verlangt eine ***linear*** *angelegte Erörterung. Es müssen Argumente (Belege, Beweise, Beispiele) gefunden werden, die Ernst Reinhardts Äußerung stützen, denn Sie sollen zeigen,* ***inwiefern das Zitat „zutrifft"****.*
Thematisch geht es um die ***Verantwortung und das Verantwortungsgefühl im Spannungsfeld rasant fortschreitender Entdeckungen und Entwicklungen*** *auf allen Gebieten des industriellen, militärischen, ökonomischen, sozialen, privaten und sonstigen Zusammenlebens. Reinhardt behauptet, dass der moderne Mensch einer „größte[n] Gefahr" ausgeliefert ist. Sie ergebe sich aus dem* ***Missverhältnis von wachsendem Fortschritt*** *und damit einhergehender* ***zunehmender Verantwortung*** *sowie dem* ***Verantwortungsgefühl des Einzelnen****.*
Über eine ***Einleitung****, den* ***Überleitungssatz*** *und die Klärung* ***zentraler Begriffe*** *kommen Sie zum* ***Hauptteil*** *Ihrer Erörterung. Damit Sie Ihre Sicht überzeugend darlegen können, sollte Ihre Argumentation zum Nachweis der Richtigkeit von Reinhardts Aussage* ***steigernd angelegt*** *sein.*
Zur Bewältigung dieser Aufgabe ist es hilfreich, wenn Sie mit ethischen Fragestellungen vertraut sind und naturwissenschaftliche und aktuelle politische Entwicklungen in den Medien verfolgt haben.
Zum ***Schluss*** *können Sie Vorschläge zur Lösung des Ungleichgewichts von Fortschritt und Verantwortungsgefühl machen, die Sie an einem konkreten Fall exemplarisch darstellen, oder einen Appell verfassen.*

Einleitung

Hinführung zum Thema

Seit Anbeginn der Menschheit ist jedes Individuum verschiedensten Gefahren ausgesetzt. Waren es am Anfang vor allem Naturgewalten, so sind es seit dem Beginn der Industrialisierung im 18. Jahrhundert die technischen und später die medialen Errungenschaften, die zunehmend bedrohlichen Einfluss auf Körper, Geist und Seele des Einzelnen und der Menschheit insgesamt nehmen. Deshalb begegnet uns das Wort „Gefahr" auch heutzutage mit großer Häufigkeit, da es in fast allen Lebensbereichen verwendet wird: Staugefahr, Unwettergefahr, Ansteckungsgefahr, Explosionsgefahr, Suchtgefahr, Seuchengefahr, Kriegsgefahr usw.

Überleitungssatz

Welche Gefahr ist nun am größten? In seinem Werk „Gedankensprünge", das 2003 in Basel erschienen ist, schreibt Ernst Reinhardt (geb. 1932), er sehe diese gerade darin, dass der moderne Mensch zunehmend Verantwortung tragen müsse. Allerdings sei er nicht ausreichend darauf vorbereitet, sie auch ethisch und moralisch auszuüben.

Der Autor bezieht seine Aussage auf den modernen Menschen und sieht in diesem, philosophisch und kulturell, vermutlich den Menschen des 20./21. Jahrhunderts. Dieser Auffassung schließe ich mich an. Insbesondere könnte der Mensch in den westlichen und neuerdings auch in den asiatischen Industrieländern gemeint sein. — Klärung zentraler Begriffe und ihrer Beziehung zueinander

Reinhardt trennt die Begriffe „Verantwortung" und „Verantwortungsgefühl" bewusst voneinander: „Verantwortung" meint die Pflicht, in jeder Situation zum Wohl der Gesellschaft und der Umwelt zu handeln. Über das „Verantwortungsgefühl" wird sich der Mensch seiner Verantwortung bewusst. Er zeigt sich bereit, eventuelle Folgen seiner Taten mitzubedenken und für sie einzustehen. Die Gefahr, die der Autor aufgrund jahrzehntelanger Lebenserfahrung und Beobachtungen des Zeitgeschehens des 20. Jahrhunderts sieht, liegt im Missverhältnis zwischen wachsender Verantwortungspflicht und vernachlässigtem Verantwortungsgefühl. Er betrachtet dies als bedrohliche, jedoch noch nicht als endgültig gegebene Gefahr von so großer Bedeutung, dass er sie mit einem Superlativ bezeichnet.

Hauptteil

Prämisse

In meinen anschließenden Überlegungen folge ich der Auffassung Reinhardts und vertrete wie er die Ansicht, dass der moderne Mensch in größter Gefahr lebt, und zwar weil sich sein Verantwortungsgefühl nur zögerlich mit der Zunahme der Verantwortung mitentwickelt.

Argumentation mit Zahlenbeweis

Begründung

Betrachten wir den derzeitigen Stand von Wissen und Erkenntnis, so können wir festhalten, dass die Ursachen für den immer rascheren Wissenszuwachs im Industriezeitalter seit dem 18. Jahrhundert zu finden sind. Hinzu kommen die zunehmende weltweite Vernetzung aller Lebensbereiche und die globale Zusammenarbeit. Während noch bis zum 19. Jahrhundert 100 Jahre vergehen mussten, ehe sich das Wissen verdoppelte, so gelten heute ganz andere Zeiträume.

Beispiel

Rückblickend für die 1990er-Jahre ist festzustellen, dass sich das weltweit verfügbare Wissen alle fünf bis sieben Jahre verdoppelte. Und während man im Jahr 2000 schon nach zwei Jahren von einer Verdopplung ausging, rechnet man heute bereits nach sechs Monaten damit.

Fazit

Für diese gigantische Entwicklung musste und muss es Menschen geben, die in irgendeiner Form Verantwortung tragen. Haben sie aber Zeit und Gelegenheit, ganz „nebenbei" ihr Verantwortungsgefühl zu entwickeln? Wohl kaum, denn noch bevor die Folgen umfassend und tiefgründig erkannt werden können, ergeben sich auf Grundlage des neu erworbenen Wissens bereits weitere Möglichkeiten. Somit ist es rein faktisch gar nicht möglich, Verantwortungsgefühl in allen Lebensbereichen nachhaltig wirksam werden zu lassen.

Im Bereich von Naturwissenschaft und Literatur gab und gibt es, vor allem seit dem Einsatz der Atombombe in Japan, zahlreiche Wissenschaftler und Dichter, die an konkreten Einzelfällen zeigen, dass man Verantwortung und Verantwortungsgefühl immer nur in Verbindung mit persönlichen Nachteilen oder größter Gefahr ausüben könne. Andernfalls müsste der Mensch seine Verantwortung zugunsten persönlicher Vorteile bzw. der Forschung vernachlässigen.

Argumentation mit Autoritätsbeweis

Begründung

Friedrich Dürrenmatt thematisiert Verantwortung und Verantwortungsgefühl in seiner Komödie „Die Physiker". Darin kommt er zu dem Schluss, dass der Einzelne gegen die Übermacht von Interessensgruppen nichts ausrichten kann, wenn diese ihre Macht verantwortungslos und allein zu ihrem Vorteil ausüben wollen. Der Protagonist Möbius ist sich der Größe und der Gefahr seiner Entdeckungen und seiner persönlichen Verantwortung bewusst. Er will die folgenschwere Ausbeutung seiner Forschung verhindern, indem er in eine Irrenanstalt flüchtet, um sein Wissen für sich behalten zu können. Selbst das misslingt, weil seine Entdeckungen den Wettstreit um die Weltherrschaft beenden und dem Sieger alle Mittel zur Machtausübung in die Hände geben könnten. Diese Chance will sich keiner entgehen lassen. Auch Dürrenmatt sieht wie Reinhardt das Problem nicht im Wissen an sich, sondern im Umgang damit. Sein Lösungsvorschlag lautet: gemeinsames Bewältigen von Anfang an mit größter moralischer und ethischer Verantwortung.

Beispiele

Neben den Literaten gibt es zahlreiche Wissenschaftler, die vor den Gefahren reiner Forschung ohne Übernahme von Verantwortung warnen. So hat Werner Heisenberg, „Vater der deutschen Atombombe", gemeinsam mit anderen Atomforschern aufgrund der Erfahrung und der Schuld des Zweiten Weltkriegs gegen die Aufrüstung der Bundeswehr mit Atombomben protestiert. Er hat erkannt, dass man Verantwortung zwar übernehmen, aber nicht mit dem erforderlichen Verantwortungsgefühl innerhalb der Armee ausüben kann.

In unserer Zeit gab und gibt es Persönlichkeiten, die als Autoritäten gelten und wie Ernst Reinhardt der Meinung sind, dass die Ergebnisse individueller Forschung und gemeinschaftlicher Projekte genau geprüft werden müssen, damit sie nicht zu einer Gefahr für die Menschheit werden. Ein Zwiespalt zwischen Verantwortung und Verantwortungsgefühl darf gar nicht erst entstehen. Fazit

Doch nicht alle Wissenschaftler sind dieser Meinung. Viele treten für freie Forschung ein, unabhängig davon, in welche Richtung ihre Forschungsergebnisse gehen. Sie sehen zwar die Gefahren, fühlen sich aber nicht verantwortlich für die Anwendung der Ergebnisse. Argumentation mit Faktenbeweis Begründung

Gefahren durch Gentechnik, die Eingriffe in das Erbgut von Pflanzen, Tieren und Menschen zulässt, sind unzählig bekannt, so etwa die Gefährdung der biologischen Vielfalt oder unüberschaubare Wechsel- und Nebenwirkungen. Und dennoch weiß man von nicht genehmigten oder fälschlich erschlichenen Projekten der Firma Monsanto zur Entwicklung von Saatgut, Herbiziden und gentechnisch veränderten Feldfrüchten. Beispiele

Doch nicht nur in den Naturwissenschaften besteht höchste Gefahr, sondern auch in der Wirtschaft. Seit einiger Zeit erleben wir einen weltweiten Bankencrash, der seine Ursache im gewissenlosen Umgang mit Aktien und Geldern hat. Wären nur einzelne Banken wie die „Hypo Real Estate" oder die „Lehmann Brothers" bankrott, so gäbe es noch kein Entsetzen. Aber angesichts der immensen Höhe der weltweit verspekulierten Geldmengen aus privaten und öffentlichen Einlagen wird deutlich, dass die Verantwortlichen ihre Verantwortung nicht wahrgenommen haben. Sie haben kein Verantwortungsbewusstsein gegenüber Anlegern, Sparern, Unternehmen und letztendlich der Gesellschaft gezeigt.

Des Weiteren ermöglichen die Methoden der Massenproduktion und die Technisierung einen wirtschaftlich lukrativen, jedoch zu (flächen-)intensiven Anbau und eine Massentierhaltung. Mais, Raps und Weizen, eigentlich Grundnahrungsmittel, die der Bekämpfung des Hungers auf der Welt dienen sollten, sind als Energielieferanten zu Spekulationsobjekten an den internationalen Börsen geworden.

Soziale Verantwortung und Verantwortungsgefühl geraten somit oftmals in Konkurrenz zu ökonomischem Gewinnstreben. Fazit

Die angeführten Argumente zeigen, dass die „größte Gefahr", nämlich die Vernichtung des Lebens, vom modernen Menschen ausgeht. Das größte Problem besteht darin, dass er zwar begrenzte Verantwortung übernommen hat und übernimmt, aber aus unterschiedlichen Gründen kein oder wenig Verantwortungsgefühl entwickelt: Ob Arbeitsplätze verlorengehen, Menschen verhungern, Ersparnisse verschwinden, spielt keine Rolle. Ob Arten verschwinden, Regenwälder in großem Ausmaß gerodet werden, Zivilisationskrankheiten zunehmen, spielt keine Rolle. Ob militärische Einsätze mit neuen Waffensystemen oder Giftstoffen Zivilbevölkerung töten, spielt keine Rolle. Es gibt nichts Gefährlicheres als die Vernichtung des Lebens auf der Erde, wenn das Gewissen keine Rolle spielt und nur der Profit zählt. Daraus folgt, dass das Verantwortungsgefühl durch Verlangsamung der Entwicklung und durch gemeinsame Übernahme von Verantwortung gestärkt werden muss. Am Ende könnte ein sehr bekanntes Goethe-Zitat, das nichts an Bedeutung verloren hat, zur Richtschnur für das Verhalten auch des modernen Menschen werden: „Edel sei der Mensch, hilfreich und gut …". **Schluss**

Thüringen – Besondere Leistungsfeststellung Deutsch 2012
Aufgabe 2: Textgebundene Erörterung

Nathalie Klüver (geb. 1980): **Keine Party ohne Facebook**

Ohne soziale Netzwerke scheint nichts mehr zu gehen im Alltag. Manchmal läuft das Ganze auch aus dem Ruder, wie bei der Geburtstagsparty von Thessa aus Hamburg. Doch die meisten Jugendlichen haben das Netzwerk gut im Griff.

„Zum Abendbrot Nudelsalat ;-)“. Vier Leuten gefällt das. Einer schreibt „Bei mir Pizza“. Doppel-Smiley. Wann man morgens aufgestanden ist, was man am Wochenende macht und welches Musikvideo man gut findet – es gibt nichts, was man nicht mit seinen Freunden teilt. Selbst im Urlaub werden die Neuigkeiten Tag für Tag übers Handy verfolgt. Ohne soziale Netzwerke scheint nichts mehr zu funktionieren. Freunde kennenlernen, sich verabreden, flirten – selbstverständlich mit Hilfe von Facebook und Co. Statt wie früher Einladungskarten zum Geburtstag zu basteln, wird einfach über Facebook eine Einladung gepostet.

Verbot von Facebook-Partys gefordert

Das dachte sich auch Thessa aus Hamburg, die zu ihrem 16. Geburtstag über die Internetplattform einlud und ihre Adresse bekannt gab. Eine Einladung, die nur ihre Freunde sehen konnten – dachte sie zumindest. Aus Versehen hatte sie diese Einladung jedoch öffentlich gemacht. Die Folge: verwüstete Vorgärten, niedergetrampelte Zäune, brennende Mülleimer, 100 Polizisten im Einsatz, ein verletzter Polizist, elf Festnahmen statt einer netten Geburtstagsparty. Thessa selbst flüchtete sich mit ihrer Familie an einen anderen, geheimen Ort. So hatte sie sich ihren 16. Geburtstag ganz bestimmt nicht vorgestellt. 1 500 Jugendliche kamen zu Thessas Elternhaus und feierten wüst, obwohl das Mädchen die Party vorher sogar abgesagt hatte, als sich im Internet schon ankündigte, wie die Sache enden könnte. Thessas misslungene Geburtstagsfeier ist kein Einzelfall. Seitdem luden immer wieder Jugendliche zu Facebook-Partys ein – viele sogar ganz absichtlich öffentlich. Städte wie Wuppertal verboten diese Partys sogar und die Innenminister von Bayern, Niedersachsen und Nordrhein-Westfalen gingen sogar so weit, ein Verbot von Facebook-Partys zu fordern.

Kira Niehaus würde nicht zu so einer Party gehen. „Ich habe schon öfter davon gehört, wie solche Feiern aus dem Ruder laufen“, sagt die 17-Jährige. Sie schaut täglich bei Facebook rein, um mit Freunden zu chatten oder sich kurzfristig zu treffen. „Außerdem kann man durch die Veranstaltungen sehen, wo am Wochenende was los ist und wer noch auf der Party ist, wo man vielleicht hin möchte. Ich gucke mir auch ganz gerne die Fotos meiner Freunde an.“ Ihr ist es wichtig, nur Anfragen von wirklichen Freunden zu bestätigen, aber manchmal nimmt sie auch

Anfragen von flüchtigen Bekannten auf, sagt sie. Aber zum Flirten oder Leute Kennenlernen komme das Netzwerk auf keinen Fall infrage. Das findet auch Pia Ihling. Die 17-Jährige benutzt Facebook vor allem, um mit Menschen aus anderen Ländern oder Städten in Kontakt zu bleiben, die sie bei einem Schüleraustausch kennengelernt hat. „Aber natürlich ist es auch gut, um manche Phasen der Langeweile zu überbrücken", gesteht sie. Auch für sie gehört Facebook zum Alltag dazu – wie bei ihren meisten Freunden. Einige Leute kenne sie, die kein Facebook benutzen. Kiras Freunde benutzen eigentlich alle Facebook, erzählt sie.

Führerschein für Facebook?

Mehr als 20 Millionen Nutzer hat das größte Netzwerk mittlerweile in Deutschland, die meisten zwischen 18 und 34 Jahren. Das Online-Portal ist so präsent, dass Politiker wie die rot-grüne Landesregierung in Nordrhein-Westfalen mittlerweile sogar „Facebook-Führerscheine" fordern, um Schülern den richtigen Umgang damit beizubringen. Doch wenn man Kira und Pia hört, die sehr auf ihre Privatsphäre bedacht sind und darauf achten, wem sie was mitteilen oder sichtbar machen, dann sieht man, dass viele Jugendliche schon selbst ganz genau wissen, welche Vorteile und Nachteile das weltweite Netz bietet.

Klüver, Nathalie: Keine Party ohne Facebook. In: UNICUM. ABI. Heft 8/9 (2011), S. 33.

Arbeitsauftrag

Erörtern Sie auf der Grundlage der Positionen im Text und eigener Erfahrungen die Forderung nach einem „Facebook-Führerschein".

Lösungsvorschlag

*Aus der Aufgabenstellung geht hervor, dass es sich hier um eine **Erörterung** handelt, **die über den Text hinausgeht**, denn Sie sollen auf der Basis des Textes Ihre eigene Sichtweise zum Thema „**Facebook-Führerschein**" darlegen. Um zu einer **eigenen Schlussfolgerung** zu kommen, ist es vorteilhaft, wenn Sie mit Facebook und/oder anderen sozialen Netzwerken vertraut sind bzw. die Berichterstattung über **Facebook-Partys** in den Medien verfolgt haben.*
*Als erstes müssen Sie sich intensiv mit dem Beitrag auseinandersetzen. Lesen Sie sich den Text genau durch und verschaffen Sie sich einen Überblick über seine **äußere (Aufbau) und innere (Inhalt) Struktur**. Achten Sie auch auf **sprachliche Besonderheiten**. Da es sich um einen **journalistischen Beitrag** handelt, lohnt es sich, auch hier das Zielpublikum des Textes zu berücksichtigen. Nachdem Sie die zentralen Aussagen des Textes ermittelt und überprüft haben, müssen Sie sowohl die Positionen im Text als auch Ihre eigenen Überlegungen begründet darlegen. Ordnen Sie Ihre **Pro- und Kontra-Argumente** den Positionen im Text zu.*
*In Ihrer Erörterung folgen Sie am besten der Struktur des Textes. Ob Sie Ihre eigene Ansicht zum Thema unmittelbar auf die Positionen der Autorin folgen lassen **(dialektische Struktur)** oder erst den Text analysieren und dann Ihre Haltung insgesamt verdeutlichen **(reihende Struktur)**, spielt keine Rolle. Wichtig ist, dass Sie am Ende zu einem überzeugenden **Fazit** gelangen.*

Einleitung

Hinführung zum Thema

Wer von uns träumt nicht davon, endlich den Führerschein zu besitzen? Leider gibt es ihn erst im Alter von 16 beziehungsweise 18 Jahren. Warum? Was sagt er über seinen Besitzer aus? Streng genommen ist der Führerschein eine amtliche Urkunde, welche die behördliche Genehmigung dokumentiert, auf öffentlichen Straßen ein Kraftfahrzeug führen zu dürfen. Voraussetzung für die Erteilung der Fahrerlaubnis ist eine bestandene theoretische und praktische Prüfung. Nachgewiesenes Wissen, praktische Fertigkeiten, erste Erfahrungen im Straßenverkehr und eine gewisse geistige und moralische Reife – daher die Alterseinschränkung – kommen folglich durch den Erhalt des Führerscheins zum Ausdruck. Gleiches gilt auch in anderen Bereichen, beispielsweise für die Erteilung von Angel-, Jagd- oder Segelscheinen.

Bezug zur Fragestellung

Im Jahr 2011 erhoben einige Politiker die Forderung, einen sogenannten Facebook-Führerschein einzuführen. Dadurch soll unter den überwiegend jugendlichen Nutzern ein bewusster und verantwortungsvoller Umgang mit dem sozialen Netzwerk gewährleistet werden. Diese Idee wirft eine Reihe von Fragen auf: Warum ausgerechnet ein Führerschein für Facebook und nicht für die Internetnutzung im Allgemeinen? Welche Kenntnisse und Fertigkeiten bringt dieser Führerschein zum Ausdruck? Ist er tatsächlich notwendig?

Diese Fragen möchte ich anhand des Artikels von Nathalie Klüver „Keine Party ohne Facebook" erörtern, der 2011 in der Zeitschrift „UNICUM. ABI" erschienen ist.

Angaben über Titel, Textsorte, Verfasser, Thema, Aufbau

Die Autorin zeigt am Beispiel von Facebook-Partys – Partys, deren Gäste über Facebook eingeladen werden –, wie Jugendliche mit dem sozialen Netzwerk umgehen und wie es zur Forderung nach einem Führerschein dafür kommen konnte. Der Titel ist eine einprägsame Schlagzeile, die auf übertriebene Weise generalisiert und polarisiert, um den Leser zur weiteren Beschäftigung mit dem Beitrag anzuregen. Gleich in der Einführung (sog. Lead, Z. 1–3) wird jedoch deutlich, dass Facebook für „soziale Netzwerke" (Z. 1) im Allgemeinen steht und nur als prominentestes Beispiel dient. Das zeigt sich auch in der Formulierung „Facebook und Co." (Z. 10). Demnach ist Facebook als pars pro toto für eine ganze Reihe von sozialen Netzwerken anzusehen, z. B. SchülerVZ, Twitter oder Myspace.

Hauptteil

Textstruktur

Im Leadtext werden bereits die drei Hauptteile des Beitrags zusammengefasst: Klüver geht im ersten Abschnitt allgemein auf die Bedeutung des Netzwerkes Facebook für die Nutzer ein. Im zweiten beschreibt sie unbeabsichtigte öffentliche Einladungen zu Massenpartys als mögliches Risiko und im dritten Teil stellt sie die Frage, ob ein Facebook-Führerschein notwendig ist.

Adressatenbezug

Einleitend gibt Klüver eine typische Facebook-Plauderei wieder. Indem die Autorin Kurzsätze wie „Vier Leuten gefällt das" (Z. 4) oder häufig verwendete Icons wie „Doppel-Smiley" (Z. 5) nennt, wird deutlich, dass sich ihr Artikel an ein junges Publikum richtet, dem die Abläufe auf Facebook geläufig sind. Zu Recht, denn „UNICUM. ABI" wird vor allem an Gymnasien verteilt. Außerdem berichtet Klüver von den Erfahrungen 16- und 17-jähriger Mädchen, was ebenfalls zur Zielgruppe passt.

Position 1 der Autorin

Im ersten Abschnitt (Z. 4–11) zählt die Autorin auf, welche Informationen Jugendliche austauschen und wofür sie das Netzwerk verwenden: „Freunde kennenlernen, sich verabreden, flirten" (Z. 9) und vor allem mehr oder weniger bedeutsame Neuigkeiten austauschen, und zwar von jedem möglichen (Urlaubs-) Ort aus. Klüver stellt dabei fest, dass „[o]hne soziale Netzwerke [...] nichts mehr zu funktionieren" (Z. 8 f.) scheint. Die pauschale Aussage wird durch das Verb „scheint" etwas abgemildert, der Eindruck vom überragenden Einfluss sozialer Netzwerke bleibt jedoch bestehen.

Die Allgegenwart des sozialen Netzwerkes im Alltag Jugendlicher und die zahlreichen Anwendungen stützen zunächst die Forderung nach einem Facebook-Führerschein. Von allen sozialen Netzwerken hat Facebook das umfangreichste Angebot: Nachrichten senden, Chatten, Spiele spielen sowie Personalisierungsmöglichkeiten mittels Videos und Bildern, Angabe von Hobbys und Einladung zu Veranstaltungen. Die Vernetzung erfolgt über Freunde, Freunde von Freunden bis hin zu allen Nutzern. Ausschlaggebend für die spätere Sicherheit ist die Einrichtung des eigenen Profils. Der Nutzer muss hier schon eine ganze Reihe von Entscheidungen treffen, die ein Bewusstsein dafür voraussetzen, was passiert, wenn man dieses oder jenes zulässt. So muss ihm etwa klar sein, dass jeder Facebook-Besucher, bis hin zu den eigenen Lehrern oder Vorgesetzten, bei entsprechender Einstellung die peinlichsten Partyfotos betrachten kann. Ein solcher gesunder Menschenverstand kann aber meiner Meinung nach von jedem Facebook-Nutzer durchaus erwartet werden, auch ohne Facebook-Führerschein. Auch im „realen" Leben muss ich schließlich darauf achten, wem ich meine Telefonnummer, meine Adresse, meine Kontonummer etc. mitteile.

Eigene These 1

Der zweite Teil des Artikels (Z. 12–42) trägt folgenden Untertitel: „Verbot von Facebook-Partys gefordert" (Z. 12). Dieser längere Teil besteht aus zwei gegensätzlichen Abschnitten: Im ersten Absatz (Z. 13–27) zeigt Klüver anschaulich, dass derjenige, der öffentlich über Facebook zu Partys einlädt, mit unkalkulierbaren Risiken rechnen muss. Am Beispiel der Geburtstagsparty der 16-jährigen Thessa aus Hamburg-Bramfeld im Juni 2011 schildert die Autorin die katastrophalen Auswirkungen: Insgesamt „1 500 Jugendliche kamen zu Thessas Elternhaus" (Z. 20 f.). „Die Folge: verwüstete Vorgärten, niedergetrampelte Zäune, brennende Mülleimer, 100 Polizisten im Einsatz, ein verletzter Polizist, elf Festnahmen" (Z. 16 ff.). Laut Klüver ist Thessa „kein Einzelfall" (Z. 23), da auch danach immer wieder Jugendliche zu Facebook-Partys eingeladen hätten (vgl. Z. 23 f.) – mit ähnlichen Konsequenzen. Nicht zuletzt durch die Berichterstattung in den Medien wurde Thessas „misslungene Geburtstagsparty" (Z. 23) zum Präzedenzfall für die Gefahren von sozialen Netzwerken in Deutschland; neben „UNICUM. ABI" haben zum Beispiel der „Spiegel" und „Die Zeit" darüber berichtet.

Position 2 der Autorin

Der abschließende Hinweis, dass einige Politiker daraufhin sogar „ein Verbot von Facebook-Partys“ (Z. 27) gefordert haben, macht die gesellschaftliche Relevanz der Problematik deutlich, was sich auch an heftigen Diskussionen um die öffentliche Sicherheit und die Finanzierung von Polizei- und Feuerwehreinsätzen ablesen lässt.
Laut Autorin ist Thessa selbst schuld an den Vorgängen, denn sie hatte ihre Einladung öffentlich gemacht, wenn auch „[a]us Versehen“ (Z. 15). Ihre Unwissenheit oder zumindest ihr fahrlässiger Umgang mit dem Netzwerk leisten der Forderung nach einer Benutzerschulung ähnlich wie beim Pkw-Führerschein Vorschub.

Eigene These 2

Jedoch ändert sich die Struktur des Netzwerks relativ häufig, sodass eine Schulung gar nicht so einfach wäre. Außerdem wird Facebook nicht nur von Jugendlichen, sondern auch von zahlreichen Erwachsenen genutzt – sollten diese dann auch alle geschult werden? Das ist wohl kaum möglich und sinnvoll.

Position 3 der Autorin

Nach dem Negativbeispiel Thessas lässt Nathalie Klüver im zweiten Absatz (Z. 28–42) zwei Jugendliche zu Wort kommen: Kira Niehaus (17) und Pia Ihling (17) erzählen von ihren eigenen Erfahrungen und ihrem Umgang mit Facebook. In Fortführung der im ersten Absatz vertretenen Position lautet die Aussage hier: Wer einen bewussten Umgang mit Facebook pflegt, kennt die Risiken und würde nicht öffentlich zu einer Party einladen. Entscheidend ist ein durch Aufklärung ausgeprägtes Problembewusstsein, das den selbstbestimmten Umgang mit dem Netzwerk ermöglicht. Die beiden Mädchen nutzen das Netz sehr intensiv: Kira „schaut täglich bei Facebook rein“ (Z. 29 f.) und auch für Pia „gehört Facebook zum Alltag dazu“ (Z. 40 f.). Indem Kira verlauten lässt, sie „habe schon öfter davon gehört, wie solche Feiern aus dem Ruder laufen“ (Z. 28 f.), zeigt sie, dass sie über die Folgen informiert ist. Beide setzen ihrer eigenen Facebook-Nutzung Grenzen, wenn es für sie zu unsicher ist. Und „zum Flirten oder Leute Kennenlernen komme das Netzwerk auf keinen Fall infrage“ (Z. 35 f.).

Eigene These 3

Am Beispiel von Kira Niehaus und Pia Ihling wird gezeigt, dass Jugendliche durchaus in der Lage sind, die Risiken und Grenzen von Facebook einzuschätzen. Einen Facebook-Führerschein benötigen sie dafür nicht. Gesunder Menschenverstand und Nachdenken, bevor man etwas tut, sind auch hier der beste Schutz vor einer Dummheit. Man könnte einwenden, dass Kira und Pia bereits siebzehn Jahre alt sind und damit um einiges „reifer" als Neueinsteiger. Dass Alter jedoch auch bei Facebook nicht vor Torheit schützt, hat Thessa bewiesen, die immerhin schon sechzehn war, als ihr das „Missgeschick" passierte. Meiner Erfahrung nach lernen die meisten Neueinsteiger den Umgang mit dem Netzwerk durch den persönlichen Austausch mit erfahrenen Facebook-Nutzern wie Freunden, Bekannten oder älteren Geschwistern. In meinem Fall saßen meine Eltern anfangs häufig mit mir gemeinsam vor dem Computer und gaben mir Hinweise, worauf zu achten ist. Insofern kann ich der Autorin nur recht geben, dass „die meisten Jugendlichen […] das Netzwerk gut im Griff" (Z. 3) haben.

Das ist auch ihr Fazit im dritten Absatz des Artikels (Z. 43–51). Er beginnt mit der Frage: „Führerschein für Facebook?" (Z. 43). Eingangs belegt Klüver die Allgegenwärtigkeit von Facebook, indem sie auf die „20 Millionen Nutzer" in Deutschland (Z. 44) hinweist, und führt diese Tatsache als Begründung dafür an, warum Politiker Facebook-Führerscheine fordern, nämlich „um Schülern den richtigen Umgang damit beizubringen" (Z. 47 f.). Doch macht sie zusammenfassend deutlich, dass sie dies nicht für notwendig hält: „Doch wenn man Kira und Pia hört, die sehr auf ihre Privatsphäre bedacht sind und darauf achten, wem sie was mitteilen oder sichtbar machen, dann sieht man, dass viele Jugendliche schon selbst ganz genau wissen, welche Vorteile und Nachteile das weltweite Netz bietet" (Z. 48–51). Die Kürze der Ausführungen und der Schlusssatz der Autorin lassen erkennen, dass ihre einleitend gestellte Frage (Z. 43) eigentlich eine rhetorische ist, zumal sie diese durch die positiven Beispiele von Kira und Pia bereits indirekt beantwortet hat.

Position 4 der Autorin

Dem kann ich nur zustimmen. Meiner Meinung nach wäre es besser, an den Schulen generell mehr Verantwortungsbewusstsein zu lehren, als aufgrund von Einzelfällen alle jugendlichen Facebook-Nutzer pauschal für unmündig zu erklären.

Eigene These 4

Der von Politikern geforderte Facebook-Führerschein soll Schülern einen selbstbestimmten Umgang mit sozialen Netzwerken ermöglichen. Dafür sprechen die Mitgliederzahl, die intensive und allumfassende Nutzung sowie offensichtliche Gefahren, wie sie sich durch ausufernde Facebook-Partys manifestiert haben. Die Einführung des Führerscheins wird für Schüler der 8. Klasse gefordert. Das entspricht in etwa dem Einstiegsalter bei Facebook, Tendenz jedoch fallend: Viele melden sich mit fal-

Zusammenfassung, Fazit

schem Geburtsdatum an, da man erst ab einem Alter von 13 Jahren teilnehmen darf. Ein Führerschein ab der 8. Klasse könnte also eventuell sogar zu kurz greifen.

Grundsätzlich teile ich die Ansicht von Nathalie Klüver, die in ihrem Artikel dargelegt hat, dass Jugendliche die nötigen Kenntnisse genauso gut ohne einen Facebook-Führerschein erwerben können.

Kritik am Text

Die gewählten Beispiele und ihr Fazit lassen erkennen, dass die Verfasserin den Facebook-Führerschein für überflüssig hält, auch wenn sie das nicht direkt äußert. Zahlreiche einschränkende Adjektive wie „die meisten" (Z. 3) oder „viele" (Z. 50) zeigen, dass sie sich nicht festlegen möchte. Mein Eindruck beim Lesen war, dass sich die Autorin sehr um ihr Zielpublikum bemüht. Kein Wunder: Sie ist selbst erst Anfang 30, gehört also vermutlich zur Hauptnutzergruppe von Facebook. Mit Sätzen wie „Manchmal läuft das Ganze auch aus dem Ruder" (Z. 1 f.) reduziert sie vorhandene Probleme auf einen Ausnahmefall. Außerdem sind Facebook-Partys nur eine von vielen Gefahren, der Schutz vor „falschen" Freunden beispielsweise gehört ebenso dazu.

Schluss

Tatsächlich bewegt sich das Alter der meisten Facebook-Nutzer „zwischen 18 und 34 Jahren" (Z. 45), verfügen also bereits über das nötige Verständnis von Nutzen und Gefahren. Der Begriff „Facebook-Führerschein" ist sehr medienwirksam, trifft aber nicht den Kern der Sache. Um einen Führerschein im amtlichen Sinne kann es schon deshalb nicht gehen, weil es keinerlei Kontrollmöglichkeiten gibt. Jeder kann sich bei Facebook anmelden, sogar unter falschem Namen. Mit Facebook-Führerschein ist eigentlich ein „Führerschein" für soziale Netzwerke gemeint. Letztendlich geht es um Medienkompetenz. Um diese zu vermitteln, gibt es schon zahlreiche Angebote, zum Beispiel an Schulen, wo Computer heute zur Grundausstattung gehören, in Jugendzeitschriften oder bei der Elterninitiative „Schau hin!".

Eines jedenfalls haben Onlineausflüge am Schreibtisch und Autofahrten durchs Land gemeinsam: Vorausschauendes Handeln, Umsicht und Rücksichtnahme sind im sozialen Netzwerk genauso geboten wie im Straßenverkehr.

Thüringen – Besondere Leistungsfeststellung Deutsch 2012
Aufgabe 3: Interpretation eines Prosatextes

Heinrich von Kleist (1777–1811): **Das Bettelweib von Locarno**

Am Fuße der Alpen, bei Locarno im oberen Italien, befand sich ein altes, einem Marchese gehöriges Schloß, das man jetzt, wenn man vom St. Gotthard kommt, in Schutt und Trümmern liegen sieht: ein Schloß mit hohen und weitläufigen Zimmern, in deren einem einst, auf Stroh, das man ihr unterschüttete, eine alte kranke Frau, die sich bettelnd vor der Thür eingefunden hatte, von der Hausfrau aus Mitleiden gebettet worden war. Der Marchese, der, bei der Rückkehr von der Jagd, zufällig in das Zimmer trat, wo er seine Büchse abzusetzen pflegte, befahl der Frau unwillig, aus dem Winkel, in welchem sie lag, aufzustehen, und sich hinter den Ofen zu verfügen. Die Frau, da sie sich erhob, glitschte mit der Krücke auf dem glatten Boden aus, und beschädigte sich, auf eine gefährliche Weise, das Kreuz; dergestalt, daß sie zwar noch mit unsäglicher Mühe aufstand und quer, wie es vorgeschrieben war, über das Zimmer ging, hinter den Ofen aber, unter Stöhnen und Ächzen, niedersank und verschied.

Mehrere Jahre nachher, da der Marchese, durch Krieg und Mißwachs, in bedenkliche Vermögensumstände gerathen war, fand sich ein florentinischer Ritter bei ihm ein, der das Schloß, seiner schönen Lage wegen, von ihm kaufen wollte. Der Marchese, dem viel an dem Handel gelegen war, gab seiner Frau auf, den Fremden in dem obenerwähnten, leerstehenden Zimmer, das sehr schön und prächtig eingerichtet war, unterzubringen. Aber wie betreten war das Ehepaar, als der Ritter mitten in der Nacht, verstört und bleich zu ihnen herunter kam, hoch und theuer versichernd, daß es in dem Zimmer spuke, indem etwas, das dem Blick unsichtbar gewesen, mit einem Geräusch, als ob es auf Stroh gelegen, im Zimmerwinkel aufgestanden, mit vernehmlichen Schritten, langsam und gebrechlich, quer über das Zimmer gegangen, und hinter dem Ofen, unter Stöhnen und Ächzen, niedergesunken sei.

Der Marchese erschrocken, er wußte selbst nicht recht warum, lachte den Ritter mit erkünstelter Heiterkeit aus, und sagte, er wolle sogleich aufstehen und die Nacht, zu seiner Beruhigung, mit ihm in dem Zimmer zubringen. Doch der Ritter bat um die Gefälligkeit, ihm zu erlauben, daß er auf einem Lehnstuhl, in seinem Schlaf-Zimmer übernachte; und als der Morgen kam, ließ er anspannen, empfahl sich und reiste ab.

Dieser Vorfall, der außerordentliches Aufsehen machte, schreckte auf eine dem Marchese höchst unangenehme Weise, mehrere Käufer ab; dergestalt, daß, da sich unter seinem eigenen Hausgesinde, befremdend und unbegreiflich, das Gerücht erhob, daß es in dem Zimmer, zur Mitternachtsstunde, umgehe, er, um es mit einem entscheidenden Verfahren niederzuschlagen, beschloß, die Sache in der nächsten Nacht selbst zu untersuchen. Demnach ließ er, beim Einbruch der Dämmerung, sein Bett in dem besagten Zimmer aufschlagen, und erharrte, ohne zu schlafen, die Mitternacht. Aber wie erschüttert war er, als er in der That, mit dem Schlage der Geisterstunde, das unbegreifliche Geräusch wahrnahm; es war, als ob ein Mensch sich von Stroh, das unter ihm knisterte, erhob, quer über das Zimmer ging, und hinter dem Ofen, unter Geseufz und Geröchel, niedersank. Die Marquise, am andern Morgen, da er herunter kam, fragte ihn, wie die Untersuchung abgelaufen; und da er sich, mit scheuen und ungewissen Blicken, umsah und, nachdem er die Thür verriegelt, versicherte, daß es mit dem Spuck seine Richtigkeit habe: so erschrack sie, wie sie in ihrem Leben nicht gethan, und bat ihn, bevor er die Sache verlauten ließe, sie noch einmal, in ihrer Gesellschaft, einer kaltblütigen Prüfung zu unterwerfen. Sie hörten aber sammt einem treuen Bedienten, den sie mitgenommen hatten, in der That, in der nächsten Nacht, dasselbe unbegreifliche, gespensterartige Geräusch; und nur der dringende Wunsch, das Schloß, es koste was es wolle, los zu werden, vermochte sie, das Entsetzen, das sie ergriff, in Gegenwart ihres Dieners zu unterdrücken, und dem Vorfall irgend eine gleichgültige und zufällige Ursache, die sich entdecken lassen müsse, unterzuschieben. Am Abend des dritten Tages, da beide, um der Sache auf den Grund zu kommen, mit Herzklopfen wieder die Treppe zu dem Fremdenzimmer bestiegen, fand sich zufällig der Haushund, den man von der Kette losgelassen hatte, vor der Thür desselben ein; dergestalt, daß beide, ohne sich bestimmt zu erklären, vielleicht in der unwillkührlichen Absicht, außer sich selbst noch etwas Drittes, Lebendiges, bei sich zu haben, den Hund mit sich in das Zimmer nahmen. Das Ehepaar, zwei Lichter auf dem Tisch, die Marquise unausgezogen, der Marchese Degen und Pistolen, die er aus dem Schrank genommen, neben sich, setzen sich, gegen elf Uhr, jeder auf sein Bett; und während sie sich mit Gesprächen, so gut sie vermögen, zu unterhalten suchen, legt sich der Hund, Kopf und Beine zusammen gekauert, in der Mitte des Zimmers nieder und schläft ein. Drauf, in dem Augenblick der Mitternacht, läßt sich das entsetzliche Geräusch wieder hören; jemand, den kein Mensch mit Augen sehen kann, hebt sich, auf Krücken, im Zimmerwinkel empor; man hört das Stroh, das unter ihm rauscht; und mit dem ersten Schritt: tapp! tapp! erwacht der Hund, hebt sich plötzlich, die Ohren spitzend, vom Boden empor, und knurrend und bellend, grad' als ob ein Mensch auf ihm eingeschritten käme, rückwärts gegen den Ofen weicht er aus. Bei diesem Anblick stürzt die Marquise, mit sträubenden Haaren, aus dem Zimmer; und während der Marchese, der den Degen ergriffen: wer da? ruft und, da ihm niemand antwortet, gleich einem Rasenden nach allen Richtungen die Luft durchhaut, läßt sie anspannen, entschlossen, augenblicklich nach der Stadt abzufahren. Aber ehe sie noch einige Sachen zusammengepackt und nach Zusammenraffung einiger Sachen aus dem Thore herausgerasselt, sieht sie schon das Schloß ringsum in

Flammen aufgehen. Der Marchese, von Entsetzen überreizt, hatte eine Kerze genommen, und dasselbe, überall mit Holz getäfelt wie es war, an allen vier Ecken, müde seines Lebens, angesteckt. Vergebens schickte sie Leute hinein, den Unglücklichen zu retten; er war auf die elendiglichste Weise bereits umgekommen, und noch jetzt liegen, von den Landleuten zusammengetragen, seine weißen Gebeine in dem Winkel des Zimmers, von welchem er das Bettelweib von Locarno hatte aufstehen heißen.

(1810)

In: Kleist, Heinrich von: Sämtliche Werke. Brandenburger Ausgabe. Band 2.5. Basel, Frankfurt/M. 1997, S. 9–15.

Arbeitsauftrag

Interpretieren Sie die Erzählung.

Lösungsvorschlag

Die Aufgabe fordert die Interpretation des Prosatextes, bei dem es sich um eine kurze ***Erzählung aus dem 18. Jahrhundert*** *handelt. Der Operator „Interpretieren Sie" verlangt die deutende Erschließung des Texts, d. h., der Text ist* ***zu untersuchen, zu beschreiben und zu deuten****. Folgende Fragen sollten Sie bei der Erschließung des Textes beantworten:* ***Was wird erzählt? In welcher Abfolge wird erzählt?*** *(Gliederung des Textes, chronologisches Erzählen, Rückblick, Vorausschau.)* ***Wie wird erzählt?*** *(Sprachliche Gestaltung, Erzählperspektive, erzählte Zeit – Erzählzeit, Bildlichkeit, Metaphern, Vergleiche, Symbole.)*
Die von Ihnen beobachteten stilistischen und sprachlichen Besonderheiten sollten möglichst in ihrer ***Wirkung auf den Leser*** *beschrieben werden. Ihre Deutungen sollten* ***am Text belegbar*** *sein. Achten Sie darauf, Ihre Interpretation im* ***Präsens*** *zu verfassen.*
Die Textsorte ist in der Aufgabenstellung mit „Erzählung" angegeben. Möglicherweise haben Sie den Text als ***Novelle*** *kennengelernt. Einige Merkmale weisen darauf hin: Kürze, Berichten eines ungewöhnlichen, als wahr dargestellten Ereignisses, Höhe- bzw. Wendepunkt, zentraler Konflikt und einsträngige, straff berichtete Handlung. Man kann durchaus „****eine sich ereignete unerhörte Begebenheit****"(Goethe) im Handlungsgeschehen des Textes erkennen.*
Eine kurze ***Zusammenfassung des Inhalts*** *sollte sich auf jeden Fall an den* ***Einstieg*** *anschließen, der Inhalt kann aber auch während der Interpretation wiedergegeben werden.*
Zur Verdeutlichung Ihrer eigenen Position sollten Sie die ***Haltungen der Figuren*** *nicht nur darstellen und erläutern, sondern auch werten. Zur Untermauerung Ihrer Ansichten sind Textzitate geschickt in Ihre Darlegungen einzufügen.*
Bedenken Sie die Gestaltung des ***Schlusses****, der einerseits die wesentlichen Erkenntnisse Ihrer Interpretation zusammenfasst, andererseits etwa auch einen weiterweisenden Gedanken oder einen* ***Vergleich mit ähnlichen Erzählungen*** *(z. B. C. F. Meyer: „Die Füße im Feuer") enthalten kann.*

Einleitung
Hinführung zum Thema

Der Beginn von Heinrich von Kleists (1777–1811) gespenstischer Erzählung „Das Bettelweib von Locarno" (1810) könnte einem alten Reiseführer entnommen sein. Dem Leser wird ein bestimmter Ort, nämlich eine Schlossruine „[a]m Fuße der Alpen, bei Locarno im oberen Italien" (Z. 1) vorgestellt, welche man, vom St. Gotthard kommend, sehen muss. Unmittelbar nach diesen neugierig machenden Worten erfährt der Leser, welch besondere Bewandtnis es mit dem heute „in Schutt und Trümmern" (Z. 3) liegenden Schloss hat.

Der Erzähler taucht mit der Geschichte in eine nicht näher benannte, aber längst vergangene Zeit („einst", Z. 4; vgl. auch die Begriffe „Marchese" und „Ritter", die ebenfalls auf vergangene Epochen hinweisen) ein. Vor vielen Jahren sei etwas geschehen, das sich wegen seiner weitreichenden Folgen auch noch in der Gegenwart des Erzählers im Gedächtnis der Menschen der Region um Locarno hält: Eine alte kranke Bettlerin bekommt von der mitleidigen Herrin des Schlosses ein Nachtlager in einem der Zimmer zugewiesen. Der vom Jagdausflug zurückgekehrte Hausherr jedoch fühlt sich von der Bettlerin gestört und fordert sie auf, sich hinter den Ofen zu begeben. Auf dem Weg dahin rutscht die alte Frau aus, verletzt sich schwer am Rücken und stirbt, nachdem sie unter großen Schmerzen das ihr zugewiesene Lager erreicht hat.

Hauptteil

Inhaltsangabe
1. Sinnabschnitt (Z. 1–13)

Das tragische Missgeschick des Bettelweibs ist die Basis für das sich „[m]ehrere Jahre nachher" (Z. 14) ereignende und vom selben Erzähler wiedergegebene Geschehen, in dem sich die unbarmherzige Tat des Marchese an diesem fürchterlich rächt. Es ist allerdings fraglich, ob er die tragischen Folgen seines Verhaltens wirklich so gewollt und vorhergesehen hat. Von daher erscheint seine „Bestrafung" im Lauf der Erzählung überaus hart: Der in finanzielle Schwierigkeiten geratene Marchese muss das Schloss verkaufen und hat in einem Ritter aus Florenz einen ersten Interessenten gefunden. Ihm wird für die Nacht ausgerechnet dasjenige Zimmer zugewiesen, in dem das Bettelweib zu Tode gekommen ist. Nachdem der Ritter mitten in der Nacht „verstört und bleich" (Z. 20) aus seinem Schlafgemach geflüchtet ist, berichtet er dem betretenen Ehepaar von einem Spuk, dessen Zeuge er soeben gewesen sei. Seiner Beschreibung nach handelt es sich um das verunglückte Bettelweib, das ihren Unfall nun als Gespenst aufs Neue inszeniert. Sicherlich ahnt der Marchese bereits, auf welchen Vorfall der Ritter anspielt. Trotz des gräflichen Angebots, die Nacht gemeinsam im „Gespensterzimmer" zu verbringen, zieht der Ritter eine Übernachtung im Schlafzimmer des Marchese vor und reist am folgenden Morgen unverzüglich ab.

2. Sinnabschnitt (Z. 14 – 31)

Weil der Vorfall einiges Aufsehen erregt und Gerüchte über einen mitternächtlichen Spuk im Schloss potenzielle Käufer abschrecken, beschließt der Hausherr nach einigen Tagen, „die Sache in der nächsten Nacht selbst zu untersuchen" (Z. 36 f.). „Aber wie erschüttert" (Z. 39) ist er, als er Schlag Mitternacht

3. Sinnabschnitt (Z. 32 – 42)

das unheimliche Geräusch wahrnimmt und den vom Ritter geschilderten Spuk nun seinerseits miterlebt (Z. 40 ff.).

Als sich die Marquise am folgenden Morgen nach der Untersuchung erkundigt, schaut er sich „mit scheuen und ungewissen Blicken" (Z. 44) um, verriegelt die Tür und bestätigt der ebenso erschrockenen Frau, „daß es mit dem Spuck seine Richtigkeit habe" (Z. 45 f.). Warum hat er so große Angst davor, dass jemand seinen Bericht hören könnte? Vielleicht befürchtet er, wegen seines Geisterglaubens verspottet zu werden, möglicherweise aber hat er Angst davor, dass seine Unbarmherzigkeit der alten Frau gegenüber entdeckt und verurteilt werden könnte. Denn er ahnt einen Zusammenhang zwischen beiden Geschehnissen. Um die Angelegenheit noch einmal möglichst mit klarem Kopf zu prüfen, wartet das Ehepaar diesmal gemeinsam und in Begleitung eines „treuen Bedienten" (Z. 48) die Mitternachtsstunde in besagtem Zimmer ab. Erwartungsgemäß wiederholt sich das gruselige Geschehen. Auch wenn das Ehepaar dem Diener gegenüber sein Entsetzen unterdrückt und die Angelegenheit herunterspielt, so gilt es nun, das Schloss noch dringender loszuwerden, „koste es was es wolle" (Z. 51). Verständlicherweise wollen sie die für sie unangenehme Angelegenheit mit dem Verkauf ihres Schlosses hinter sich lassen.

4. Sinnabschnitt (Z. 42 – 54)

Um endgültige Gewissheit zu erhalten, dass nicht vielleicht doch die überreizten Nerven und die Einbildung ihnen einen Streich spielen und das mitternächtliche Geschehen vortäuschen, beschließen die Eheleute, eine weitere Nacht im bewussten Zimmer zu wachen.

5. Sinnabschnitt (Z. 54 – 83)

An dieser Stelle erreicht Kleists Erzählung den höchsten Punkt an Spannung. Denn der Leser erwartet, dass in dieser weiteren Nacht nun etwas besonders Außergewöhnliches geschieht. Kleist hat die einzelnen Spuknächte ansteigend angeordnet (Klimax): In der ersten Nacht erlebt ein Unbeteiligter (Ritter aus Florenz), in der zweiten der unmittelbar Betroffene (Marchese) den Spuk und in der dritten Nacht treten mit der Marquise und dem Diener zwei weitere Zeugen des Geschehens hinzu. Eigentlich, so wird der Leser für sich denken, muss den Schlossbesitzern mittlerweile klar geworden sein, dass sie tatsächlich vom Geist des verunglückten Bettelweibs heimgesucht werden. Dafür gibt es immerhin vier Zeugen. Kleist stellt die unheimlichen Geschehnisse so dar, dass sie sich immer mehr zuspitzen. Trotz der Wiederholung verliert die Erzählung dadurch nicht an Brisanz.

Spannungserzeugung durch Klimax

Eine zusätzliche Spannungssteigerung erreicht Kleist durch den Tempuswechsel: Mit Beginn der dritten Nacht bis zu Z. 77 berichtet der Erzähler von den Geschehnissen im Präsens. Dadurch wird für den Leser die weit in der Vergangenheit liegende Handlung „präsenter". Der Leser wird durch das Präsens quasi zum Augenzeugen einer höchst spannenden Situation und kann das Verhalten der Figuren besser nachvollziehen. Zudem geht der Erzähler an dieser Stelle im Handlungsverlauf weniger rasch vor. Er schildert das Geschehen im Vergleich zu früheren Passagen zeitlich ausgedehnter und ausführlicher, wenn er z. B. das Verhalten des Hundes (Z. 68–70) beschreibt. Erst als der Erzähler den Grund für den Brand im Schloss erläutert, wechselt er wieder ins Präteritum, also zu einem Zeitpunkt, als das Unglück des Grafen bereits besiegelt ist.

Spannungserzeugung durch Tempuswechsel

Als das gräfliche Paar also „[a]m Abend des dritten Tages" (Z. 54), mit zusätzlicher Kerzenbeleuchtung und Bewaffnung, wieder zum Spukzimmer hinaufsteigt, trifft es seinen Hund vor der Tür des Zimmers an. Die beiden nehmen das Tier mit hinein, das sich „in der Mitte des Zimmers" (Z. 64) hinlegt und bald eingeschlafen ist. Möglicherweise hoffen beide, dass sich der Spuk im Beisein des Tieres nicht ereignen würde, auf jeden Fall aber könnte der Hund ihnen ein Gefühl von Sicherheit geben. Jedoch verhindert die Anwesenheit des Hundes nicht, dass das Ehepaar erneut Zeuge des entsetzlichen Spuks wird, und auch der Hund erwacht beim ersten hörbaren Schritt der Erscheinung: Er „hebt sich plötzlich, die Ohren spitzend, vom Boden empor" (Z. 68 f.), knurrt und bellt und weicht, „grad' als ob ein Mensch auf ihm eingeschritten käme, rückwärts gegen den Ofen" (Z. 69 f.) aus. Das Verhalten des unschuldigen Tiers macht der Gräfin schlagartig klar, dass der Spuk keine Einbildung sein kann. Während die Marquise vor Entsetzen aus dem Zimmer stürmt und anspannen lässt, um „augenblicklich nach der Stadt abzufahren" (Z. 74), steckt der Marchese, „müde seines Lebens" (Z. 79), das Schloss mit den Kerzen in Flammen und kommt darin um. Die Hilfe, die ihm die Marquise zu seiner Rettung schickt, kommt zu spät.

Eine „Gespenstergeschichte" wie die vorliegende Erzählung beinhaltet eine Begebenheit, die außerhalb der rational erklärbaren Wirklichkeit liegt. Das Interesse des Lesers daran kann der Erzähler jedoch nur dann aufrechterhalten, wenn sich die Ge-

Erzählstrategie Kleists

schichte nicht völlig überprüfen lässt. Gleichzeitig darf sie aber auch nicht an Glaubhaftigkeit verlieren.

Auktorialer Erzähler

Kleist entschied sich deshalb für einen auktorialen Erzähler, der das Geschehen „von oben", quasi als „Außenseiter" betrachtet. Ein personaler Erzähler hätte die Geschichte aus der subjektiven Sicht einer Figur (Marchese, Marquise, Bedienter usw.) erzählt. Diese Perspektive ist jedoch angreifbar und kann vom Leser leicht hinterfragt werden: „Das, was die Figuren erleben, haben sie sich doch nur eingebildet oder sogar erfunden!" So erscheint der von Kleist eingesetzte Erzähler als unbeteiligter „Berichterstatter", der scheinbar Tatsachen vorträgt, soweit sie ihm vorliegen.

Ortsangaben

Gerade dadurch, dass der Erzähler seinen „Bericht" mit vielen geografischen Daten (vgl. Z. 1–3) unterfüttert, erzeugt er Glaubwürdigkeit. Theoretisch könnte sich der Leser dank dieser Angaben auf die Suche nach dem Schloss begeben und würde es eventuell auch vorfinden. Die „Rahmenbedingungen" wirken somit real, was jedoch im Schloss selbst passiert, ist Teil von Gerüchten und subjektiven Eindrücken. Hierbei ist es die Ausgestaltung von seltsamen Begebenheiten und der Reiz, an die Grenzen des Rationalen zu stoßen, die den Leser mitreißen. Das Schloss bei Locarno liegt gegenwärtig in Schutt und Asche. Verwunschene Schlösser, die der Leser aus den Märchen kennt, sind oftmals eng mit Geschichten und Legenden aus dem Reich der Fantasie verbunden. Auch das Schloss bei Locarno kann daher nicht einfach so zerfallen sein; dies muss einen ganz besonderen Grund haben.

Figurennamen und Zeitangaben

Damit die Spukgeschichte jedoch nicht bis ins Letzte überprüfbar wird, nennt der Erzähler weder Figurennamen noch macht er Zeitangaben. Mit „einst" (Z. 4) verlagert er die Handlung in eine unbestimmbare Vergangenheit. Der Leser weiß nicht, um welches Schloss im Besitz welches Marchese und um welches Jahrhundert es sich handelt oder welcher florentinische Ritter am Kauf Interesse zeigte.

Schluss

Die Botschaft, die Kleists Erzählung vermitteln möchte, ist vom Leser selbst herauszuarbeiten; der Erzähler sagt nichts dazu: Die völlig unnötige und unbarmherzige Tat der Zurechtweisung des Bettelweibs rächt sich auf tragische Weise an ihrem Verursacher. Seine „weißen Gebeine" liegen noch jetzt passenderweise „in dem Winkel des Zimmers, von welchem er das Bettelweib von Locarno hatte aufstehen heißen" (Z. 81 ff.). Ein ordentliches Begräbnis ließ die zu Mitleid fähige Marquise ihrem hartherzigen und leicht reizbaren Ehemann scheinbar nicht zuteilwerden. Unklar ist bis zum Schluss, ob die Frau überhaupt von dem Vorfall mit dem Bettelweib wusste; auch ein reuiges Tateingeständnis von Seiten des Marchese ist dem Text nicht zu entnehmen.

An einigen Stellen wirkt die kurze novellenartige Erzählung mit einsträngiger Handlung um „eine sich ereignete unerhörte Begebenheit" (Goethe) reichlich konstruiert und dadurch nur wenig glaubwürdig: Zufälligerweise trägt der Marchese seiner Frau auf, den florentinischen Ritter ausgerechnet im Unglückszimmer zu beherbergen. Zufälligerweise hat man den Hund, der sich ausgerechnet vor die Tür des Spukzimmers setzt, gerade in der Unglücksnacht von der Kette genommen. Und ausgerechnet zu dem Zeitpunkt, als der Marchese das Schloss aus finanzieller Not heraus verkaufen muss, wird es vom Geist des Bettelweibs heimgesucht. Hier fügen sich viele kleine Begebenheiten zur verhängnisvollen „Bestrafung" des Marchese zusammen. Letztlich bleibt außer der Ruine des Schlosses und der gespenstischen Geschichte keine Erinnerung an den Schlossherren. Er kann ebenso vergessen werden, wie er einst das Bettelweib und seine Schuld an ihrem Tod verdrängt hat.

Diese Geschichte, die beim ersten Lesen wie eine Spuk- oder Gespenstergeschichte erscheint, ist mehr als das. Sie führt dem Leser vor Augen, welch weitreichende Folgen unbedachtes, egoistisches Verhalten für andere und für einen selbst haben kann. Der Marchese war als Angehöriger des Adels einer seiner angestammten Aufgaben, der Nächstenliebe und der Barmherzigkeit, nicht nachgekommen, er missachtete die uralten Pflichten eines Ritters, indem er die alte Bettlerin schikanierte. So sühnt sein letztendlich selbst verschuldeter Tod den des Bettelweibs von Locarno.

Joachim Ringelnatz (1883–1934): **Ein Nagel saß in einem Stück Holz**

EIN Nagel saß in einem Stück Holz.
Der war auf seine Gattin sehr stolz.
Die trug eine goldene Haube
Und war eine Messingschraube.
Sie war etwas locker und etwas verschraubt,
Sowohl in der Liebe, als auch überhaupt.
Sie liebte ein Häkchen und traf sich mit ihm
In einem Astloch. Sie wurden intim.
Kurz, eines Tages entfernten sie sich
Und ließen den armen Nagel im Stich.
Der arme Nagel bog sich vor Schmerz.
Noch niemals hatte sein eisernes Herz
So bittere Leiden gekostet.
Bald war er beinah verrostet.
Da aber kehrte sein früheres Glück,
Die alte Schraube wieder zurück.
Sie glänzte übers ganze Gesicht.
Ja, alte Liebe, die rostet nicht!

Ringelnatz, Joachim: Das Gesamtwerk in sieben Bänden.
Band 1: Gedichte. Zürich 1994, S. 77.

Arbeitsauftrag

Interpretieren Sie das Gedicht unter besonderer Berücksichtigung der sprachkünstlerischen Gestaltung.

Lösungsvorschlag

Die Aufgabenstellung verlangt von Ihnen, dass Sie das Gedicht vor allem unter dem Aspekt der **sprachkünstlerischen Gestaltung** *interpretieren. Damit ist Ihnen ein entscheidender Hinweis gegeben, sodass Sie die Aufgabe im Prinzip auch ohne Kenntnisse über Joachim Ringelnatz bearbeiten können. Voraussetzung ist eine systematische Analyse und Auseinandersetzung mit dem Text bezüglich* **Form und Inhalt**. *Lassen Sie sich zunächst vom Text, seinen Wortspielen und seinem Rhythmus inspirieren. Notieren Sie alle Assoziationen, Auffälligkeiten und Querverbindungen. Als Einstieg bietet sich der* **Kontrast zwischen dem Thema gescheiterte Liebesbeziehung und den Protagonisten**, *einem Nagel und einer Messingschraube, an. Einige Anmerkungen zum Autor und zu seinem Umgang mit Sprache können folgen, sind aber nicht zwingend notwendig. Beschreiben Sie als Erstes die* **äußere Form** *und die* **inhaltliche Gliederung**. *Danach erläutern Sie die einzelnen Gliederungsabschnitte, wobei Sie besonders auf die* **sprachlich-stilistischen Besonderheiten** *eingehen. Achten Sie darauf, diese stets in Verbindung mit den inhaltlichen Ausführungen darzulegen, und beweisen Sie Ihre Aussagen, indem Sie häufig zitieren. Fassen Sie dann Ihre Ergebnisse zusammen und nehmen Sie eine* **abschließende Deutung** *vor, bei der Sie auch auf die* **Aussageabsicht des Autors** *eingehen.*

Einleitung

Sie sind ein ungleiches Paar, aber er liebt sie abgöttisch. Sie betrügt ihn und verlässt ihn für einen Jüngeren. Am Ende kehrt sie zurück. Mit diesen Worten lässt sich das Geschehen in dem Gedicht „Ein Nagel saß in einem Stück Holz“ zusammenfassen. In ironisch-melancholischem Ton erzählt Joachim Ringelnatz eine Geschichte, wie das Leben sie schreibt. Die Protagonisten: ein Nagel und seine Frau, die Messingschraube. Auf dem Prüfstand: das bekannte Sprichwort „Alte Liebe rostet nicht“.

Verfasserbezug

Der Verfasser, Hans Bötticher, der sich ab 1919 Joachim Ringelnatz nannte, ist für seine einfache, ungekünstelte Alltagssprache und seine skurrilen Sprachspiele bekannt.

Hauptteil

Äußere Form

Wie nah Ernst und Humor, Tiefsinn und Unsinn in Ringelnatz' Werk beieinanderliegen, zeigt sich auch in „Ein Nagel saß in einem Stück Holz“. Das Gedicht besteht aus achtzehn Zeilen. Strukturgebend sind ein durchgehendes Reimschema aus Paarreimen und die Verwendung von Parataxen. Dadurch wird der Text leicht lesbar und verständlich. Die insgesamt neun Reimpaare bilden Sinneinheiten. Meist sind es zugleich syntaktische Einheiten, es kommt aber auch vor, dass Verse einen vollständigen Satz enthalten. Dementsprechend sind Enjambements nur innerhalb der Reimpaare zu finden. Einzige Ausnahme sind V. 11/12 und 13/14, die durch ein Enjambement von V. 12 zu V. 13 miteinander verbunden sind, wodurch sie, vom üblichen Schema abweichend, zu einer Sinneinheit verschmelzen. Die Zeilensprünge wirken sich jedoch nicht auf den Lesefluss aus. In seinem Rhythmus wird der Text von drei- bzw. vierhebigen Jamben bestimmt, die an einer oder mehreren Stellen durch eine zusätzliche Senkung unterbrochen sind. Unterstützt durch die parataktische Satzstruktur erhält das Gedicht dadurch einen schwungvollen Charakter. Die schlichte Reimstruktur (Paarreime) und die beinahe plump daherkommenden Versmaße erzeugen die Wirkung einer naiven und zum Lachen anregenden Unbeholfenheit, die im Gegensatz zur tragischen Liebesgeschichte von Nagel und Messingschraube steht. Rhythmische Zäsuren bilden die Versanfänge „Kurz" (V. 9), „Da" (V. 15) und „Ja" (V. 18), denn sie beginnen mit einer stark betonten Silbe. Daraus ergibt sich ein kurzes Innehalten im Lesefluss, dem ein Resultat (V. 9), eine überraschende Wende (V. 15) und eine Bestätigung (V. 18) folgen.

Innerer Aufbau

Für den inneren Aufbau des Gedichts ist neben den Reimpaaren als Sinneinheiten ein weiteres Merkmal von Bedeutung: Die Geschichte des Nagels und seiner Frau wird in der Vergangenheitsform wiedergegeben, in der letzten Zeile wechselt Ringelnatz jedoch ins Präsens, um mit dem Fazit „Ja, alte Liebe, die rostet nicht!" (V. 18) das Gedicht in leichter Abwandlung des Sprichworts zu beenden.

Inhaltliche Analyse

1. Reimpaar

Im ersten Reimpaar werden der Nagel und seine Frau eingeführt. Der erste Vers des Gedichts, zugleich sein Titel, beginnt mit einer einfachen Feststellung. Durch den unbestimmten Artikel in „EIN Nagel" (V. 1) wird angezeigt, dass es sich um einen nicht näher charakterisierten männlichen Protagonisten handelt. Unklar ist noch, worum es geht, denn dass Nägel „in einem Stück Holz" (V. 1) sitzen, ist nichts Ungewöhnliches. V. 2 macht durch die Nennung menschlicher Eigenschaften (Personifikation) deutlich, dass der Nagel eine „Gattin" hat, auf die er „sehr stolz" ist. Damit ist die Ausgangssituation benannt. Gleichzeitig bekommt das Gedicht zwei Sinnebenen: die Realität des Nagels und die der Menschen. Aus den Überlagerungen von wortwörtlicher Text- und zu erschließender Deutungsebene (menschliches Miteinander) bezieht das Gedicht seinen Reiz. Neben dem Nagel sind folglich auch „Messingschraube" (V. 4) und „Häkchen" (V. 7) als Personifizierungen anzusehen.

Das zweite Reimpaar beschreibt die äußerliche Erscheinung der „Gattin“ (V. 2) des Nagels. Ihre „goldene Haube“ (V. 3) bestätigt zunächst ihre Stellung als Ehefrau, denn sie ist buchstäblich „unter der Haube“, das heißt verheiratet. Schließlich folgt die Information, dass sie eine „Messingschraube“ (V. 4) ist. Gold und Messing bilden Gegensätze: Sie ähneln sich in der Farbe, aber Gold ist wertvoller. Die „Haube“ (V. 3) ist nur der messingfarbene Schraubenkopf. Gemäß dem Sprichwort „Es ist nicht alles Gold, was glänzt“ lässt sich schlussfolgern, dass die Dame ein wenig oberflächlich, eitel und prunksüchtig sein könnte. 2. Reimpaar

Im dritten Reimpaar wird ihr Charakter näher beleuchtet. Der Autor spielt mit den unterschiedlichen Sinnebenen, wenn er die Schraube als „etwas locker und etwas verschraubt“ (V. 5) zugleich bezeichnet. Die Aufzählung mit der Wiederholung von „etwas“ deutet an, dass die Antithese von „locker“ und „verschraubt“ nur auf der Textebene besteht. Ein Gegenstand kann nicht lose und fest zugleich sein. Auf der Deutungsebene löst sich der Gegensatz auf, denn lockere, d. h. freizügige Ansichten in Liebesdingen zu haben und von „überdrehter“ oder „verdrehter“ Natur zu sein, ist durchaus möglich. Das bestätigt die Erläuterung nach dem Enjambement in Form einer Klimax: „Sowohl in der Liebe, als auch überhaupt“ (V. 6). Folglich lässt sich für den Charakter der Frau festhalten, dass sie von fragwürdiger Moral ist, lebenslustig, eigensinnig und, ebenfalls doppeldeutig, in gewisser Weise „verschraubt“, d. h. von kompliziertem Charakter. 3. Reimpaar

Das unterstreichen die nächsten beiden Verse, die von einer Affäre der Schraube berichten: Die Liebe zwischen Nagel und Schraube hat offenbar einen Haken, wobei die Verkleinerungsform („Häkchen“, V. 7) andeuten könnte, dass es sich um einen jüngeren Liebhaber handelt, der das Eheglück zerstört. Mit diesem trifft sich die Schraube in einem „Astloch“ (V. 8), das als Liebesnest fungiert. 4. Reimpaar

Reimpaar 5 fasst mit „eines Tages entfernten sie sich“ (V. 9) das Resultat der Affäre zusammen und leitet zum Nagel über. Mit der Betonungsverschiebung auf „Kurz“ (V. 9) wird der Lesefluss unterbrochen. Das unterstreicht die Schwere des Schicksalsschlags für den „armen Nagel“ (V. 10), der „im Stich“ (V. 10) gelassen wird. 5. Reimpaar

Die zusammengehörigen Reimpaare 6 und 7 zeigen die Auswirkungen des Verlusts, wobei die wiederholte Bezeichnung als „arme[r] Nagel“ (V. 11) dessen tragisches Schicksal unter- 6./7. Reimpaar streicht. Mit „Der arme Nagel bog sich vor Schmerz“ (V. 11) und „Bald war er beinah verrostet“ (V. 14) konstatieren V. 11 und V. 14 jeweils in einem Aussagesatz die äußerlichen Veränderungen, während die mittleren, durch ein Enjambement verbundenen Verse 12 und 13 das innere Leiden beschreiben. In der Formulierung „sein eisernes Herz“ (V. 12) überschneiden sich erneut Text- und Deutungsebene, denn ein „Herz aus Eisen“ drückt für gewöhnlich Gefühlskälte aus. Hier ist jedoch die materielle Beschaffenheit des Nagels gemeint. Interessanterweise wird der schmerzgebeugte Nagel (vgl. V. 11) gleichfalls zu einem Haken und ähnelt sich damit seinem Rivalen an.

8. Reimpaar

Das achte Reimpaar beginnt wieder mit einer Zäsur. Vom Rhythmus her stark betont, leitet „Da“ (V. 15) die Wendung zum Positiven ein: die Rückkehr der Schraube. Ausschließlich helle Vokale in „früheres Glück“ (V. 15) und „wieder zurück“ (V. 16) unterstreichen die freudige Stimmung.

9. Reimpaar

Die Formulierung „alte Schraube“ (V. 16) scheint im Gegensatz zum darauffolgenden Vers zu stehen, mit dem das neunte und letzte Reimpaar beginnt und in dem es heißt: „Sie glänzte übers ganze Gesicht“ (V. 17); d. h., die Schraube ist mit der Zeit gealtert, sieht jedoch immer noch gut aus. Aufgelöst wird der Widerspruch im letzten Vers, der ins Präsens wechselt. Die Wiederholung von „alte“ zeigt zunächst an, dass „alte Schraube“ (V. 16) und „alte Liebe“ (V. 18) identisch sind. Als Erklärung für ihr frisches Aussehen dient das bekannte Sprichwort, dessen Aussage jedoch emphatisch gesteigert wird: zum einen durch den bereits erwähnten Betonungswechsel auf „Ja“ (V. 18), das wie ein Ausruf anmutet, zum anderen durch die Einführung eines Nebensatzes und seine Einleitung mit „die“ (V. 18). Das Ausrufezeichen am Ende macht den Ausspruch schließlich zum unumstößlichen Beweis für das Gesagte.

Zusammenfassung

In „Ein Nagel saß in einem Stück Holz“ beweist Joachim Ringelnatz seine Kunstfertigkeit im Umgang mit sprachlichen Mitteln. Es ist ein Spiel mit Worten und Wortbedeutungen, deren Vielseitigkeit und Vielschichtigkeit sich durch den ungewöhnlichen Kontext (Metallgegenstände) offenbaren. Dabei lösen bestimmte Reizwörter verschiedene Assoziationen aus, wie am Beispiel „goldene Haube“ (V. 3), „Astloch“ (V. 8) und „eisernes Herz“ (V. 12) gezeigt wurde. Es ist gleichfalls ein Spiel mit geläufigen Redewendungen, die, obwohl nicht so offensichtlich wie im letzten Vers, hintergründig mitschwingen und den Aussagen zusätzliche Bedeutungsebenen verleihen. Neben den bereits genannten provoziert beispielsweise die Kombination von „locker" und „verschraubt" in V. 5 den Ausspruch „eine Schraube locker haben", was auf den Nagel und auf die Schraube zutreffen könnte. Aus „Nagel" und „Stich" in V. 10 ergibt sich: „jemandem einen Stich versetzen". Das kontrastiert damit, dass Nägel selbst (Ein-)Stiche hinterlassen. Beides zwingt den Leser, sich jedes Wort buchstäblich auf der Zunge zergehen zu lassen, um die Tragweite des Textes zu erfassen. Das Spiel mit wörtlicher und übertragener Bedeutung in Formulierungen wie „Haube" (V. 3), „verschraubt" (V. 5) und „eisernes Herz" (V. 12) erzeugt Komik, da zwei Bereiche – Nägel, Schrauben, Haken auf der einen, Liebe, Treue und Ehebruch auf der anderen Seite – zusammenkommen, die an sich nichts miteinander zu tun haben. Gleichzeitig regt es den Leser zum Nachdenken an. Vor diesem Hintergrund muss auch der Schlussvers kritisch betrachtet werden, dessen überschwängliche, geradezu euphorische Note im Rückblick einen ironischen Beigeschmack offenbart. Der augenscheinlich positive Ausgang wird dadurch infrage gestellt: Denn hier wird die zweifelhafte Lebensweisheit, dass alte Liebe nicht rostet, an Metallgegenständen veranschaulicht, die von ihrer materiellen Beschaffenheit her durchaus rosten können.

Schluss

Abschließende Deutung

Mit dem Mittel der Ironie legt Ringelnatz die dem menschlichen Streben und Sehnen innewohnende Tragikomik bloß. Er überprüft den Wahrheitsgehalt des Sprichworts „Alte Liebe rostet nicht", indem er es von seiner wortwörtlichen Seite betrachtet. Auf der Textebene ist der Ausspruch zutreffend: Die „alte Liebe" (V. 18), alias die „alte Schraube" (V. 16), ist nicht verrostet, denn sie glänzt (vgl. V. 17). Sprichwörter und Redewendungen haben jedoch immer auch eine übertragene Bedeutung, hier: „Wahre Liebe vergeht nicht". Auf der Deutungsebene stellt sich das Ergebnis daher anders dar, denn zur Liebe gehören beide Partner. Der Nagel ist aber „beinah verrostet" (V. 14), d. h., er ist nur noch altes Metall und kommt auch in den folgenden Versen nicht mehr vor. Wie es mit den beiden – Nagel und Schraube – nach der Affäre weitergeht, wird nicht gesagt. Auch glänzt die Schraube vermutlich nicht wegen ihrer alten Liebe, dem Nagel, sondern wegen ihrer Affäre mit dem jungen Häkchen, die eheliche Liebe ist also wohl doch eingerostet. Am Ende beweist Ringelnatz, dass Sprichwörter oft leicht dahingesagte Allgemeinplätze sind, die häufig mit einer konkreten Situation wenig zu tun haben.

Thüringen – Besondere Leistungsfeststellung Deutsch 2013
Aufgabe 1: Nichttextgebundene Erörterung

„So weit ich mich zurückerinnern kann, hat es immer genügt, daß ein Mensch seine Angst überwand und sich auflehnte, damit es im Räderwerk zu hapern[1] begann.“

Albert Camus (1913–1960)

Wiegmann, Hermann: Die deutsche Literatur des 20. Jahrhunderts.
Würzburg: Königshausen & Neumann, 2005, S. 250.

1 knirschen

Arbeitsauftrag

Erörtern Sie die Aussage und stellen Sie einen Bezug zu einem literarischen Beispiel aus der Epoche des Sturm und Drang her.

Lösungsvorschlag

Die vorliegende Aufgabe verlangt von Ihnen eine Erörterung. Diese kann sowohl ***linear*** *als auch* ***diskursiv*** *angelegt sein. Verpflichtend ist es aber, im zweiten Teil,* ***im Teil der Beweisführungen****, ein literarisches Beispiel aus der* ***Epoche des Sturm und Drang*** *einzubeziehen.*

Sie haben zu ***prüfen, ob die subjektive Aussage*** *des französischen Philosophen und Literaten Albert Camus zu einer* ***allgemein gültigen These erhoben werden kann****. Inhaltlich geht es Camus um das* ***Aufbegehren eines Einzelnen gegen eingefahrene Vorgänge bzw. Zustände****. Camus legt keine Lebensbereiche fest, sondern überlässt es dem Leser, das „Räderwerk" (Zitat) zu bestimmen. Sie haben die Freiheit, selbst zu entscheiden, welche Beispiele Sie – über den geforderten Literaturbezug hinaus – für Ihre Argumentation als aussagekräftig erachten (z. B. aus der Geschichte und der Gegenwartsgesellschaft). Sie sollen zeigen, wie ein Einzelner innere Ängste überwindet, um sich gegen äußere Bedrohungen, gegen gefährliche Routine, gegen bestehende Machtverhältnisse oder gegen soziale Ungerechtigkeiten aufzulehnen. Das Augenmerk gilt es auch darauf zu richten, inwieweit dadurch die üblichen Abläufe gestört bzw. Veränderungen ermöglicht werden.*

Eine angemessene ***Einleitung mit Überleitungssatz und die Klärung der zentralen Begriffe*** *soll zum* ***Hauptteil*** *hinführen. Dieser beinhaltet Ihre Sicht auf das Zitat.*

Als ***Abschluss*** *können Sie beispielsweise auf andere literarische oder filmische Werke, geschichtliche Ereignisse der Gegenwart bzw. Ereignisse nach Camus' Tod, misslungene Versuche eines Einzelnen oder auf mögliche Lösungsansätze für Probleme verweisen.*

Einleitung

Hinführung zum Thema

1863 schrieb Georg Herwegh sein Bundeslied für den Allgemeinen Deutschen Arbeiterverein, in dem er in der zehnten Strophe aufruft: „Alle Räder stehen still, / Wenn dein starker Arm es will." Der Dichter des Vormärz sieht sich und seine Poesie als Vorstufe zur Revolution. Ihm geht es besonders um die politische und soziale Lage der Arbeiterklasse, die er in der Zeit der Industrialisierung verbessert sehen möchte.

Überleitungssatz

Auch der französische Philosoph und Schriftsteller Albert Camus (1913–1960) benutzt das Motiv der Räder, um ähnlich wie Herwegh auf das Eingreifen des Einzelnen und dessen Wirkung aufmerksam zu machen.

Klärung zentraler Begriffe und ihrer Beziehungen

Camus' Aussage beginnt wie eine persönliche Erinnerung, er will jedoch offenbar eine für ihn allgemeingültige Wahrheit festhalten. Um große, komplexe Veränderungen anzustoßen, bedarf es für Camus nur eines mutigen Menschen, der seine berechtigten Ängste überwindet. Sinnbildlich lässt er ihn ins „Räderwerk“ (Zitat) greifen, wodurch die üblichen Abläufe an einer Stelle gestört werden. Offenbar sieht Camus in der Auflehnung des Einzelnen eine Chance für gesellschaftliche Erneuerungen.

Hauptteil

Nicht nur Herwegh und Camus sehen im Einzelnen die Kraft, gesellschaftliche Veränderungen zu initiieren. Auch andere Literaten (Bertolt Brecht) und Philosophen (Simone de Beauvoir), aber auch Politiker (Mahatma Gandhi), Wissenschaftler (Dorothea Erxleben), Unternehmer (Käthe Kruse), Umweltorganisationen (Netzwerk) und viele andere mehr legten ihrem Handeln diesen Gedanken zugrunde. Vor dem Hintergrund historischer, aktueller und literarischer Beispiele lässt er sich nicht von der Hand weisen:

Vorangehende Hypothese

Über Jahrhunderte hinweg machten Männer Geschichte, sie hatten infolge von Statur, Arbeitsteilung, Traditionen, Stand und Gesetz das Recht zu bestimmen. Frauen schob man die passive Rolle zu, die sie bis heute auch in vielerlei Hinsicht noch immer einnehmen. Es gab aber auch Situationen, in denen Frauen „ihren Mann stehen“ mussten oder wollten. Um voranzukommen mussten sie auf sich gestellt, gegen innere Ängste und äußere Hemmnisse doppelt Kraft aufwenden, um zu überzeugen.

Argumentation mit Faktenbeweis

Elizabeth Blackwell als historisches Beispiel

Ein Blick in die Medizingeschichte zeigt beispielsweise, dass der unbedingte Wille einer einzelnen Frau und ihr unerschütterlicher Glaube an die eigene Berufung Veränderungen herbeiführen können: Die Britin Elizabeth Blackwell (1821–1910), die 1849 mit 27 Jahren die erste Ärztin Amerikas wurde, kann als eine in Camus’ Sinne mutige Frau bezeichnet werden, die gegen Vorurteile und Dummheit in einer männlichen Domäne ihren Weg zu gehen wagte.

Begründung

Beispiele

Während es amerikanischen Frauen verboten war, Medizin zu studieren, wurde sie als Engländerin zugelassen. Allerdings bekam sie anschließend wegen ihres Geschlechts keine Anstellung. Auch in Europa konnte sie nicht praktizieren und versuchte deshalb erneut, in den USA ihren Beruf auszuüben: Da sie als Frau keine Praxisräume anmieten konnte, musste sie sich Geld borgen, um ein Haus zu kaufen. Später, 1857, errichtete sie das erste Frauen- und Kinderkrankenhaus in New York, dem bald ein Kolleg angegliedert wurde, in dem Frauen medizinische Studien absolvieren konnten. Ihre männlichen Kollegen hörten auf, sie zu belächeln.

Ihre Ansichten zur Verbesserung der hygienischen Verhältnisse in Wohnbereichen und Krankenzimmern, zum Ausbau der Krankenversicherung, gegen den exzessiven Einsatz der Chirurgie sind bis heute von Bedeutung. Ihr Motto „Vorbeugen ist besser als Heilen.“ kann als eines der Leitprinzipien moderner Medizin verstanden werden.

Malala Yousafzai als Beispiel für gegenwärtige Zivilcourage

Auch heute noch lassen sich Fälle eines solch außergewöhnlichen Engagements finden. Ein gegenwärtiges Beispiel für unbeugsame Zivilcourage gibt eine junge Pakistani:
Seit 2009 setzt sich „der bekannteste Teenager der Welt“, Malala Yousafzai, ein Mädchen von nunmehr 16 Jahren, verstärkt für die Rechte der Mädchen und deren Grundrecht auf Bildung ein. Trotz der Todesdrohungen gegen sie und ihren Vater, trotz des Talibanangriffs im Oktober 2012, als sie im Schulbus erschossen werden sollte, ist sie kämpferisch und entschlossen für weltweite Bildung aktiv.
In einer Petition, die sie den Mitgliedern der Generalversammlung der Vereinten Nationen überreichte, fordert sie für sich, für alle Mädchen in Pakistan und für alle Kinder dieser Welt, dass neue Schulen, ausreichend Lehrer und genügend Schulbücher finanziert werden. Bis Dezember 2015 sollen darüber hinaus alle Kinder eine Schule besuchen.
Während sie am Anfang unter einem Pseudonym bloggte, trat sie seit 2010 selbstbewusst und offen in Interviews und im Fernsehen auf, um auf ihr Leben unter den Taliban aufmerksam zu machen. Für ihr Engagement erhielt sie bereits mehrere Preise und ist 2013 für den Friedensnobelpreis nominiert.

Fazit

Sowohl Elizabeth Blackwell als auch Malala Yousafzai griffen bzw. greifen mit ihrem Denken und Handeln in festgefügte Strukturen ein und änderten den Blick und die Haltung der Öffentlichkeit. Heute arbeiten in den westlichen Ländern Frauen ebenso wie Männer in allen medizinischen Berufen, Hochschulstudien sind für Frauen ebenso möglich wie für das männliche Geschlecht. Durch das Engagement Malalas werden auch die Bildungsmissstände in Pakistan und anderen Ländern der Welt von einer breiteren Masse wahrgenommen – eine wichtige Voraussetzung dafür, dass sich etwas verändert.

Edward Snowden als Beispiel für Auflehnung in westlichen Ländern der Gegenwart

Seit einiger Zeit gibt es in den Medien anhaltend Neuigkeiten in Bezug auf die Veröffentlichungen des US-amerikanischen Whistleblowers Edward Snowden. Seine Enthüllungen hinsichtlich der weltweiten Ausspähungen durch die amerikanischen

Geheimdienste ziehen weite Kreise. Der etwa 30 Jahre alte IT-Techniker, der nach eigenen Aussagen ein „komfortables Leben“ mit sicherem Job als Systemadministrator und 90 000 Euro Jahresgehalt führte, setzt seit Mai dieses Jahres sein Leben aufs Spiel. Er kopierte geheime Unterlagen des amerikanischen Geheimdienstes NSA zur weltweiten Überwachung der Internetkommunikation und übergab sie dem Guardian-Journalisten Glenn Greenwald zur Veröffentlichung – wohlwissend, damit gegen US-Gesetze zu verstoßen und wegen Spionage angeklagt werden zu können. Als er sich entschied, sein Wissen zu veröffentlichen, war ihm bewusst, dass er seine Freundin, seine Familie, sein Zuhause, seine Heimat so bald oder sogar nie wieder sehen würde.

Als Mitarbeiter der NSA wusste Snowden, wie systematisch Begründung
über Telefon und Internet Einzelpersonen und Gruppierungen ohne deren Zustimmung und Wissen beobachtet wurden. Er sah es als seine moralische Pflicht an, die Weltöffentlichkeit hierüber zu informieren, um diese in seinen Augen schädlichen Machenschaften der Geheimdienste zu beenden. Es war eine Gewissensentscheidung, für die er bereit war, große Opfer zu bringen und seine Angst vor den zu erwartenden negativen Konsequenzen zu überwinden.

Sein Eingreifen ins Räderwerk der Geheimdienste zog sehr ver- Beispiele für Auswirkungen
schiedene Reaktionen nach sich: Vor allem in den USA wird Snowden für sein Tun verurteilt, andernorts wird er für den Friedensnobelpreis vorgeschlagen. Zahlreiche Bürger- und Menschenrechtsgruppen stellen sich auf die Seite von Snowden und sammeln auf Internetplattformen Unterschriften für ihn und seine Asylanträge. Wie wichtig es dem amerikanischen Geheimdienst ist, Edward Snowden zu verhaften, zeigen die diplomatischen und wirtschaftlichen Sanktionen, die die USA sofort androhten, als eine Liste der Länder erschien, in denen der Techniker Asyl beantragt hatte.

Seit Jahren arbeiten Geheimdienste mit PRISM oder Tempora. Fazit
Keine Regierung, keine Organisation, kein Unternehmen konnte sich gegen die Bespitzelung wehren, weil nichts konkret bekannt war. Nun liegen Fakten vor, die nicht mehr übersehen werden können. Ein Einzelner hatte den Mut, die Welt von den erschreckenden Programmen und deren ausufernder Nutzung in Kenntnis zu setzen. Und es wird noch mehr ans Tageslicht kommen, wenn andere dem Beispiel folgen.

Die mutige Auflehnung eines Einzelnen ist auch ein wichtiges Thema vieler literarischer Werke des Sturm und Drang – beispielsweise im Gedicht „Der Bauer an seinen durchlauchtigen Tyrannen“ (1775) von G. A. Bürger oder in Friedrich Schillers Drama „Die Räuber“ (1780). Insbesondere Schillers Theaterstück „Kabale und Liebe“ (1784) zeichnet einen Konflikt, in dem sich ein Mensch unter dem Einsatz seines Lebens gegen das starre absolutistische System erhebt.

Argumentation am literarischen Werk

Schiller bezieht Motive seines Stückes aus der eigenen Erfahrung: Er kannte Existenzbedrückung, Verfolgung, Verbote und höfische Machtanmaßung. Sein Drama verfasste er in finanzieller Not und qualvoller Ungewissheit über seine Zukunft, er musste fürchten, dem württembergischen Herzog Carl Eugen ausgeliefert zu werden, der ihn bereits mit einem Veröffentlichungsverbot belegt hatte. Schiller überwand innere Ängste, äußere Abhängigkeiten und Enttäuschung. Er schrieb das Drama, obwohl er wusste, dass es den Konflikt mit Carl Eugen verschärfen und die Intensivierung der Verfolgung durch den Herzog nach sich ziehen konnte. Im Stück greifen Haupt- und Nebenkonflikte damals gegenwärtige Bezüge auf, obwohl Personen, Ort und Zeit nicht direkt genannt werden. Schiller mildert und streicht zwar, trotzdem werden die realen Erscheinungen des höfischen Despotismus sichtbar.

Begründung der Dichterwahl und des Werkes

Auf der einen Seite agieren die Vertreter eines württembergischen Hofes, Präsident von Walter, der durch Verbrechen zu fast unbegrenzter Machtfülle gelangt ist, dessen Hofmarschall von Kalb, die Mätresse des Fürsten Lady Milford und der Sekretär Wurm. Ebenfalls konservativ, aber dem bürgerlichen Lager zuzuordnen, ist das Ehepaar Miller, die Eltern Luises.

Aufbegehren des Einzelnen in Schillers Stück

Auf der anderen Seite steht das Liebespaar Ferdinand von Walter und Luise Miller. Ferdinand, der Sohn des Präsidenten, will über die Standesgrenzen hinweg und gegen karrieristische Berechnung und höfische Willkür die Liebe zu Luise durchsetzen, während Luise sich in einem inneren Zwiespalt zwischen Vater- und Gottestreue auf der einen Seite und der Liebe zu Ferdinand auf der anderen Seite befindet. Sie ist in ihrer Reinheit, ihrer Religiösität, ihrer Angst und bürgerlichen Erziehung noch nicht so weit gefestigt, ihre Liebe gegen die Kabalen des Hofes zu verteidigen. Ferdinand ist ein radikaler Vertreter einer neuen Menschlichkeit, der das Recht der Persönlichkeit über Geschäft und Abstammung stellt. Er nimmt den Kampf gegen den Vater, den mächtigsten Mann nach dem Fürsten, auf. Er wagt alles und er verliert alles, denn die Freiheit der Liebesheirat ist in Schillers Realität Utopie.

Fazit

Dass Ferdinand dem gesellschaftlichen System – in einer dem zu erörternden Zitat verwandten Redewendung gesprochen – wirksam „Sand ins Getriebe streut", lässt sich daran ermessen, dass am Ende Wurm und der Präsident der Gerichtsbarkeit übergeben werden: Sie können ihr Intrigenspiel, das allein den Machterhalt und -ausbau zum Ziel hat, also nicht weitertreiben.

Zusammenfassung

In allen angeführten Beispielen (seien sie historischer, gegenwärtiger oder literarischer Herkunft) verfolgen Einzelne gegen ihre berechtigten Ängste die eigenen moralisch gestützten Ziele. Sie setzen etwas in Bewegung bzw. – in der Metaphorik des Zitats gesprochen – stören die üblichen Abläufe, um so den Raum für Veränderungen zu öffnen. Albert Camus' Aussage lässt sich deshalb vor diesem Hintergrund bestätigen.

Reflektierende Schlussbetrachtung

Doch sollte dies nicht dazu verleiten, die Wirkungen von gemeinschaftlichen Aktionen zu unterschätzen. Denn auch dann, wenn Taten Einzelner etwas auszurichten vermögen, kann es im konkreten Fall mitunter der abwägenden Überlegung bedürfen, ob man mit anderen zusammen nicht vielleicht noch erfolgreicher seine Anliegen verwirklichen kann.

Thüringen – Besondere Leistungsfeststellung Deutsch 2013
Aufgabe 2: Textgebundene Erörterung

SPIESSER-Autoren schreiben Briefe.

Diesmal sagt Milena der Selbstständigkeit ihre Meinung.

Liebe Selbstständigkeit,

von klein auf habe ich von dir geträumt. Den schnippisch herausgepressten Satz „Ich kann das alleine!“ beherrschte ich bereits mit fünf Jahren. Während ich mit eisverschmiertem Mund einen schweren Wasserkasten hochheben wollte, konntest du mich aber noch nicht ernst nehmen – jetzt ist das nachvollziehbar. Damals hätte ich alles darum gegeben, dir näher zu kommen. Wenn mein Bruder mir mit der Bastelschere die Haare schnitt, stellte das nur einen weiteren verzweifelten Versuch dar, deine Anwesenheit zu simulieren. Aber du hast hartnäckig Abstand gehalten. Was sich letztlich als in Ordnung herausstellte: Eine Kindheit mit Verantwortung? Nein, danke! In der hormongesteuerten Phase namens Pubertät habe ich mir dich wieder in den schönsten Farben ausgemalt: Eltern weg, du da. Doch so einfach war es nicht. Während ich mit Lipgloss-verschmiertem Mund vor meiner Mutter stand und darum bettelte, das Konzert eines nichtssagenden (aber schönen) Musikers besuchen zu dürfen, wolltest du mir noch keine Chance geben – heute verstehe ich das. Schließlich stehst du für die Eigenverantwortung des Individuums. Das klingt ziemlich erwachsen. Was ich als Kind noch nicht wusste: Dich gibt es nicht auf einen Schlag. Mit ein bisschen Feenstaub und Hokuspokus dein Freund werden? Nix da! Der Weg zu dir führt über viele selbst getroffene Entscheidungen und bringt Verantwortung mit sich – aber auch Freiheit. Der nichtssagende (aber schöne) Musiker interessiert mich heute nicht mehr und du hast dich von „Selbstständigkeit“ zu „Selbstverständlichkeit“ entwickelt. So, dass ich dich manchmal fast vergesse. Aber nur fast. Wenn mein Auto plötzlich wie ein röchelndes Walross klingt, zeigst du dich wieder deutlich. „Um das Problem musst du dich selbst kümmern“, flüsterst du mir dann ins Ohr. Ganz alleine? Das kann ich nicht! Während ich die Nummer meines Vaters wähle, habe ich kurz Angst, dich zu verlieren – du bleibst aber trotzdem stehen. Danke dafür.

Selbstverständlich selbstständige Grüße, deine Milena

Zwerenz, Milena: An die Selbstständigkeit. In: SPIESSER die Jugendzeitschrift. Thüringen, Juni/Juli 2012, Nr. 141, S. 38.

Arbeitsauftrag

Analysieren Sie, wie die Autorin ihre Position entwickelt.
Erörtern Sie ausgehend von Ihren Analyseergebnissen und eigenen Erfahrungen das Verhältnis von Selbstständigkeit und Freiheit.

Lösungsvorschlag

Bei der Aufgabenstellung der textgebundenen Erörterung steht die ***Auseinandersetzung mit dem vorliegenden Text*** *im Vordergrund. Der* ***Arbeitsauftrag*** *in dieser Aufgabe ist* ***zweiteilig:*** *Zuerst gilt es zu* ***untersuchen****, wie die Autorin ihre Position entwickelt, danach* ***erörtern*** *Sie auf dieser Grundlage das Verhältnis von Freiheit und Selbstständigkeit.*

Lesen Sie vor der Bearbeitung den vorliegenden Brief sorgfältig durch und werden Sie sich dabei über die grundsätzliche Einstellung der Verfasserin zur Selbstständigkeit klar. Arbeiten Sie anschließend am Text, indem Sie ihn in ***Sinnabschnitte gliedern*** *und* ***Strukturmerkmale markieren und benennen****. Achten Sie dabei etwa auf mögliche Beispiele, Folgerungen oder Einschränkungen.*

Überlegen Sie auf der Grundlage Ihrer Textuntersuchung, ob Sie die ***Ansichten der Verfasserin teilen*** *und welche* ***weiteren Gesichtspunkte*** *Ihnen zu dem Thema einfallen, die Sie ergänzen möchten.*

Bevor Sie zur Ausarbeitung übergehen, sollten Sie sich eine ***Gliederung*** *überlegen. Entscheiden Sie schon hier, wie Sie Ihre Erörterung aufbauen möchten.*

Achten Sie bei der Ausarbeitung darauf, Ihrer Analyse einen kurzen Überblick über den Text mit den wichtigsten Informationen (Verfasserin, Titel, Thema etc.) voranzustellen. Nehmen Sie nach der Untersuchung des Textes die ***Position der Autorin als Grundlage für Ihre eigene Argumentation*** *und verweisen Sie auch in diesem Teil Ihrer Arbeit auf den Text. Bekräftigen Sie Ihren persönlichen Standpunkt mit* ***Beispielen aus Ihrer eigenen Erfahrung****.*

Ihr Aufsatz wirkt übrigens besonders durchdacht, wenn Sie im Schlussteil die Gedanken aus der Einleitung (z. B. kindlicher Wunsch nach dem Erwachsenwerden und der damit einhergehenden Freiheit) wieder aufgreifen. Außerdem können Sie im Schlussteil Ihre Position noch einmal zusammenfassen und unterstreichen, eine zum Nachdenken anregende Frage stellen oder einen Ausblick geben.

Einleitung

Denkt man zurück, erinnert man sich oft an die Dinge besonders gut, die man eigentlich nicht durfte … etwa an die Fernsehsendung, für die man noch nicht alt genug war, sie aber trotzdem heimlich bei Freunden guckte. Und warum hat man als Kind so gerne „Kinderbier“, „Kindersekt“ oder Limonade in Schnapsgläsern getrunken, um zum Beispiel auf Familienfeiern mit den Erwachsenen anstoßen zu können? Als Kind und besonders als Jugendlicher will man so schnell wie möglich erwachsen werden – nicht, weil man gerne Steuern zahlen und andere Verpflichtungen des Erwachsenseins eingehen möchte, sondern weil Erwachsene frei in ihren Entscheidungen und selbstständig sind. Nicht umsonst sagt man, dass mit 18 Jahren die große Freiheit beginnt.

Überblick über den Text

In ihrem „Brief an die Selbstständigkeit“, gedruckt in der Jugendzeitschrift SPIESSER in der 141. Ausgabe vom Juni/Juli 2012, setzt sich Milena Zwerenz mit dem Thema der Selbstständigkeit im Verhältnis zu Freiheit und Verantwortung auseinander. Mit dem fiktiven Brief, in dem sie sich an die Selbstständigkeit wie an eine befreundete Person wendet, ruft sie sich eigene Erfahrungen von ihrer Kindheit bis heute in Erinnerung, die sie mit dem Bedürfnis nach Selbstständigkeit verbindet. Schon die keineswegs ironisch gemeinte Anrede „Liebe Selbstständigkeit“ macht dabei deutlich, dass die Verfasserin dem Thema gegenüber positiv gestimmt ist.

Analyse: Entwicklung der Position der Autorin

Die Verfasserin entwickelt ihre Position aus der persönlichen Erfahrung heraus, indem sie zunächst an Beispielen aus der eigenen Kindheit und Jugend verdeutlicht, was sie heute nicht mehr unter Selbstständigkeit versteht:

Abschnitt 1: Beispiele aus der Kindheit

Zu Beginn erinnert sie sich im Abschnitt von Z. 1 bis 10 an ihre Kindheit, in der sie „schwere[...] Wasserk[ä]sten hochheben wollte“ (Z. 4) und ihr Bruder ihr „mit der Bastelschere die Haare schnitt“ (Z. 6 f.), also beide die Tätigkeiten Erwachsener imitierten, um selbstständiger und damit diesen ähnlicher zu werden.

Abschnitt 2: Beispiele aus der Jugend

Als Nächstes (Z. 10–15) wendet sich die Autorin der Phase der Pubertät zu, in welcher sie sich ebenfalls mehr Selbstständigkeit und Freiheit – gerade auch in Abgrenzung zu ihren Eltern – gewünscht hat, z. B. um ein Konzert besuchen zu können. Schon die negative Charakterisierung dieser Phase als „hormongesteuert“ (vgl. Z. 10) legt nahe, dass die Verfasserin sie nicht als Zeit der Selbstständigkeit begreift.

Im Anschluss an ihre drei Beispiele verweist die Autorin jeweils ausdrücklich auf ihre heutige, veränderte Sichtweise (vgl. Z. 5, 9, 15). Als Erwachsene kann sie es nachvollziehen, ja sogar gutheißen, dass ihre früheren Imitations- und Selbstbehauptungsversuche noch nicht als Selbstständigkeit verstanden werden konnten.

Abschnitt 3: Heutiges Verständnis von Selbstständigkeit

Auf die Darstellung eigener Erfahrungen in der ersten Hälfte des Briefes baut sie im anschließenden Abschnitt (Z. 15–26) auf. Hier gibt sie zu verstehen, wie sie heute – auch im Rückblick – das komplexe Verhältnis von Selbstständigkeit, Freiheit und Verantwortung sieht. Sie beschreibt den Zugewinn von

Selbstständigkeit als stetigen und langwierigen Prozess: „Dich gibt es nicht auf einen Schlag." (Z. 17) Das Erwachsenwerden vollziehe sich über viele selbst getroffene Entscheidungen und bringe Verantwortung genauso wie Freiheit mit sich (vgl. Z. 18 f.).

Beispiel zur Frage der Selbstverständlichkeit von Selbstständigkeit

In einem abschließenden Beispiel illustriert die Verfasserin des Briefes einen weiteren Aspekt, der zugleich zu ihrem Fazit überleitet: die Selbstverständlichkeit von Selbstständigkeit. Obwohl für die Autorin Selbstständigkeit eindeutig zu ihrem Erwachsenenleben gehört, erlebt sie Momente, in denen sie diese bedroht sieht. In manchen Situationen, zum Beispiel, „[w]enn [ihr] Auto plötzlich wie ein röchelndes Walross klingt" (Z. 23), wird sie wieder zum unselbstständigen Kind und wendet sich an die Eltern, um nach Rat zu fragen. Mit einem Ausdruck ihrer Dankbarkeit dafür, dass ihr trotz solcher gelegentlicher Bedrohungen ihre errungene Selbstständigkeit als Erwachsene nie abhandenkommt, schließt die Autorin ihren Brief. Am Schluss greift sie mit der Grußformel „Selbstverständlich selbstständige Grüße" (Z. 27) die zuvor erläuterte Problematik augenzwinkernd auf und macht dabei die große Bedeutung, die Selbstständigkeit für sie hat, deutlich.

Eigene Auffassung und Auseinandersetzung mit dem Thema

Grundsätzlich stimme ich den Ausführungen der Autorin des „Briefes an die Selbstständigkeit" zu. Allerdings möchte ich noch einige Aspekte einer näheren Betrachtung unterziehen bzw. ergänzen, da die Verfasserin in meinen Augen an manchen Stellen etwas zu kurz greift:

Differenzierung: dosierte Freiheit als Entwicklungsmotor

So betont die Verfasserin die entwicklungsbedingte Unselbstständigkeit und damit das geringe Maß an Freiheit und Verantwortung als Kind wie auch noch als Jugendliche – einen Zustand, den sie rückblickend begrüßt: „Eine Kindheit mit Verantwortung? Nein, danke!" (Z. 9 f.) Bei dieser Position der Autorin halte ich eine weitere Differenzierung für nötig, da gerade in der Phase der Kindheit und noch mehr im Jugendalter Freiheiten extrem wichtig für die Entwicklung von Selbstständigkeit und von Verantwortungsbewusstsein sind.

Beispiele aus dem Kindheitsalter und Erläuterung

Niemand wird bestreiten, dass Kinder sich nur durch eigene Erfahrungen weiterentwickeln können. Sobald ein kleines Kind sich einmal selbst an einer Kante gestoßen oder eine heiße Herdplatte berührt hat, wird es den gleichen Fehler nicht ein zweites Mal machen. Das bedeutet nicht, dass Eltern nicht auf ihre Kinder aufpassen sollen – aber wenn sie jeden einzelnen

Schritt des Kindes kontrollieren und jede Gefahrenquelle kategorisch von ihm fernhalten, kann ein Kind nie lernen, selbstständig Gefahren zu erkennen und ihnen aus dem Weg zu gehen. Und wer kennt nicht die überbehüteten Klassenkameraden, die jeden Morgen von der Mutter bis vor den Eingang der Schule gefahren werden und dort auch wieder pünktlich nach Schulschluss abgeholt werden? Den eigenen Schulweg selbst zu bewältigen, ist – genauso wie das Mithelfen im Haushalt – ein weiteres Beispiel für einen Schritt in ein selbstständiges Leben. Denn wie sollen Kinder, die sich um nichts kümmern müssen, es später ohne Schwierigkeiten schaffen, aus dem Elternhaus auszuziehen und für sich selbst zu sorgen? Nur durch eine frühe – dosierte – Übertragung von Freiheit im Sinne von Verantwortung kann die Entwicklung von Selbstständigkeit gelingen.

Das Gewähren von Freiheiten durch die Eltern spielt auch bei Jugendlichen eine entscheidende Rolle. Gerade jetzt kommt es darauf an, dass einem die Eltern Verantwortungsbewusstsein zutrauen und Vertrauen entgegenbringen. Auf all jene, denen Ausgehen oder Alkohol von den Eltern komplett verboten wird, üben genau diese Dinge einen überdurchschnittlich starken Reiz des Verbotenen aus. Jugendliche, die mit vielen Verboten belegt werden und wenig Freiheiten gestattet bekommen, sind häufig gerade diejenigen, welche dann vieles heimlich ausprobieren und dabei vielleicht sogar übertreiben. Selbstständigkeit und Verantwortungsbewusstsein können nicht einfach nur durch Verbote gelernt werden.

Beispiel aus dem Jugendalter und Erläuterung

Aber auch Freiheiten ganz ohne Einschränkungen und Verbote führen nicht zu mehr Selbstständigkeit – ein Aspekt, den die Verfasserin des „Briefes an die Selbstständigkeit" nicht anspricht, der aber entscheidend für das komplizierte Verhältnis von Freiheit und Selbstständigkeit ist. Nur durch eine gewisse Einschränkung von Freiheit und die Vorgabe von Regeln kann man sich zu einem eigenständigen und verantwortungsvollen Menschen entwickeln.

Differenzierung: Gewährung totaler Freiheit als falscher Ansatz

Ein Kind, das alles darf und bekommt, bildet genauso wenig Selbstständigkeit aus wie ein durch zu viele Verbote gegängeltes Kind. Sollte zum Beispiel ein Kind in der Grundschule schon das teuerste Handy mit allen erdenklichen Flatrates besitzen? Sollte ein Zwölfjähriger unbegrenzt lange am PC spielen dürfen? Und sollte den Eltern egal sein, wann und wie ihr Kind am Wochenende nach Hause kommt? Diese Beispiele zeigen, dass

Beispiele aus dem Kindheits- und Jugendalter sowie Erläuterung

Kinder und Jugendliche zwar einerseits Freiheiten brauchen, um selbstständiger zu werden, aber diese gleichzeitig noch eingeschränkt sein müssen. Ohne Regeln, die Alter, Zeitdauer und Kosten berücksichtigen, kann ein Kind kaum den verantwortungsbewussten und eigenständigen Umgang mit dem eigenen Handy oder PC lernen. Und auch als Jugendlicher wünscht man sich keine Eltern, denen das eigene Wohlergehen egal ist, auch wenn man sich nicht immer bewusst ist, dass dies meist der eigentliche Grund für viele Regeln ist. Und schließlich bringt die eingeschränkte Selbstständigkeit auch Vorteile mit sich, wie die Autorin des Briefes ebenfalls erwähnt, wenn sie mit ihrem „Nein, danke!" (Z. 10) und mit dem Beispiel des kaputten Autos (vgl. Z. 22–26) andeutet, dass Selbstständigkeit und Verantwortung auch anstrengend sein können.

Schluss

Rückbezug auf die Einleitung und Fazit

Wenn also mit der Volljährigkeit die große Freiheit beginnt – heißt das, dass man ab diesem Zeitpunkt automatisch selbstständig und verantwortungsbewusst ist? Mit Sicherheit nicht: Denn die Selbstständigkeit „gibt es nicht auf einen Schlag" (Z. 17), wie die Autorin des Briefes feststellt. Sie entwickelt sich auch nicht bei allen Menschen zur „Selbstverständlichkeit" (Z. 21). Erst indem man viele Entscheidungen – auch Fehlentscheidungen – trifft und Erfahrungen sammelt, wird man Stück für Stück eigenständiger. Dabei befindet man sich in einem andauernden Spannungsfeld zwischen Freiheiten und Verboten bzw. Einschränkungen. Manche erreichen dadurch ein großes Maß an Selbstständigkeit schon weit vor ihrer Volljährigkeit und manche wohl nie. Nur eines ist sicher: Freiheit bedeutet nicht automatisch Selbstständigkeit.

Kurt Tucholsky (1890–1935): **Halt auf freiem Felde**

Erst fangen die Bremsen unter dem langen Wagen an, in tiefem Ton zu singen, dann läßt das regelmäßige Stuckern der Räder nach, die Fenster klirren nicht mehr so einschläfernd. Dann wird die Bewegung des D-Zuges[1] langsamer, ganz vorsichtig zieht er nur noch einher – dann steht er. Die nicht mehr ganz junge Engländerin in der perlgrauen Ecke des Coupés richtet sich halb hoch; sie ist schlank wie der Schaft einer Lanze, sie hat diskreten guten Geschmack, einen herrlichen Pelz, fleischfarbene seidene Strümpfe, einen hellvioletten Schatten in den Maschen und, aus Angst vor Eisenbahnräubern, eine schäbige, abgetragene schwarze Handtasche. Sie läßt ihr Buch sinken und sieht hinaus. Sie lächelt – mit einem merkwürdigen untergründigen Lächeln. Was ist?

Da draußen steht vor ihrem Bahnwärterhäuschen die ganze kleine Familie! Er: ein strammer, junger Bursche, in Hemdsärmeln, nicht in Adjustierung[2], denn der Zug hält hier unerwartet, vorn steht ihm das Hemd über einer kräftigen Brust halb offen, seine Haut hat einen braunen Ton, seine Zähne blitzen, er lacht. Sie: eine ganz junge, verschüchterte Frau, zart, schmächtig, mit hellen, dünnen Haaren. Das Kindchen, das auf der Erde krabbelt und sich am Rock der Mutter festhält. Alle drei sehen auf den Zug. Das Kind streckt die kleinen, dicken Hände aus und will alles haben: die Eisenbahn, die vielen Leute an den Fenstern und den weißen Rauch über der Lokomotive. Die junge Frau sieht ganz glücklich und beinah ein bißchen ängstlich auf die Reisenden. Das Abteil erster Klasse hält gerade vor ihr, ihre sehnsüchtigen Blicke sagen: Perlen! und Geld, so viel Geld! und Wein! und in hohen Sälen tanzen! Sie trinkt für ihr Leben gern Champagner. Der junge Bahnwärter sieht die Leute an und lacht. Die Engländerin lächelt noch immer und zeigt eine Reihe großer Zähne. Plötzlich hat sie ein kräftiges Kinn, und die hellen Pupillen in den Augen weiten sich … Sie ißt für ihr Leben gern Rindsbraten, gutes, kräftiges Fleisch mit Senf, auf ungehobeltem Tisch … Einmal, in den Alpen, ist sie einem Mann begegnet, der kam von den Bergen herunter und war vier Wochen allein gewesen. Er hatte nach Erde geschmeckt, nach Quellwasser und sonnigen Steinen … Das Kind kreischt in den Rauch, die schmächtige junge Frau starrt auf die reichen Leute, der Bursche lacht, und die Engländerin sieht noch immer fest auf den jungen Bahnwärter … So sehen sich alle ein paar Minuten an. Aber nun ruckt der Zug an und setzt sich langsam in Bewegung.

(1925)

Tucholsky, Kurt: Mit 5 PS. Auswahl 1924 bis 1925. Berlin 1978, S. 429–430.

1 D-Zug: Durchgangszug, Schnellzug

2 Adjustierung: hier (österr.) Uniform

Arbeitsauftrag

Interpretieren Sie den Text.

Lösungsvorschlag

Der Arbeitsauftrag dieser Aufgabe erscheint in seiner Knappheit sehr einfach. Dennoch sollten Sie sich, bevor Sie sich für diese Aufgabe entscheiden, klarmachen, welche Anforderungen damit genau gestellt werden. Eine Interpretation verlangt von Ihnen die Texterfassung, Textbeschreibung und Textdeutung:

- *Bei der* ***Texterfassung*** *geht es v. a. darum, den Inhalt korrekt wiederzugeben.*
- *Bei der* ***Textbeschreibung*** *zeigen Sie insbesondere, dass Sie die Art und Weise, wie der Text gestaltet ist, verstanden haben.*
- *Texterfassung und Textbeschreibung sind die Grundlage für die* ***Textdeutung****: Hier verbinden Sie Ihre Einsichten in Inhalt und Gestaltung des Textes, um den Gehalt des Textes, seine Bedeutung, zu erschließen.*

Beachten Sie, dass Texterfassung, Textbeschreibung und Textdeutung nicht unabhängig voneinander erfolgen sollen. Es gilt vielmehr, diese ***drei Leistungen miteinander zu verknüpfen****. So ist es beispielsweise wichtig, dass Sie die Erzählweise in ihrer Funktion betrachten: Was hat es z. B. für eine Wirkung, dass das Erzähltempus das Präsens ist?*

In der ***Einleitung*** *gilt es, zur Analyse hinzuführen. Auf jeden Fall sollten Sie hier grundlegende Textinformationen (Autor, Entstehungsdatum, Titel etc.) nennen.*

Im ***Hauptteil*** *ist es hilfreich, mit einer* ***Erfassung der Handlung*** *zu beginnen. Da es sich hierbei um eine der leichteren Anforderungen handelt, kann Ihnen dies Sicherheit geben. Zusammen mit einer Erläuterung des* ***Textaufbaus*** *haben Sie so eine gute* ***Grundlage für die Texterschließung****. Beim vorliegenden Text ist im Hauptteil ein besonderes Augenmerk auf die* ***Charakterisierung*** *der Figuren zu legen. Bedenken Sie dabei stets, dass nicht nur die direkten Aussagen des Erzählers über die Figuren wichtig sind, sondern dass auch ihr Verhalten, ihre Gedanken, ihr Verhältnis zu anderen Figuren etc. aussagekräftig sind. In Tucholskys Text ist beispielsweise besonders wichtig, welche Vorstellungen sich die beiden Frauenfiguren machen.*

Sofern Sie noch nicht im Hauptteil eine zusammenführende Deutung des Textes vorgenommen haben, so sollte dies spätestens im ***Schlussteil*** *erfolgen.*

Einleitung
Hinführung über Textinformationen und ersten Leseeindruck

Kurt Tucholskys kurzer Prosatext „Halt auf freiem Felde" von 1925 schildert – so schätzt man es beim ersten Lesen ein – eine recht belanglose Begebenheit, die schon im Titel benannt wird. Doch insbesondere bei einem Autor wie Tucholsky ist zu erwarten, dass mehr dahinter steckt. Die Hintergründigkeit des Textes gilt es in einer detaillierten Analyse zu erschließen.

Hauptteil
Wiedergabe der äußeren Handlung

Die Begebenheit ist schnell zusammengefasst: Ein Zug hält unplanmäßig auf freiem Feld bei einem Bahnwärterhäuschen, vor dem die dreiköpfige Bahnwärterfamilie, bestehend aus Vater,

Mutter und Kind, steht. Eine offenbar wohlhabende Engländerin sieht aus einem Zugabteil der ersten Klasse auf die Familie, während diese auf den Zug und die Reisenden blickt. Nach ein paar Minuten fährt der Zug wieder an.

Struktur des Textes: Fünf Sinnabschnitte

Äußerlich ist der Text in zwei Absätze unterteilt. Eine feingliedrigere Einteilung hilft dabei, die Tiefenschichten des Textes zu ergründen. Im ersten Absatz lassen sich zwei Sinnabschnitte voneinander abgrenzen: Der Erzähler schildert zu Beginn nur das langsame Halten des Zuges (Z. 1–4), um sich dann der Engländerin zuzuwenden (Z. 4–10), die gerade zu lesen aufhört und den Blick nach draußen richtet. Im zweiten Absatz, den man in drei Abschnitte gliedern kann, folgt der Erzähler dem Blick der Engländerin und beschreibt die Bahnwärterfamilie (Z. 11–23). Dabei geht er nur bei der Mutter auch auf das Innenleben genauer ein – auf ihre Sehnsucht nach einem anderen Leben, das sie sich angesichts der Reisenden vorstellt. Dann widmet er sich erneut der Engländerin, in der der Anblick der Familie und insbesondere des Vaters offenbar ebenfalls sehnsüchtige Gedanken auslöst (Z. 23–29). Der kurze letzte Abschnitt (Z. 29–32) fasst die Begegnung noch einmal zusammen und hält das Losfahren des Zuges fest.

Für die Textdeutung ist diese Struktur insofern bedeutsam, als sie eine Gegenüberstellung der Sehnsüchte der beiden weiblichen Figuren nahelegt (Abschnitte 3 und 4). Dies wird bei der Interpretation, die sich an den Sinnabschnitten orientiert, im Hinterkopf zu behalten sein.

1. Sinnabschnitt

Das Halten des Zuges als auslösendes Moment

Zu Beginn beschreibt der Erzähler, wie der Zug langsamer wird und schließlich hält. Damit schließt er an die Überschrift an, die ja ebenfalls nur dieses alltägliche Geschehnis benennt und nichts weiter darüber verrät, was sich genauer abspielen wird. Beim Leser steigt dadurch die Spannung, was der Erzähler denn an dieser Situation für erzählenswert hält. Der Halt auf freiem Felde als auslösendes Moment für das zu erzählende Geschehen wird vom Erzähler unterstrichen – das „Ergebnis“ des Haltevorgangs wird mit einem Gedankenstrich abgetrennt und prägnant erfasst: „– dann steht er.“ (Z. 4)

2. Sinnabschnitt

Erste Charakterisierung der Engländerin

Im Mittelpunkt des zweiten Sinnabschnittes steht die Engländerin. Er dient einer ersten Figurencharakterisierung: Die Engländerin ist schon etwas älter und sehr „schlank“ (Z. 6). Ihr Kleidungsstil ist gehoben bis edel (vgl. Z. 7) und zeugt von einem „diskreten guten Geschmack“ (Z. 6). Nicht nur ihr äußeres Erscheinungsbild, sondern auch die Angst vor Eisenbahnräubern und das Reisen in der ersten Klasse deuten darauf hin, dass sie wohlhabend, wenn nicht sogar reich ist. Beim Halten des Zuges unterbricht sie ihre Buchlektüre und sieht nach draußen. Ihr Lächeln (vgl. Z. 9 f.) lässt sie freundlich erscheinen. Spannungssteigernd bezeichnet der Erzähler dieses als „merkwürdig" und „untergründig" (vgl. Z. 10) und fügt eine einfache Frage nach dem Grund für ihr Lächeln an: „Was ist?" (Z. 10)

3. Sinnabschnitt

Charakterisierung der Familienmitglieder

Die Antwort auf diese Frage erfolgt im dritten Sinnabschnitt: Es ist die Familie des Bahnwärters, die die Engländerin zum Lächeln bringt: „Da draußen steht vor ihrem Bahnwärterhäuschen die ganze kleine Familie!" (Z. 10) Die Familienmitglieder werden nacheinander vorgestellt: Der Vater ist ein „strammer, junger Bursche" (Z. 12), dessen Erscheinungsbild auf eine unverstellte Natürlichkeit hindeutet. Statt einer Uniform trägt er ein Hemd, das nur halb zugeknöpft ist und den Blick auf einen Teil seiner „kräftigen Brust" (Z. 13) freigibt. Seine gebräunte Haut (vgl. Z. 14) lässt sich als Hinweis auf seine niedere gesellschaftliche Stellung verstehen: Ein dunkler Hautton galt bis ins 20. Jahrhundert hinein eher für Arbeiter und Bauern als typisch, da sie sich eher im Freien aufhielten. Der Bahnwärter lacht die Leute im Zug offen an (vgl. Z. 23, 30).

Vater

Mutter

Im Unterschied zur älteren Engländerin, die – so verdeutlicht es der Vergleich ihrer Statur mit dem „Schaft einer Lanze" (Z. 6) – eher dünn und groß ist, ist die Mutter jung, klein und zierlich (vgl. Z. 15). Der Gesichtsausdruck ist zweideutig: Sie sieht zum einen „ganz glücklich" aus, zum anderen aber „beinah ein bißchen ängstlich" (Z. 19 f.). Von besonderem Interesse ist – wie bereits angekündigt – ihre Sehnsucht danach, so zu leben, wie sie sich das ausschweifende Leben der wohlhabenden Zugreisenden vorstellt: „Perlen! und Geld, so viel Geld! und Wein! und in hohen Sälen tanzen! Sie trinkt für ihr Leben gern Champagner." (Z. 21 f.) Die Mutter, deren Leben offenbar eher beschaulich, einfach und von Geldknappheit geprägt ist, begehrt insofern gerade das, was sie als Frau des Bahnwärters voraussichtlich nie haben können wird. Auslöser ihrer in wenigen Worten angerissenen Fantasien sind die Zugreisenden, die sie für wenige Minuten ansehen kann.

Kind

Im Vergleich zur Mutter ist das Begehren des „Kindchen[s]" (Z. 16) sehr allgemein: Es will – so wird seine ausgestreckte Hand gedeutet – einfach „alles haben: die Eisenbahn, die vielen

Leute an den Fenstern und den weißen Rauch über der Lokomotive“ (Z. 18 f.).

Das Familienbild vermittelt den Eindruck eines Lebens in Einfachheit, Naturnähe und Ärmlichkeit.

4. Sinnabschnitt

Die Reaktion der Engländerin auf das Bild der Familie

Nach der Charakterisierung der Familienmitglieder rückt wieder die Engländerin in den Fokus: In ihr kommt es zu einer Veränderung, die vom Erzähler mit dem Wörtchen „Plötzlich“ (Z. 24) als überraschende Wendung hervorgehoben wird. Ihr Kinn sieht nun kräftig aus und ihre Pupillen erweitern sich (vgl. Z. 24 f.), was auf einen Wandel in der Sichtweise hindeutet. Offenbar löst bei ihr umgekehrt das Bild der einfachen Familie Sehnsüchte danach aus, was sie gerade nicht hat: Zum einen stellt sie sich ein deftiges Essen vor, das sie als feine Dame vermutlich lange nicht mehr vorgesetzt bekommen hat. Teil der Vorstellung ist auch das mit dem „ungehobelte[n] Tisch“ (Z. 26) angedeutete eher schlichte Ambiente. Zum anderen erinnert sich die Engländerin an eine Begegnung mit einem Mann in den Alpen, der sich wie der Bahnwärter offenbar durch Naturnähe bzw. Natürlichkeit ausgezeichnet hat: Er ist vier Wochen allein in den Bergen gewesen und hat nach „Erde“, „Quellwasser“ und „sonnigen Steinen“ (Z. 28 f.) geschmeckt. Der Begriff „schmecken“ weist darauf hin, dass die Begegnung auch erotischer Natur gewesen ist. Die Sehnsucht der Engländerin richtet sich insofern auf ein schlichteres, naturnäheres und ursprünglicheres – vielleicht auch leidenschaftlicheres – Leben, das sie bei der Bahnwärterfamilie vermutet.

5. Sinnabschnitt

Erotische Komponente der Sehnsucht

Erst im letzten Sinnabschnitt klärt der Erzähler darüber auf, dass es in erster Linie der Vater ist, der das Interesse der Engländerin weckt, denn während der ganzen Zeit scheint sie ihren Blick nicht von dem „jungen Bahnwärter“ (Z. 30 f.) abzuwenden. Dadurch wird die erotische Komponente ihrer Sehnsucht noch stärker hervorgehoben.

Rahmung

Der letzte Satz schließlich, in dem das Anfahren des Zuges vermerkt wird, verleiht dem Text einen Rahmen: Die kleine Begebenheit wird klar von dem Halten und Losfahren des Zuges eingefasst.

Erzählweise

Wie beispielsweise diese Rahmung zeigt, ist Tucholskys Text – auch wenn er beim ersten Lesen belanglos wirkt – durchdacht gestaltet. Der Leser bekommt die Geschichte von einem auktorialen Erzähler präsentiert, der sich aber eher zurückhält: Nur an wenigen Stellen erlaubt er sich klare Wertungen (beispielsweise in Z. 6: „sie hat diskreten guten Geschmack“) und er berichtet recht neutral und beobachtend. Wenn der Erzähler nicht an entscheidenden Stellen Einblick in das Innenleben und die Sehnsüchte der Figuren gewähren würde (bei der Mutter und bei der Engländerin), könnte man fast vermuten, dass hier ein anderer Zugreisender die Szene beschreibt. Die weitgehende Neutralität des Erzählers fordert den Leser dazu auf, sich selbst ein Bild zu machen.

Auch das Erzählen im Präsens ist für einen auktorialen Erzähler eher ungewöhnlich, da es die charakteristische Distanz zum Geschehen verringert. Durch dieses Tempus wirkt es besonders gegenwärtig – der Leser erlebt es näher mit.

Sprache
Verständlichkeit

Auffällig ist die Einfachheit und Klarheit der Sprache, die für die Entstehungszeit des Textes während der Weimarer Republik typisch sind: Der Text ist dominiert von einem parataktischen Satzbau, der keine großen Verständnishürden aufbaut. Die Einfachheit zeigt sich auch darin, dass der Erzähler manche Begriffe wiederholt verwendet, anstatt sie zu variieren: So wird das Wort „jung“ zur Charakterisierung der Eltern ganze sechs Mal benutzt. Die Wiederholung lässt sich als ein Mittel der Betonung begreifen: Offenbar soll der Leser verstehen, dass die Sehnsucht der „nicht mehr ganz junge[n]“ (Z. 4) Engländerin auch etwas mit dem Altersunterschied zu den jungen Eltern zu tun hat. Ebenfalls der Verständlichkeit dient der weitgehende Verzicht auf sprachliche Bilder, die erst noch ausgelegt werden müssten.

Anschaulichkeit

Großer Wert wird auf Anschaulichkeit gelegt: Durch viele treffende Adjektive (vgl. z. B. Z. 6 f.) wird der Leser dabei unterstützt, sich die Begebenheit genau vorzustellen. Der reihende Satzbau lässt im Leser ohne Weiteres ein klares Bild von der Situation und den Figuren entstehen (vgl. z. B. Z. 12–14).

Schluss mit weiterführender Textdeutung

Tucholskys kleiner Text kommt auf den ersten Blick recht unscheinbar daher, doch entpuppt er sich als eine tiefgründige Geschichte über menschliche Begehrlichkeiten und Sehnsüchte. Durch die Gegenüberstellung der beiden Frauen wird verdeutlicht, dass der Mensch häufig gerade das will, was er nicht hat bzw. haben kann. Außerdem teilt uns der Text mit, dass das, was wir von außen betrachtet sind, nicht dem entspricht, was wir eigentlich sind – zu sehr prägen uns unsere Vorstellungen, Fantasien und Erinnerungen. Vielleicht machen diese sogar unser Menschsein noch mehr aus als das, was wir nach außen zu sein scheinen?

Thüringen – Besondere Leistungsfeststellung Deutsch 2013
Aufgabe 4: Gedichtinterpretation

Johann Wolfgang von Goethe (1749–1832): **Gingo biloba**[1]

Dieses Baums Blatt, der von Osten
Meinem Garten anvertraut,
Gibt geheimen Sinn zu kosten,
Wie's den Wissenden erbaut.

Ist es *ein* lebendig Wesen,
Das sich in sich selbst getrennt?
Sind es zwei, die sich erlesen,
Daß man sie als *eines* kennt?

Solche Frage zu erwidern,
Fand ich wohl den rechten Sinn;
Fühlst du nicht an meinen Liedern,
Daß ich eins und doppelt bin? (1815)

Goethe, Johann Wolfgang von: Gingo biloba.
In: Goethes Werke in zwölf Bänden. Zweiter Band. Berlin und Weimar 1988, S. 74–75.

1 Biloba: zweilappig

Arbeitsauftrag

Interpretieren Sie das Gedicht.

Lösungsvorschlag

*Die Interpretation eines Gedichts erfordert – wie es auch bei einem Prosa- oder Dramentext der Fall ist – die **Texterfassung**, **Textbeschreibung** und **Textdeutung:** Darunter ist zu verstehen, dass Sie erstens den Textinhalt korrekt erfassen, zweitens die Art und Weise, wie der Text gestaltet ist, beschreiben und drittens seine Bedeutung erschließen sollen.*

*Bei Goethes Gedicht ist dies nicht allzu einfach, da es einen recht **rätselhaften Charakter** hat. Vordergründig geht es um das zweilappige Blatt eines Baumes, doch eigentlich will das Gedicht – dies wird ausdrücklich vermerkt – auf die **symbolische Bedeutung** dieses Blattes hinaus, die sich jedoch nicht ohne Weiteres entschlüsseln lässt. Deshalb ist es ratsam, sich dem Gedicht langsam zu nähern und erst einmal auf der Ebene der Texterfassung und -beschreibung zu bleiben. Stellen sie sich beispielsweise zunächst die Frage, wie das Gedicht aufgebaut ist und was eigentlich genauer in den einzelnen Strophen gesagt wird.*

*Bei der Deutung des Texts ist es durchaus erlaubt, sich **nicht auf eine bestimmte Lesart festzulegen**, sondern nur – allerdings stets begründet – **Deutungsmöglichkeiten vorzuschlagen**. In Goethes Gedicht ist hierfür insbesondere der **Schluss** relevant: Überlegen Sie sich deshalb genau, welche Aspekte dem letzten Doppelvers entnommen werden können und wie er verstanden werden kann. Dabei ist nicht nur von Interesse, was gesagt wird, sondern beispielsweise auch, was sich im Unterschied zum Vorangehenden verändert (z. B. Ansprache eines Gegenübers, charakterisierende Aussage des lyrischen Ichs über sich selbst, Bezug zu Liedern).*

Einleitung

mit grundlegenden Textinformationen und Vermittlung der Rätselhaftigkeit des Textes

Johann Wolfgang von Goethe schreibt 1815 mit „Gingo biloba" ein Gedicht, das sich dem Leser nicht sogleich erschließt. Das liegt nicht am Gedichttitel, mit dem die meisten Leser sicher nichts anzufangen wissen, sondern vor allem an der inhaltlichen Rätselhaftigkeit. In einer intensiven Analyse des Gedichts sollte es jedoch gelingen, dem Gehalt des Textes näherzukommen, ohne die – für die Lyrik typische – Mehrdeutigkeit aufzulösen.

Form: Strophenzahl, Reimschema, Versschlüsse, Versmaß

Das Gedicht besteht aus drei Strophen im Kreuzreim, in dem weibliche und männliche Versschlüsse wechseln, und ist vom Versmaß des trochäischen Vierhebers bestimmt, der in den Versen mit gerader Zahl um eine Senkung verkürzt ist. Dadurch wird an den Strophengrenzen und in den Strophenmitten eine kleine Lesepause nahegelegt, da hier zwei Hebungen aufeinandertreffen. Dies unterstützt die Dreiteilung des Gedichts (an den Strophengrenzen) und die insbesondere in Strophe 2 und 3 augenfällige Zweiteilung der Strophen (in der Strophenmitte).

Die strophische Dreiteilung spiegelt sich im Inhalt: In der ersten Strophe kündigt das lyrische Ich an, dass dem Blatt des in der Überschrift genannten Baumes, des Ginkgo biloba, eine symbolische Bedeutung abgewonnen werden kann. In der zweiten Strophe fragt das lyrische Ich nach dieser symbolischen, philosophisch anmutenden Bedeutung. In der dritten Strophe vermerkt es, diese ergründet zu haben, um sie dann in der Schlusswendung auf die eigene Person zu beziehen.

Hauptteil

Knapper Überblick über Inhalt und Aufbau des Gedichts

Die genauere Untersuchung der einzelnen Strophen ermöglicht es, diese knappe Inhaltsdarstellung zu präzisieren und sich deren Deutung anzunähern:

Überleitung

Ausgangspunkt des Gedichts ist das Blatt eines exotischen Baumes, der im Garten des lyrischen Ichs steht. Die Nennung des Baums erfolgt im Titel des Gedichts mit dem botanischen Namen und wird zu Beginn mit dem Demonstrativpronomen „Dieses“ (V. 1) aufgenommen. Auffällig ist die harte Fügung „Baums Blatt“ (V. 1), die das durchgängige Versmaß des trochäischen Vierhebers gleich zu Anfang durchbricht, indem zwei Hebungen aufeinandertreffen. Dadurch wird dessen Bedeutung ebenso betont wie durch die Alliteration.

1. Strophe:

Ausgangspunkt „Gingo biloba“

Im Blatt des Ginkgo-Baums erkennt das lyrische Ich die Möglichkeit, eines „geheimen Sinn[s]“ (V. 3) ansichtig zu werden. Die Metapher „kosten“ (V. 3) suggeriert dabei, dass es genussbringend ist, in diesen geheimen Sinn Einblick zu erhalten, dass sich aber das Geheimnis nicht im Ganzen entschlüsseln lässt. Dessen Exklusivität unterstreicht der letzte Vers der Strophe: Offenbar bleibt der geheime Sinn dem Kreis der „Wissenden“ (V. 4) vorbehalten und kann sich nicht jedem erschließen.

Ankündigung eines geheimen Sinns des Blattes

In der zweiten Strophe folgt die in Fragen gekleidete Reflexion, was dieses Blatt dem Wissenden verrät. Das lyrische Ich sinniert über die Zweigeteiltheit des Blattes. Im ersten Doppelvers fragt es, ob diese Form das Ergebnis eines Teilungsprozesses ist: „Ist es *ein* lebendig Wesen, / Das sich in sich selbst getrennt?“ (V. 5 f.) Im zweiten Doppelvers erwägt es umgekehrt, dass sie das Resultat eines Vereinigungsvorgangs sein könnte: „Sind es zwei, die sich erlesen, / Daß man sie als *eines* kennt?“ (V. 7 f.) Das Verb „sich erlesen“ stellt dabei klar, dass die Beziehung zwischen den „zwei Wesen“ als sehr exklusiv zu verstehen ist. Hervorgehoben sind durch Kursivsetzung jeweils „ein“ bzw. „eines“. Der Leser erkennt dadurch sofort, dass hier die Anzahl betont werden soll. Bei den Fragen in dieser Strophe

2. Strophe:

Reflexion über geheimen Sinn des Blattes

handelt es sich – das ist für Gedichte nicht allzu typisch – nicht um rhetorische Fragen, deren Antwort schon klar wäre. Sie zeugen vielmehr davon, dass das lyrische Ich sich tiefe Gedanken über die Symbolik des Blattes macht.

3. Strophe

Erster Doppelvers: das erkennende Ich

In der dritten Strophe kann das lyrische Ich dann festhalten, eine Antwort gefunden zu haben. Erstmals im Gedicht tritt es hier als (grammatisches) Subjekt in Erscheinung (vgl. V. 10) – eine persönlich-subjektive Ebene war zuvor nur in dem Possessivpronomen in V. 2 enthalten, das auf den individuellen Ausgangspunkt seiner Überlegungen, den Baum in seinem Garten, hinwies.

Strukturelle Bedeutung hat die Wiederaufnahme des Begriffs „Sinn“. Damit werden nicht nur die Fragen der Mittelstrophe gerahmt; die Variation im voranstehenden Adjektiv unterstreicht auch, dass das Ich zum Erkennenden geworden ist, denn aus dem „geheimen Sinn“ ist ein „rechte[r] Sinn“ (V. 3 und 10) geworden.

Zweiter Doppelvers: Beantwortung der Frage nach dem symbolischen Sinn?

Als Schluss- und Höhepunkt des Gedichts erwartet der Leser im letzten Doppelvers die Beantwortung der Frage, was denn nun der symbolische Sinn des zweilappigen Blattes des Ginkgo-Baumes ist. Doch wird der Leser, der sich eine eindeutige Auflösung des Rätsels erhofft, enttäuscht. Und dennoch lassen sich bedeutsame Beobachtungen machen, die als Ausgangspunkt für bestimmte Deutungsmöglichkeiten dienen können:

Zum „ich“ des Verses 10 tritt in Vers 11 das „du“. Dies überrascht insofern, als ein lyrischer Adressat bisher nicht ausdrücklich benannt wurde. Ebenso interessant ist es, dass hier nun nicht mehr der Bereich des Erkennens bzw. der Ratio im Vordergrund steht, der sich in der bisherigen Wortwahl widerspiegelte („Sinn“, V. 3, 10; „wissen“, vgl. V. 4; „kennen“, V. 8; „erwidern“, V. 9). Vielmehr ist mit dem Verb „Fühlen“ (vgl. V. 11) eine emotionale Ebene angesprochen.

In einer Art rhetorischen Frage, deren Bejahung erwartet wird, gibt das Ich zu verstehen, dass es „eins und doppelt“ ist (V. 12). Diese rätselhafte Formulierung lässt sich erhellen, wenn man nach dem Verhältnis zwischen dem lyrischen Ich und dem „lyrischen Du“ fragt:

Deutungsansätze

Beziehung zwischen Ich und Du

Die direkte Ansprache eines Gegenübers auf einer emotionalen Ebene spricht dafür, von einer engen Beziehung wie z. B. einer guten Freundschaft oder gar von einer Liebesbeziehung auszugehen. Denkt man von hier aus weiter, lässt sich das Ginkgo-Blatt als Sinnbild für eine enge Beziehung zwischen zwei Menschen verstehen: Freundschaft und Liebe als Formen einer Zweieinigkeit, in der zwei Wesen aufgrund ihrer Ähnlichkeit wie ein Wesen erscheinen bzw. in der sich das lyrische Ich im anderen bzw. mit dem anderen verdoppelt sieht.

Selbstbezug des Dichters

Von Interesse ist auch die Tatsache, dass das lyrische Ich sich in dieser letzten Strophe mit seinen „Liedern“ (Z. 11) als Dichter zu erkennen gibt. Insofern kann man diesen kurzen lyrischen Text auch als Gedicht über Gedichte auffassen: So wie das Blatt des Ginkgo biloba den geheimen Sinn der Zweieinigkeit in sich trägt, so deuten die „Lieder[]“ (V. 11), die hier für Gedichte stehen, auf die Zweieinigkeit des Ichs hin. Die Gedichte sind sozusagen das Medium, das die gleichzeitige „Ein- und Doppeltheit“ des Ichs zu vermitteln vermag. Vielleicht steckt darin sogar die Aussage, dass das Schreiben ein Prozess ist, in dem man sich verdoppelt – ganz im Sinne Max Frischs, der einmal formulierte: „Schreiben heißt: sich selber lesen.“

Schluss

Gattung

Das Gedicht Goethes lässt sich mit Recht als eine Variation des später populärer werdenden Dinggedichts verstehen, da es die Betrachtung einer Pflanze in den Mittelpunkt stellt und damit zugleich auf eine symbolische Ebene hinauswill.

Mehrdeutigkeit von Lyrik

Bei der Lyrik handelt es sich bekanntermaßen um die verdichtetste Gattung der Literatur, die häufig Mehrdeutigkeiten einschließt. Deshalb überrascht es nicht, dass die symbolische Ebene sich dem Leser nicht eindeutig erschließt. Auch wenn man sich über eine genaue Untersuchung dem Sinn des Textes annähern kann, so ist er doch nicht in *eine* Bedeutung aufzulösen. Man könnte sich dazu hinreißen lassen, auch in dieser Hinsicht von einer Zweieinigkeit – oder gar von einer Mehreinigkeit – zu sprechen.

Thüringen – Besondere Leistungsfeststellung Deutsch 2014
Aufgabe 1: Nichttextgebundene Erörterung

„Der eine wartet, daß die Zeit sich wandelt, der andere packt sie kräftig an und handelt."

Dante Alighieri (1265–1321)

www.aphorismen.de (05. 07. 2013)

Arbeitsauftrag

Erörtern Sie den Ausspruch des italienischen Dichters und Philosophen und prüfen Sie das Für und Wider beider Positionen.

Lösungsvorschlag

In dieser Prüfungsaufgabe wird das Verfassen einer ***freien Erörterung*** *verlangt, d. h., dass Sie kein Material (wie z. B. einen Text) haben, von dem Sie mögliche Argumente ableiten könnten. Weiterhin ist das zugrunde liegende Zitat* ***thematisch sehr offen*** *– wie üblich für* ***Aphorismen****, die per Definition „****allgemeine Sinnsprüche****" sind. Diese Aufgabe bietet Ihnen also viel inhaltliche Freiheit. Um diese gewinnbringend zu nutzen, sollten Sie strukturiert vorgehen:*
Es ist empfehlenswert, zunächst eine ***Stoffsammlung*** *anzulegen. Sie hilft Ihnen dabei, Ihre Ideen zusammenzutragen und unter* ***Sammelbegriffen*** *(wie z. B. „Abwarten im Alltag") zu ordnen. Anschließend können Sie Argumente aus Ihrer Ideensammlung ableiten. Gemäß der Struktur einer* ***dialektischen Erörterung*** *sollten Sie diese Argumente in „****Für und Wider****" (vgl. Aufgabenstellung), hier also in „Pro und Kontra Abwarten" bzw. „Pro und Kontra Handeln", einteilen. Haben Sie etwa drei Argumente pro Seite gefunden, können Sie den Aufbau Ihres Aufsatzes planen und in einer* ***Gliederung*** *festhalten.*
In der ***Einleitung*** *bietet es sich an, zunächst den Aphorismus zu zitieren und den Verfasser sowie dessen Lebensdaten zu nennen. Anschließend haben Sie die Möglichkeit, Begriffe zu definieren, die für das Verständnis des Zitats wichtig sind, z. B. „Zeit" oder „Zupacken". In einer knappen* ***Überleitung*** *formulieren Sie dann die* ***Themafrage*** *(etwa „Was ist besser: Besonnenes Warten oder beherztes Eingreifen?"). Nun folgt der* ***Hauptteil*** *– die Argumentation. Die* ***Reihenfolge Ihrer Argumente*** *ist von der Wahl Ihres Standpunktes abhängig: Zuerst nennen Sie die Argumente der Gegenseite, danach die des bevorzugten Standpunkts. Die Argumentation wird mit einer* ***Synthese*** *abgeschlossen, in der Sie Ihre genannten Argumente zusammenfassen und darlegen, warum der an zweiter Stelle ausgeführte Standpunkt der überzeugendere ist. Sie können ihn z. B. durch Belege aus der Literatur noch einmal untermauern. Mit einem* ***Schluss****, der einen Gedanken aus Ihrer Einleitung aufgreifen kann, wird Ihr Aufsatz abgerundet.*

Einleitung

Inhalt von Alighieris Aphorismus: zwei gegensätzliche Verhaltensweisen

Vor etwa 700 Jahren formulierte der italienische Dichter und Philosoph Dante Alighieri den Ausspruch: „Der eine wartet, dass die Zeit sich wandelt, der andere packt sie an und handelt." Welch unterschiedliche Verhaltensweisen, die einander hier gegenübergestellt werden: das untätige Warten – und das aktive Anpacken und Handeln.

Zentrale Begriffe des Ausspruchs:

Zeit

Die „Zeit" ist in diesem Zusammenhang nicht wörtlich zu verstehen, gemeint ist nicht die tatsächliche Zeit im Sinne der (Uhr-)Zeit in ihrem Verlauf. Der Begriff steht vielmehr stellvertretend für die Dinge, die geschehen, für die Gesellschaft, die Welt. Es geht in dem Zitat also um das unterschiedliche Verhalten verschiedener Menschen – des einen und des anderen – in Bezug zu dem, was in ihrem Leben und um sie herum passiert.

Wenn hier vom (Ab-)Warten die Rede ist, so ist in erster Linie Untätigkeit und Nichteinmischung gemeint, im Hinblick auf Prozesse des allgemeinen Lebens, aber auch des persönlichen. Die Begriffe des Handelns und Anpackens, beides aktive Tätigkeiten, vermitteln das Eingreifen und Mitgestalten bei wiederum privaten wie auch gesellschaftlichen Prozessen. Unzweifelhaft stehen diese kontrastierenden Verhaltensweisen im Satz von Alighieri im Mittelpunkt: abwarten oder etwas tun, still ausharren oder verändern, andere tun lassen und selbst zuschauen oder aktiv werden sind Wortpaare, die einem sofort dazu einfallen. Mit den Stilmitteln der Antithese und des Parallelismus hebt der Dichter in seiner Aussage die Gegensätze zusätzlich hervor.

(Ab-)Warten

Handeln und Anpacken

→ Gegensätze durch Stilmittel betont (Antithese, Parallelismus)

Das Zitat wird als Aphorismus bezeichnet. Dies ist ein bedenkenswerter Ausspruch, der Lehren und Einsichten für den Lesenden oder Hörenden beinhaltet und oft über Generationen weitergegeben wird. Da dies für den Aphorismus des Dichters Alighieri schon für eine so beachtlich lange Zeit zutrifft, scheint der Ausspruch eine gewisse Allgemeingültigkeit zu besitzen. Dabei beinhaltet er keine Handlungsanweisung oder einen Hinweis auf das gebotene Verhalten, sondern er setzt nur die Möglichkeiten nebeneinander, die ein jeder zur Wahl hat.

Begriffsklärung „Aphorismus“

Und stehen wir nicht tatsächlich jeden Tag in unzähligen Situationen vor dieser Entscheidung: Bringe ich mich ein und handle oder ziehe ich mich zurück und beobachte, was andere tun? Was erscheint uns besser und wovon ist es abhängig, wie wir uns entscheiden? Sind uns die Menschen, die zupacken und verändern, lieber als jene, die abwartend danebenstehen? Möchten wir, dass man uns zu den tätigen, verändernden Menschen zählt, oder lieber zu denen, die sich besonnen verhalten und abwarten (können)? Alle diese Fragen muss man bedenken, wenn man sich mit der Aussage auseinandersetzen will.

Überleitung / Fragestellung

Warten bedeutet einen gewissen Stillstand. Abwarten, dass sich etwas verändert, ist eine passive Haltung. Indem wir uns also für diese Haltung entscheiden, lassen wir den Dingen ihren Lauf und geben ihnen Gelegenheit zum Wandel, zur Veränderung. Manches geschieht ohnehin ohne unser Zutun, Umstände und Sachverhalte wandeln sich. Denken wir an die Jahreszeiten, das Erwachsenwerden und Altern, das Erblühen einer Blume und ihr Verwelken. Hier hat ein Eingreifen keinen oder wenig Sinn.

Hauptteil

Argumente pro Warten

Unveränderliche Prozesse, Handeln ohne Effekt

Die Vorgänge laufen ab, sie werden sich nicht ändern, ob wir nun aktiv sind oder nicht. Versucht jemand, hier einzugreifen und beispielsweise eine Blume in der Blüte zu konservieren, verliert sie ihre Lebendigkeit. Will jemand das Altern aufhalten, indem er sich etwa äußerlich mithilfe moderner Schönheitschirurgie verjüngt, ist das nur ein oberflächlicher Täuschungsversuch. Bei gewissen Vorgängen ist es also durchaus ratsam, sich entspannt zurückzulehnen und hinzunehmen, wie die Dinge sich von selbst entwickeln.

Aktivwerden ist nicht zwingend Verbesserung

Auch im Alltag kann das immer wieder eine gute Verhaltensstrategie sein, denn ein Aktivwerden bringt nicht zwangsläufig Vorteile mit sich. Ist nicht jedem von uns schon einmal der Gedanke gekommen, sich in einen Streit einzumischen? Tut man es tatsächlich, führt das zwischen den Streithähnen aber oft nicht zur Schlichtung, sondern die dritte Person wird stattdessen selbst noch in den Streit hineingezogen. In solchen Fällen sollte man sich fragen, ob das eigene Handeln die Situation wirklich verbessern kann und ob sich die Aufregung überhaupt lohnt. Auf den zweiten Blick scheint es darum oft sinnvoller, sich zurückzuhalten und den Dingen ihren Lauf zu lassen, bis sich die Streitgegner wieder beruhigt oder versöhnt haben.

Handeln u. U. sogar nachteilig

Vielleicht, das sollte man hier ebenfalls bedenken, ist es auch nicht immer ratsam, einzugreifen, weil man damit durchaus auch Schaden anrichten kann. Ein vorschnelles Handeln kann eine Situation herbeiführen, die ohne das Zutun gar nicht entstanden wäre und so die Umstände verschlimmern, statt sie zu verbessern. Möchte man zum Beispiel in einer beruflichen Diskussion oder einer politischen Streitfrage die eigene Position durchsetzen, kann ein unbedachtes Vorpreschen eher hinderlich sein. Vielleicht gibt man dann Informationen preis, die dem Meinungsgegner in die Hände spielen. Oder man setzt durch überhastete (Re-)Aktionen seine Glaubwürdigkeit aufs Spiel. Auch hier kann es hilfreicher sein, erst einmal abzuwarten, sich einen Überblick über die Situation zu verschaffen und Hintergrundwissen einzuholen. Im besten Fall wandeln sich die Umstände bis dahin sogar von selbst in die gewünschte Richtung.

Argumente pro Handeln

Nachträgliches Bereuen von Inaktivität

Auf der anderen Seite kann es allerdings auch Situationen geben, bei denen wir später bereuen, dass wir uns nicht eingemischt haben. Diese Möglichkeit sollten wir bei einer entsprechenden Entscheidung immer einkalkulieren. Denn beherztes Handeln ist manchmal notwendig – etwa bei Situationen, die durch unser Eingreifen einen völlig anderen Verlauf nehmen können und es auch sollen. Dabei kann es sich um Situationen im Privatleben handeln wie zum Beispiel eine Krise im Leben eines Freundes, der nur mit etwas Beistand wieder auf die Beine kommt. Auch im Hinblick auf gesellschaftliche Verhältnisse kann es passieren, dass man ein Nicht-Handeln im Nachhinein bedauert. Gerade bei Fragen der Politik sind viele unentschlossen, ob sie aktiv werden sollen. Das fängt bereits beim Wahlrecht an, das viele nicht wahrnehmen, indem sie nicht wählen gehen. Später ärgern sie sich dann jedoch über den Ausgang der Wahl. Dabei kann man kaum erwarten, dass sich gesellschaftliche Prozesse von selbst so entwickeln, wie man es sich wünscht. Wer weiß zum Beispiel, ob Deutschland die Energiewende eingeleitet und den Atomausstieg beschlossen hätte, wenn nicht so viele Menschen dafür auf die Straße gegangen wären. Auch wenn man sein Ziel nicht immer erreicht, lohnt sich doch ein Aktivwerden in vielen Fällen.

Anpacken aus Menschlichkeit, Verantwortungsbewusstsein und Pflichtgefühl

Auch kann es Gelegenheiten geben, wo ein „Anpacken" schon aus reiner Menschlichkeit unbedingt erforderlich ist. Gerät beispielsweise jemand in eine Notsituation, etwa bei einem Unfall, kann es unter Umständen Leben retten, Zivilcourage zu zeigen und demjenigen zu helfen, der in Not ist. Bloßes Abwarten, bis die Situation sich ändert, wäre hier möglicherweise verheerend. In bestimmten Fällen schreibt uns das Gesetz sogar ein Eingreifen vor: Handelt man nicht, wenn jemand zum Beispiel bedroht wird, kann es sich um unterlassene Hilfeleistung handeln, die strafbar ist.

Handeln als Beitrag zum Fortschritt der Gesellschaft

Schließlich kann man sich auch einmal fragen: Wie sähe unsere Welt aus, wenn Menschen prinzipiell eine passive Haltung einnehmen würden? Wie sollte sich dann je etwas zum Guten verändern? Wenn jeder vorherrschende Zustände – wie schlecht sie auch sein mögen – einfach hinnimmt und abwartet, kann es keinen Fortschritt geben. Im Bereich der Technik zum Beispiel wären wichtige Erfindungen wie die Dampfmaschine oder das Telefon niemals gemacht worden. Auch auf weltpolitischer Ebene hätte Untätigkeit oftmals unvorstellbare Folgen gehabt. Man denke nur an das Naziregime, das aufgrund des Eingreifens der Alliierten beendet wurde. Dieses Handeln bewirkte gesellschaftlichen Fortschritt, indem der Weg für Demokratie freigemacht wurde.

Ob letztlich Aktivität oder Passivität die richtige Entscheidung ist, wird immer auf die entsprechende Situation und auf die Person ankommen. Nicht jeder ist der Mensch, der durch aktives Tun den Lauf der Welt vorantreibt. Und genauso ist nicht jedes „Wandeln" unserer „Zeit" ein positiv zu bewertender Prozess. Gerade im Alltag und im Privaten ist die Frage, ob man aktiv werden oder lieber passiv bleiben soll, oft nicht so eindeutig zu beantworten. Übereifer kann genauso schädlich sein wie ein unnötiges Zögern.

Fazit

Allgemeingültige Entscheidung nicht möglich

Aus gesellschaftlicher Sicht verhält es sich mit der Entscheidungsfindung meiner Ansicht nach allerdings etwas anders. Wenn es um Recht und Unrecht geht, um Leben oder Tod, um Rückschritt oder Fortschritt, dann liegt es an jedem von uns zu handeln. Wird also einer der beiden Handlungsrichtungen der Vorzug gegeben, so sollte es meiner Meinung nach die Aktivität, das Handeln, das kräftige Zupacken sein.

Eigene Position: für Aktivität

Grund: gesamtgesellschaftliche Sichtweise

Auch ein Blick in die Literatur bestätigt diese Tendenz zum Eingreifen und Handeln, um die Umstände, die Gesellschaft und Nachwelt zum Positiven hin zu verändern: Goethes Prometheus etwa „packt […] kräftig an", wenn er sich immer wieder müht, auch gegen den Willen der Götter das Leben zu verändern. Mit aller Kraft setzt er seinen Willen durch und bringt den Menschen das Feuer. Auch Lessings Nathan verhilft, wenngleich auf bedachtere Weise, durch sein kluges und mutiges Tun – das Erzählen der Ringparabel – zu Erkenntnissen und gestaltet auf diesem Weg den Fortgang der Dinge.

Bekräftigung der eigenen Meinung durch literarische Beispiele

Ob sich eine Aktion, das Vorantreiben der Ereignisse letztlich zum Guten auswirkt oder nicht, kann ohnehin erst die darauffolgende Zeit zeigen. Erst im Nachhinein wird man oft begreifen und einschätzen können, ob das eigene Tun richtig oder falsch war. Eine funktionierende, lebenswerte Gesellschaft kann in meinen Augen aber nie eine Gesellschaft der Untätigkeit sein. Und so kann dem Aphorismus des italienischen Dichters entgegnet werden: Wer nicht wagt, der nicht gewinnt!

Schluss

Richtig oder falsch nur im Rückblick zu beurteilen → für eine aktive Gesellschaft

James Thurber (1894–1961): **Arthur und Al auf Freiersfüßen**

Es war einmal ein junger Biber, der hieß Al und bewarb sich gemeinsam mit einem älteren Biber namens Arthur um die Gunst eines hübschen Biberweibchens. Die junge Dame wollte von Al nichts wissen, weil er ein Leichtfuß und ein Taugenichts war. Er hatte in seinem Leben noch kein Stückchen Holz benagt, denn er zog es vor, zu essen, zu schlafen, in den Flüssen umherzuschwimmen und „Hasch-mich“ mit den Bibermädchen zu spielen. Arthur dagegen, der ältere Biber, hatte seit der Zeit, da er seine ersten Zähne bekam, immer nur gearbeitet und nie irgend etwas mit irgendwem gespielt.

Als der junge Biber das Biberweibchen bat, ihn zu heiraten, sagte sie, das komme nicht in Frage, es sei denn, er bringe es zu etwas. Sie wies ihn darauf hin, daß Arthur schon zweiunddreißig Dämme gebaut habe und zur Zeit an drei weiteren arbeite, während er, Al, bisher noch nicht einmal an ein Brotbrett oder ein Nudelholz herangegangen sei. Al war sehr traurig, erklärte aber, er denke nicht daran zu arbeiten, nur weil eine Frau es von ihm verlange. Als sie ihm daraufhin ihre schwesterliche Liebe anbot, erwiderte er, daß er bereits siebzehn Schwestern habe, deren Liebe ihm vollauf genüge. So nahm er denn sein gewohntes Leben wieder auf: Er aß, schlief, schwamm in den Flüssen umher und spielte mit den Bibermädchen „Ich sehe was, was du nicht siehst“. Das Biberweibchen heiratete eines Tages Arthur – in der Mittagspause, denn er konnte seine Arbeit nicht länger als eine Stunde im Stich lassen. Sie bekamen sieben Kinder, und Arthur arbeitete so hart für den Unterhalt seiner Familie, daß er sich die Zähne bis zum Gaumen abwetzte. Bald war er nur noch ein Schatten seiner selbst, und er starb, ohne je in seinem Leben Urlaub genommen zu haben.

Der junge Biber fuhr fort, zu essen, zu schlafen, in den Flüssen umherzuschwimmen und mit den Bibermädchen „Blindekuh“ zu spielen. Er brachte es nie zu etwas, aber er lebte herrlich und in Freuden und wurde steinalt. [...]

Thurber, James: Arthur und Al auf Freiersfüßen. In: 75 Fabeln für Zeitgenossen.
Übersetzt von Hans Reisiger, Heinrich Maria Ledig-Rowohlt, Ulla Hengst. Rowohlt 1967.

(Die Rechtschreibung folgt der Textvorlage.)

Arbeitsauftrag

Interpretieren Sie den Text.

Lösungsvorschlag

Bei der Bearbeitung dieser knappen Aufgabenstellung, die einfach erscheint, sind mehrere Probleme zu lösen. Zuerst müssen Sie für sich klären, was hier unter dem Begriff „Text" zu verstehen ist, um dann gezielt die ***Gattung*** *in die Interpretation einzubeziehen. In diesem Fall handelt es sich um eine* ***Fabel****. Auch wenn man nicht weiß, dass James Thurber zu den bekanntesten Fabeldichtern des 20. Jahrhunderts gehört, so lässt sich doch aus der Textstruktur die Textsorte erschließen. Die in* ***epischer Form*** *vorliegende* ***geistreich ernste Tierdichtung*** *folgt dem allgemeinen Aufbau einer Fabel: Eine* ***Ausgangssituation*** *führt in das auf menschliche Verhältnisse übertragbare Geschehen ein,* ***Aktion und Reaktion****, durch* ***Rede und Gegenrede*** *hervorgehoben, offenbaren eine konflikthafte Situation, die sich schnell* ***in einem belehrenden Ende*** *klärt. Die* ***Bewertung*** *kann mitgegeben oder vom Leser selbst vollzogen und auf das menschliche Leben übertragen werden.*

Die ***Gefahr, den Text als Märchen anzusehen****, ist nicht zu unterschätzen, da einige entsprechende Merkmale gegeben sind (Anfangs- und Endformel, Tierhandlung, Ausgangsdilemma und Zahl 7). Aber letztendlich sind dies nur stilistische Elemente, auf die Thurber zurückgreift.*

Da eine Interpretation verlangt wird, sollten Sie über eine angemessene Einleitung mit Überleitungssatz zum Hauptteil führen. Die ***Einleitung*** *kann eine Hinführung zur Textsorte Fabel enthalten oder thematisch auf den Text vorbereiten. In der* ***Überleitung*** *zum* ***Hauptteil*** *sollten die Basisinformationen zum Text genannt werden (Autor, Titel, Erscheinungsjahr). Zu Beginn des Hauptteils erfolgt eine* ***kurze Inhaltszusammenfassung****. Die sich anschließende* ***Textbeschreibung und die Textdeutung****, die im Präsens formuliert und mit Zitaten belegt werden sollen, zeigen Ihr Verständnis von der* ***Gestalt*** *und dem* ***Gehalt*** *des Textes. Dabei müssen Sie die* ***Handlungsstruktur****, die* ***Figuren*** *und deren Beziehungen bedenken,* ***Ort, Zeit, Erzählperspektive*** *und* ***sprachliche Gestaltung*** *einbeziehen und sich zu* ***Titel*** *sowie* ***möglicher Moral*** *äußern.*

Im ***Schlussteil*** *haben Sie die Möglichkeit, einen Aspekt Ihrer Einleitung aufzugreifen (z. B. die Bedeutung der Fabel heute), einen Vergleich zu einer anderen Fabel zu ziehen oder Ihre persönliche Sicht auf die Textaussage darzulegen.*

Einleitung

Hinführung: die Textsorte Fabel und ihre Besonderheiten

Die Erziehung des Menschen war und ist ein Anliegen der Literatur. Seit der Antike bis zur Gegenwart versuchen Dichter mit ihren Werken ein Klima des Nachdenkens und Besinnens zu schaffen, das Zuhörer und Leser anregt, über ihr Dasein zu reflektieren. Dabei nehmen die Fabeln eine besondere Stellung ein. Zum einen handelt es sich um eine besonders alte Gattung, viele Fabeln wurden bereits vor Christi Geburt verfasst (z. B.

die berühmten Fabeln von Äsop). Zum anderen vermögen sie es, aufgrund ihrer Übertragung ins Tier- oder Pflanzenreich in knapper inhaltlicher und sprachlicher Form menschlich-sittliche und gesellschaftliche Schwächen aufs Korn zu nehmen und dabei auch noch zu unterhalten.

In diesem Sinne hat auch James Thurber seine Fabel „Arthur und Al auf Freiersfüßen“ geschrieben, die 1967 in einem Sammelband des Rowohlt-Verlags in deutscher Sprache erschienen ist. Wir wissen nicht, wann der Autor diesen Text geschrieben hat, aber er ist heute genauso aktuell wie 1967 oder zum Zeitpunkt seiner Niederschrift.

Überleitung, grundlegende Textinformationen (Autor, Titel, Textsorte, Erscheinungsjahr)

Hauptteil

Inhaltszusammenfassung

Die typischerweise im Tierreich angelegte Fabel führt den Leser in eine bekannte Situation: Es soll geheiratet werden. Ein älterer und ein jüngerer Biber machen einem schönen Biberweibchen den Hof. Das bevorzugt nach einiger Überlegung den arbeitsfreudigen Älteren, mit dem es sieben Kinder in die Welt setzt. Um für den Unterhalt der Familie aufzukommen, schuftet sich der ältere Biber jeden Tag ab und gönnt sich keine Erholung. Aufgrund seiner bald eintretenden körperlichen Erschöpfung stirbt er. Der arbeitsscheue jüngere Biber dagegen heiratet nie und bleibt bis ins hohe Alter ein fröhlicher Lebenskünstler.

Anders als üblich fehlt in (der vorliegenden Version) der Fabel die abschließende Moral. Am Ende wird lediglich durch Auslassungszeichen angedeutet, dass der Autor James Thurber den Text an dieser Stelle noch nicht enden ließ. So bleibt hier die Interpretation der Textaussage dem Leser überlassen: Ist es erstrebenswert, als Single, mittellos, aber spielend vergnügt alt zu werden?

Textstruktur

– Abschnitt 1: Ausgangssituation: zwei Männchen konkurrieren um ein Weibchen

Formal ist die Fabel in drei Abschnitte gegliedert. Im ersten Abschnitt (Z. 1–8) folgt der Autor dem typischen Fabelaufbau und versetzt den Leser in eine spannende Ausgangssituation, in der zwei Kontrahenten gegeneinander antreten, hier zwei Biber, die sich um eine Biberdame bemühen. Der Jüngere hat die schlechteren Karten. Das wird schnell klar, denn er wird als „Leichtfuß und […] Taugenichts“ (Z. 3 f.) charakterisiert. Der ältere Biber zeichnet sich dagegen durch Fleiß in der Arbeit aus (vgl. Z. 7 f.).

– Abschnitt 2: die Wahl des Biberweibchens

Im zweiten Teil (Z. 9–23) entwickelt sich nun der Konflikt, denn beide wollen das Biberweibchen heiraten. Zuerst wird Al, der Jüngere, aktiv und macht ihr einen Antrag. Auf sein Heiratsersuchen erhält er jedoch eine vorläufige Ablehnung: Das Weibchen will erst dann einer Heirat zustimmen, wenn er seine Einstellung zur Arbeit ändert. Immerhin hat Al „noch kein Stückchen Holz benagt“ (Z. 4). Aber der junge Biber geht darauf nicht ein und nimmt seinen gewohnten Lebenswandel wieder auf. Ihre Reaktion folgt – sie heiratet Arthur.

Nun könnte die Fabel bereits mit einem moralischen Satz enden, was aber nicht der Fall ist. Thurber treibt die Handlung weiter und belohnt den arbeitsfreudigen Arthur nicht, wie man es erwarten könnte, sondern lässt ihn an seiner Arbeitsmoral zugrunde gehen. Er schuftet sich zu Tode und stirbt, ohne Lebensfreude gehabt zu haben.

– überraschender Verlauf: Schicksal des älteren Bibers

Im dritten Absatz (Z. 24–26) schließlich wertet die Schlussbemerkung das verspielte Leben des jüngeren Bibers auf. Zwar erreicht Al nichts Bemerkenswertes, baut in seinem Leben keine Dämme und gründet keine Familie, doch ist das offenbar nicht zu seinem Schaden. Im Gegenteil: „[…] er lebte herrlich und in Freuden und wurde steinalt.“ (Z. 26)

– Abschnitt 3: Schicksal des jungen Bibers

An dieser Stelle ändert die Fabel ihre bekannte Form. Das „Gute“ (Fleißige) wird bestraft und das „Böse“ (Faule) belohnt – so scheint es.

Abweichung vom typischen Fabelschema

Sieht man sich die Charaktere genauer an, so kann festgestellt werden, dass beide Bewerber Schwächen und Stärken aufweisen. Al, ein Macho, hat beschlossen, sich „um die Gunst eines hübschen Biberweibchens“ (Z. 2) zu bewerben. Aber Bemühungen sind nicht seine Stärke. Er bevorzugt das Essen, Schlafen und Herumtoben im Fluss. Am liebsten spielt er mit den Bibermädchen „Haschmich“ (Z. 5 f.). Von Arbeit und Anstrengung hält er nichts. Als ihm die Angebetete erklärt, dass er erst einmal beweisen müsse, auch in Sachen Holzbearbeitung etwas leisten zu können, lehnt er ab. Er will auch in Zukunft an keinem „Brotbrett oder […] Nudelholz“ (Z. 12 f.) herumnagen und schon gar keine Dämme bauen. Das Biberweibchen würde er gerne heiraten, aber sein bisheriges Leben will er für sie nicht ändern. Ihre Ablehnung stimmt ihn zwar „sehr traurig“ (Z. 13); den ganzen Tag zu arbeiten, weil eine Frau es von ihm erwartet, kommt für Al aber nicht in Frage (vgl. Z. 13 f.). Auch die Hinweise der Biberdame auf die Erfolge seines Mitbewerbers lassen ihn kalt. Also kehrt er zu seiner gewohnten Leichtlebigkeit zurück und spielt mit den Bibermädchen „Ich sehe was, was du nicht siehst“ (Z. 18) und „Blindekuh“ (Z. 25). Das Spielen verpflichtet zu nichts, macht Spaß und strengt nicht an. Außerdem ist Al immer in unterhaltsamer Gesellschaft. Bis zu seinem Tod

Charakterisierung der Figuren und ihre Beziehungen

Al, der jüngere Biber

– Alltag und Zeitvertreib

– gescheiterter Antrag

– Rückkehr zu vergnügtem Leben

fehlt es ihm an nichts, materielle Güter und ideelle Anerkennung bleiben ihm offenbar unwichtig.

Das Biberweibchen

– Erwartungen an zukünftigen Partner

Wie alt das Biberweibchen wird, erfahren wir nicht. Es hat im Gegensatz zu ihren männlichen Artgenossen auch keinen Namen, dafür aber konkrete Vorstellungen von den Qualitäten seines Zukünftigen. Zwei Bewerber stehen zur Auswahl: Der eine ist jung und dynamisch, aber ohne Ambitionen und Lust zur Arbeit, der andere älter und sehr fleißig, aber ruhelos und ohne Sinn für Müßiggang.

– Gefallen an Al

Al, der Jüngere, könnte ihr schon gefallen, wenn er sich ändern und wie Arthur fleißig arbeiten würde. Deshalb weist sie ihn auf die entsprechenden Voraussetzungen für eine Ehe hin. Das Weibchen denkt an die familiäre Zukunft, an Nestbau – und dafür ist Arthur mit seinen Dammbauten weitaus geeigneter. Doch das Biberweibchen schätzt auch Als kindliche Unbeschwertheit und bietet ihm deshalb seine „schwesterliche Liebe“ (Z. 15) an. Die reizt Al jedoch nicht, die kennt er schon, davon hat er genug.

– Entscheidung für Arthur

Also heiratet das Weibchen „eines Tages Arthur – in [dessen] Mittagspause“ (Z. 18 f.). Für zärtliche Liebesspiele und Feierlichkeiten ist keine Zeit. Von Anfang an konkurriert die Biberdame mit der Arbeit ihres Mannes, selbst am Hochzeitstag verbringt Arthur mehr Zeit mit seinen Dämmen als mit ihr. Immerhin bekommt sie sieben Kinder, für die ihr Mann hart arbeitet, bis er stirbt.

– ungewisses Schicksal

Ob sie ihn nach seinem Tode vermisst, ob sie die Wahl ihres Ehemannes bereut und ihr Leben ändert, bleibt offen. Für die Geschichte ist das auch nicht von Bedeutung.

Arthur, der ältere Biber

Ob Arthur mit seinem Leben zufrieden ist, wird an keiner Textstelle erklärt. Er ist vor allem eines: arbeitsam – und somit der typische Fabelbiber.

– der klassische Fabelbiber

In der klassischen Fabel steht diese Tierart gemeinhin für die Eigenschaft „Fleiß“. Arthur nagt an Baumstämmen, baut Dämme und zeugt Junge. All das macht er effizient von klein auf, „da er seine ersten Zähne bekam“, sodass er „nie irgend etwas mit irgendwem gespielt“ (Z. 7 f.) hat. Insofern ist Arthur das absolute Gegenteil von Al, seinem Mitbewerber. Er ist zwar gewiss kein Idol für die Bibermädchen, aber ein ernsthafter Partner in Sachen Familienbildung.

– verlässlicher Familienvater

Hier kann er punkten, denn er hat bereits zweiunddreißig Dämme fertiggestellt und zur Zeit der Heirat drei weitere in Arbeit (vgl. Z. 11 f.). Das spricht für ihn und seine Zuverlässigkeit. Er wird sich um die Familie kümmern.

Tatsächlich opfert sich Arthur für seine Frau und seine sieben Kinder auf, gönnt sich keine Ruhe und nimmt seine Arbeit wichtiger als sein eigenes Wohlbefinden. Da er nie in seinem Berufsleben Pausen eingelegt, nie „Urlaub genommen" (Z. 23) hat, sind seine Kräfte rasch am Ende. Nach einigen Jahren ist er so erschöpft, dass er niemanden mehr mit seinen Leistungen beeindrucken kann. Seine täglichen Mühen bringen ihm einen frühen Tod ein.

– tägliche Arbeit und früher Tod

Die auktoriale Erzählperspektive der Fabel schafft Distanz zwischen dem Text und dem Leser. Sie ermöglicht aber auch wertende Kommentare des Erzählers. So gelingt es dem Autor, Sympathien für den „Taugenichts" (Z. 3 f.) Al zu erzeugen. Er wird in der Fabel in den Mittelpunkt gerückt, etwa als erste Figur, die im Text beschrieben wird (vgl. Z. 1 ff.). Der junge Biber erscheint wie ein großer Kindskopf, der nicht erwachsen wird und so liebenswert und charmant wirkt. Sein paradiesisches Leben hält mehr Freuden bereit als das des fleißigen und zuverlässigen Familienvaters Arthur. Dank lakonisch wertender Bemerkungen über dessen arbeitsreiches Leben (vgl. z. B. Z. 7 f.) erreicht der Er-Erzähler, dass der Leser diese Figur, die nichts für Spiel und Urlaub (vgl. Z. 8 und 23) übrig hat, eher ablehnt. Die Ungerechtigkeit aufzuklären, überlässt der Erzähler dem Leser.

Erzählperspektive und Leserlenkung

Wann und wo das Geschehen, das ein ganzes Biberleben umfasst, sich vollzieht, ist dem Leser nicht bekannt. Die zeitraffende Fabel verweist mit der märchenhaften Eingangsformel „Es war einmal" (Z. 1) vielmehr auf eine unbestimmte Zeit. Auch der Ort der Handlung wird nicht näher bestimmt, er ist lediglich vom natürlichen Umfeld der Biber geprägt, die „in den Flüssen umher[…]schwimmen" (Z. 5, 24 f.). Im übertragenen Sinn sind sie im Fluss des Lebens unterwegs. Die Handlung, die durchgängig im Präteritum erzählt wird, bildet mit dieser fabeltypischen Unbestimmtheit von Zeit und Raum ein geschlossenes, immergültiges Ganzes.

Fabel-Elemente

– Darstellung von Zeit und Raum

Ebenso kennzeichnend für die Gattung Fabel ist es, Tieren menschliche Eigenschaften und Traditionen zuzuschreiben, wie hier z. B. der Wunsch nach Heirat. So werden die Textinhalte und -aussagen anschaulich vermittelt, eine Übertragung auf die Menschenwelt ist leicht möglich. Thurber fördert die Übertragbarkeit zudem, indem er den tierischen Protagonisten typisch menschliche Namen zuweist. Schnell wird also klar: Nicht die Biber, sondern wir Menschen sind eigentlich gemeint – mit

– Übertragbarkeit des Inhalts

– Anschaulichkeit

unserem Paarungsverhalten, unserer Familienplanung, unserer Frage nach dem Sinn des Lebens, unserer Verantwortung für andere und für unser eigenes Tun. Alle diese Themen spricht der Autor in der Biberfabel direkt und indirekt an, das Biberverhalten lässt die Übertragung wunderbar zu. Würde man statt „Biber" „Mann" einsetzen, wären mit nur ganz wenigen Veränderungen wir Menschen direkt angesprochen.

Sprache und Stil

Die Anschaulichkeit, die typisch für die Gattung ist, wird auch durch Thurbers Erzählweise unterstützt. Mit der gleichen fröhlichen Leichtigkeit, mit der Al in den Flüssen seine Spielchen treibt, erzählt der Autor seine Fabel. Beim Lesen fallen vor allem die lebendigen und bildhaften Beschreibungen auf, die das Leben der Biber vor Augen führen. Das gilt einerseits für die anschauliche Darstellung von Als Alltag, der sich auch durch die dreifache Wiederholung dem Leser einprägt (vgl. Z. 4 ff., 17 ff., 24 ff.). Andererseits werden für Arthurs Verbissenheit bildhafte Ausdrücke verwendet, etwa wenn dieser sein wichtigstes Werkzeug, seine Nagezähne, verliert, weil er sie sich „bis zum Gaumen abwetzte" (Z. 21 f.). Dass wir die Geschichte so leicht annehmen, liegt darüber hinaus auch an den Redewendungen, die uns aus dem Alltag bekannt sind. So wird beispielsweise Arthur gegen Ende als „ein Schatten seiner selbst" (Z. 22) beschrieben, um zu verdeutlichen, wie abgezehrt und schwach der ältere Biber ist.

- anschauliche Beschreibungen
- Wiederholung
- bildhafte Ausdrücke
- Redewendungen

Auch die Motive des Märchenhaften tragen zu dem eingängigen Erzählstil bei. Schon die Eingangsformel „Es war einmal" (Z. 1) und der Schluss „[…] er lebte herrlich und in Freuden und wurde steinalt" (Z. 26) erinnern an ein Märchen. Dass Arthur sieben Kinder hat (magische Zahl) und dass trotz Als Eingangsdilemmas (der Abfuhr im Hinblick auf die Heirat) sein Leben glücklich, unbeschwert und sorgenlos verläuft, weist Parallelen zu beliebten Volksmärchen auf.

- motivisches Erzählen

Zusammenfassung der Textaussage

- Al als zufriedener Junggeselle

Das Ende der Fabel präsentiert den Lebenskünstler Al als Gewinner. Er lebte ein langes, glückliches Biberleben (vgl. Z. 26). Was will er mehr? Nichts, denn Al ist zufrieden mit dem, was er erreicht hat. Ein angetrautes Weibchen hat er nicht, aber dafür viele Gespielinnen. Auch sein Ruf in den Kreisen der fleißigen Biber schert ihn nicht. Er müht sich nicht mit Arbeit ab, sondern hat Spaß und verlebt entspannte Tage. Also: Sollen oder wollen wir nicht alle so leben wie Al?

Arthur, der fleißige „Vorzeigebiber", dagegen opfert sich sein Leben lang auf. Doch ist er wirklich der Unglücklichere von beiden? Das geht aus der Fabel nicht hervor. Im Gegensatz zu Al ist der ältere Biber möglicherweise sehr stolz auf seine Arbeit, seine Dämme und seine Kinder. Vielleicht blickt er an seinem Lebensabend auf seine Leistungen zurück und ist trotz abgewetzter Zähne gänzlich zufrieden. Noch Generationen später könnten sich seine Nachkommen beim Anblick seiner Bauwerke an ihn erinnern. All das hat Al nicht erreicht.

– Arthur als aufopfernder, aber womöglich stolzer Biber

So lässt sich feststellen: Weder Al noch Arthur leben den idealen Lebensentwurf. Die Mitte von beiden Haltungen wäre wohl eine empfehlenswerte Variante, selbst wenn uns Als „ewiger Sommer" auf den ersten Blick angenehmer erscheint.

– abschließende Beurteilung der Lebensentwürfe

Schluss

Vergleich mit Jean de la Fontaines Fabel

In Jean de la Fontaines Fabel „Die Grille und die Ameise" ist die arbeitsfaule Grille der klare Verlierer: Im Winter steht ihr der Hungertod bevor, sie muss für ihre Faulheit büßen. Thurber dagegen lässt seinen leichtlebigen Biber ein langes, glückliches Leben führen, Als Müßigkeit hat keine negativen Folgen. Warum ist die moralische Grundhaltung in den beiden Fabeln so unterschiedlich?

Fontaines Fabel stammt aus einer feudal-absolutistischen Zeit. In seinem Text kritisiert er die genusssüchtige höfische Gesellschaft, die von der Arbeit anderer lebte. Die Lebenswelt Thurbers hingegen ist geprägt von Kapitalismus und Leistungsdruck. Mit seiner Fabel beschert er uns eine alternative Sichtweise, in der auch das Nichtstun als annehmbare Option erscheint. Sowohl Al als auch die Grille haben also ihre Berechtigung. Das Urteil bleibt letztlich dem Leser überlassen.

Anna-Sarah Fischhaber (geb. 1981): **Die perfekte Stadt**

Es wird eng. Weltweit droht Metropolen der Kollaps. Architekten entwerfen Pläne für morgen, Scheichs verwirklichen sie. Der Traum von der Stadt ohne Makel ist alt – und bisher immer geplatzt.

Modell für die Zeit nach dem Öl: In Abu Dhabi entsteht mitten in der Wüste die Ökostadt Masdar City

Kein Abfall, kein Abwasser, keine Abgase. Die Stadt steht auf gigantischen Betonstelzen sieben Meter über dem Wüstensand und ist für Fußgänger reserviert. Eine Ebene unter den Menschen gleiten lautlos Elektroautos ohne Fahrer entlang. Das Trinkwasser wird aus solarbetriebenen Entsalzungsanlagen gepumpt, Frischluftkorridore senken die Temperatur. Was nach Science-Fiction klingt, wird derzeit im Emirat Abu Dhabi nach den Plänen des Architekten Norman Foster aus dem Boden gestampft. 2020 soll Masdar City fertig sein – die erste emissionsfreie Stadt für die Zeit nach dem Öl. Bis zu 50 000 Menschen könnten dann in der arabischen Klima-Oase leben. […]

Auch bei schillernden Zukunftsprojekten wie Masdar City lohnt ein zweiter Blick. Das Emirat Abu Dhabi steht bislang nicht gerade für einen umweltbewussten Lebensstil: Klimaanlagen, Pools und Geländewagen prägen das Bild. Die Bewohner der Arabischen Emirate hinterlassen pro Kopf den größten ökologischen Fußabdruck. Ob sie an einem Ort leben wollen, der autofrei ist und heruntergekühlte Wohnungen nicht zulässt? Zudem hat das Ideal seinen Preis: 22 Milliarden Dollar wird allein der Bau von Masdar City verschlingen. „Nomaden haben den Ort nur im Winter genutzt, weil es sonst zu heiß ist“, warnt Philipp Oswalt[1]. „Dass man mit größten technischen Anstrengungen dagegen vorgeht, erscheint mir sehr fragwürdig.“ Ob sich das irgendwann rechnet, daran zweifeln inzwischen auch die Scheichs.

Solche Luxusprobleme haben eine Milliarde Menschen, die weltweit in städtischen Elendsvierteln leben, nicht. Solarstrom und Elektroautos helfen ihnen wenig. Ihre Utopie der perfekten Stadt: ein Dach über dem Kopf, sauberes Wasser, eine Kanalisation.

Fischhaber, Anna-Sarah: Die perfekte Stadt. In: Deutsche Journalistenschule (Hrsg.): KLARTEXT. Das Magazin der Deutschen Journalistenschule. Lehrredaktion 48K. München 2010, S. 13 ff.

1 Direktor der Stiftung Bauhaus Dessau

Arbeitsauftrag

Erörtern Sie den Text. Setzen Sie sich in Ihrer Argumentation kritisch mit der Frage auseinander, wie erstrebenswert „die perfekte Stadt“ ist.

Lösungsvorschlag

Im Zentrum dieser ***textgebundenen Erörterung*** *steht die* ***kritische Auseinandersetzung*** *mit der Frage, „wie erstrebenswert die ‚perfekte Stadt' ist", die im vorliegenden Artikel beschrieben wird. Die Lösung dieser Aufgabe liegt in* ***intensiver Textarbeit****. Denn es wird von Ihnen erwartet, dass Sie den Inhalt der Textgrundlage genau kennen und passende Textbelege in Ihren Aufsatz einbinden. Es ist empfehlenswert, den Text darum zunächst gründlich zu lesen, wichtige Stellen zu* ***markieren*** *und ihn in* ***Sinnabschnitte*** *einzuteilen. Nun können Sie untersuchen, welche* ***Argumentationsstruktur*** *der Text aufweist: An welchen Stellen wird Masdar City befürwortet? Gibt es Kritik? Was ist die Ansicht der Verfasserin? Setzen Sie sich mit den Argumenten des Textes kritisch auseinander und fertigen Sie* ***Notizen*** *an. Im Anschluss können Sie den Aufbau Ihres Aufsatzes planen und eine* ***Gliederung*** *anlegen.*

In der ***Einleitung*** *bietet es sich an, einen für die Erörterung relevanten Begriff wie „Perfektion" (vgl. Titel) oder „Science-Fiction" (vgl. Z. 8) zu definieren und zu hinterfragen. So können Sie zum* ***Thema des Artikels*** *hinführen. Vergessen Sie nicht, in der Einleitung auch die* ***Basisinformationen*** *des Textes und die* ***Themafrage*** *zu nennen. Darauf folgt der* ***Hauptteil****. Dieser sollte mit einer* ***Inhaltsangabe*** *eingeleitet werden. Sie können darin bereits den* ***Standpunkt der Autorin*** *offenlegen und auf die* ***Textstruktur*** *eingehen, z. B. auf die inhaltliche Zweiteilung des Artikels. Anschließend beginnt Ihre* ***Argumentation****. Hier kommt es darauf an, die Textaussagen zu erläutern, zu beurteilen und ggf. durch eigene Überlegungen zu ergänzen. Das Einbinden* ***konkreter Textstellen*** *ist in diesem Aufsatzteil besonders wichtig. Achten Sie auch darauf,* ***vollständige Argumente*** *vorzubringen, die jeweils aus Behauptung, Begründung und Beispiel bestehen. Wenn Sie auf die zentralen Textinhalte sowie auf relevante eigene Thesen eingegangen sind, können Sie zum* ***Schluss*** *kommen. Ziehen Sie an dieser Stelle etwa ein* ***Fazit*** *und legen kurz Ihren* ***eigenen Standpunkt*** *zum Thema „perfekte Stadt" dar.*

Einleitung

Basisinformationen (Autor, Titel, Textsorte, Erscheinungsjahr und -ort)

Perfekt. Gibt es das? Will man das? Ist das nicht langweilig? Das sind meine ersten Gedanken, als ich den Titel des Artikels „Die perfekte Stadt" von Anna-Sarah Fischhaber lese, der 2010 in der Zeitschrift „Klartext" der Deutschen Journalistenschule veröffentlicht wurde.

Perfektion als erstrebenswertes und realistisches Ziel?

„Perfekt" heißt so viel wie vollkommen, fehlerlos, einwandfrei – an sich also etwas durch und durch Positives, wonach der Mensch schon immer strebt. Aber ist Perfektion tatsächlich so erstrebenswert und darüber hinaus ein realistisches Ziel?

Überleitung: Problemgehalt des Themas

„Der Traum von der Stadt ohne Makel ist alt – und bisher immer geplatzt", so lautet der letzte Satz des Leads (Z. 2 f.). Schon diese Feststellung zeigt, wie ambivalent die Thematik ist. Der Wunsch, durch einzigartige Entwicklungen und Erfindungen die Menschheit ein Stück voranzubringen und Geschichte zu schreiben, spornt die Menschen seit jeher zu Höchstleistungen an. Dass der Traum von der Perfektion aber bisher immer scheiterte, zeigt, wie schwierig und vielleicht sogar unmöglich ein solches Vorhaben ist.

Hauptteil

Textstruktur und -inhalt:

Fakten und positive Aspekte

Das wird im Artikel von Anna-Sarah Fischhaber auch im Weiteren deutlich. Der Text weist eine Zweiteilung auf. Zunächst informiert die Verfasserin über die besonderen Eigenschaften der Traumstadt. Dabei rückt die Autorin positive Aspekte wie die klimaneutrale Energiegewinnung und den schonenden Umgang mit Ressourcen ins Zentrum. Auch werden wichtige Eckdaten aufgeführt, die besagen, dass das Großprojekt 2020 fertiggestellt sein und dann etwa 50 000 Menschen aufnehmen soll.

Kritik

Im zweiten Teil des Artikels, ab Zeile 13, schlägt Fischhaber einen deutlich kritischen Ton an. So gibt sie etwa zu bedenken, dass die Bewohner des Emirats Abu Dhabi für einen wenig umweltbewussten Lebensstil bekannt sind. Des Weiteren spricht sie die immensen Kosten von 22 Milliarden Dollar an und zitiert einen Experten, der die Wirtschaftlichkeit des Projekts infrage stellt. Abschließend weitet die Autorin den Blick und relativiert die Luxusprobleme arabischer Scheichs durch den Hinweis auf die Lebensbedingungen in den ärmeren Teilen der Welt.

Argumentation:

Nachvollziehbarer Hintergrund des Projekts, alternative Lebensformen für die Zukunft notwendig

Tatsache ist: In der Wüste des Emirates Abu Dhabi entsteht sie, die als perfekt geplante Stadt. Das Projekt „Masdar City“ basiert auf einer Notwendigkeit, denn: „Es wird eng. Weltweit droht den Metropolen der Kollaps“ (Z. 1). Kein einigermaßen informierter Mensch wird diese in den Text einführenden Worte bezweifeln. Besonders in den Ballungsräumen dieser Welt leiden die Menschen unter Überbevölkerung, Müllmassen, Mangel an ausreichendem und sauberem Wasser. Hinzu kommt, dass die Ressource Öl immer knapper wird. Schon heute, wo Ölquellen noch scheinbar fröhlich sprudeln, sieht man in der Frage der Energiegewinnung dunkle Wolken am Horizont aufziehen. Windenergie, Wasserkraft, Sonnenstrom sind bei Weitem (noch) nicht ausreichend, um Milliarden von Menschen zu versorgen.

Es ist also höchste Zeit, nach Auswegen und Alternativen zu suchen, um auch für die Zukunft gewisse Standards der Lebensqualität zu sichern, ohne gleichzeitig unseren Lebensraum, die Erde, zu zerstören. Dafür nun scheint sie die Lösung zu sein: die

„perfekte Stadt“, Masdar City, geplant und im Entstehen im heißen Wüstensand Abu Dhabis.

Die dem Text beigefügte Abbildung zeigt das Idealbild: „Kein Abfall, kein Abwasser, keine Abgase“ (Z. 4), so lautet die Beschreibung dessen, was hier noch als Modell zu sehen ist. Exakt geplante Straßen stehen auf Stelzen aus Beton, damit der heiße Wüstensand sie nicht berührt, Frischluftströme kühlen die gigantischen Heißluftmassen für die Fußgänger, denen dieser Bereich vorbehalten ist, herunter. Autos, genauer gesagt ausschließlich Elektroautos, fahren lautlos eine Ebene tiefer, das Trinkwasser wird mithilfe von Sonnenenergie aufbereitet (vgl. Z. 4–8). Masdar City soll ein Beispiel geben im Bereich ökologischer Städteplanung. Und ist es nicht tatsächlich genau das, was wir brauchen: Städte, deren Energieversorgung vom zur Neige gehenden Öl unabhängig ist und die zudem emissionsfrei sind – kurz: eine Lebensweise, die es uns ermöglicht, Klimawandel und Umweltzerstörung zu stoppen? An einem solchen alternativen Lebensraum kann man – Müllberge und Smogwolken vor Augen – grundsätzlich nichts schlecht finden.

Lobenswertes Ziel: Umwelt, Klima und Ressourcen schonen

Gleich mehrere Punkte sorgen jedoch dafür, dass das Projekt auf den zweiten Blick äußerst fragwürdig erscheint. Allem voran die Frage, ob es den reichen Scheichs, ihren Ingenieuren und Architekten wohl tatsächlich um den Klimaschutz geht – oder ob nicht vielmehr das eigene Prestige im Vordergrund steht. Menschen sind bestrebt, auf ihrem Fachgebiet Herausragendes zu vollbringen und sich damit hervorzutun. Denn solche Leistungen versprechen sowohl Anerkennung als auch materielle Möglichkeiten. Der vorgesehene Bau scheint dafür perfekt: Er wirkt wie „Science-Fiction“ (Z. 8) und zieht so die Aufmerksamkeit der Weltöffentlichkeit auf sich. Geplant wird er von Norman Foster, einem erfolgreichen amerikanischen Stararchitekten. Dieser berühmte Name dient den Wüstenfürsten mit Sicherheit als werbewirksames Aushängeschild. Leicht entsteht so der Eindruck, das Projekt erfülle vor allem den Zweck, Reichtum und Macht zu demonstrieren bzw. den eigenen Ruhm zu mehren.

Überleitung zu Gegenposition:

Motive in Wahrheit Selbstverwirklichung und Prestige?

Auch das bisherige Verhalten der reichen Wüstenbewohner erweckt nicht gerade den Eindruck, als läge ihnen die Umwelt sehr am Herzen. Die Einwohner der Arabischen Emirate gelten als riesige Umweltsünder: „Klimaanlagen, Pools und Geländewagen prägen das Bild“ (Z. 15), führt die Verfasserin des Tex-

Bevölkerung als Umweltsünder bekannt, Motiv: Beruhigung des eigenen Gewissens

tes aus. Mit ihrer maßlosen Verschwendung von Energie und Ressourcen hinterlässt die dortige Bevölkerung weltweit den größten ökologischen Fußabdruck. Vor dem Hintergrund eines solch rücksichtslosen Lebenswandels erscheint die Verwirklichung der neuen Öko-High-Tech-Stadt beinahe absurd – fast so, als wolle man, statt Verzicht zu üben, sich mit Masdar City von seinen Umweltsünden freikaufen.

Fraglich ist darüber hinaus auch, ob die Menschen unter den vorgegebenen Umständen überhaupt dort wohnen wollen. Denn die Einwohner Abu Dhabis sind Luxus gewöhnt. Ein Herunterkühlen der Wohnungen nach Belieben aber wäre nicht mehr möglich, die teuren und komfortablen Geländewagen müssten stehen bleiben. Ob gerade die verwöhnten Wüstenbewohner zu derartigen Einschränkungen bereit sind, ist zweifelhaft. Womöglich würden aufgrund dessen sogar im Nachhinein gute, umweltschonende Ideen der Entwickler wieder zurückgenommen.

Sinneswandel der Bevölkerung unwahrscheinlich, Stadt womöglich unbewohnt

Dass man ein solch neuartiges und aufwendiges Projekt zudem ausgerechnet mitten in der Wüste umsetzen will, kritisieren Fachleute ganz offen. „Nomaden haben den Ort nur im Winter genutzt, weil es sonst zu heiß ist" (Z. 19 f.), erklärt ein Spezialist die Umstände. Die hohen Investitionen, die nötig sind, um gegen die vorherrschenden natürlichen und klimatischen Bedingungen anzugehen, sind selbst den Urhebern der Idee, den arabischen Scheichs mit ihren schier unendlichen Geldmengen, mittlerweile nicht mehr ganz geheuer. Dass sich der Aufwand tatsächlich „irgendwann rechnet" (Z. 22), daran scheint kaum einer zu glauben. Wahrscheinlicher ist sogar, dass der benötigte Einsatz an Ressourcen, um diesen Bautraum zu verwirklichen, weitaus größer ist als der später dadurch erzeugte Gewinn in Form eingesparter Energie.

Wirtschaftlichkeit nicht gewährleistet

Das größte Problem an diesem scheinbar so fantastischen Modell jedoch ist: Leisten kann sich das der reiche Wüstenstaat Abu Dhabi, nicht aber der Rest der Welt. „22 Milliarden Dollar wird allein der Bau von Masdar City verschlingen" (Z. 18 f.), heißt es im Artikel. Wie soll ein Konzept mit einem Budget in dieser Höhe weniger begüterten Ländern als Vorbild dienen? Für weite Teile der Welt erscheint das Öko-Projekt als nicht umsetzbare Idee. Ein Großteil der Weltbevölkerung hat wahrlich andere Probleme als die Frage: beheizter Pool oder nicht, Elektroauto oder Benziner, Klimaanlage auf 18 °C oder 20 °C?

Kein Modellcharakter, Übertragung auf andere Länder wegen Kosten nicht möglich

Insofern kann ich nur dem zustimmen, was die Autorin im letzten Absatz des Textes andeutet: Die Hauptaufgabe für die Zukunft im Bereich Wohnen wird es vielmehr sein, allen Menschen einen würdigen Platz zum Leben zu garantieren. Schaut man sich das Elend in den Slums der Großstädte an – in Südamerika, Asien oder Afrika –, dann wird schnell klar, dass ganz andere Prioritäten Vorrang haben sollten vor den utopischen Vorstellungen superreicher Scheichs. Eine „perfekte Stadt" weicht für Milliarden Menschen weit von den arabischen Träumen ab. „[E]in Dach über dem Kopf, sauberes Wasser, eine Kanalisation" (Z. 26 f.), das ist es, was sie sich wünschen – keinen Luxus, sondern die Erfüllung von Grundbedürfnissen. Dieser krasse Gegensatz lässt das Projekt fast wie Hohn erscheinen.

Fazit: aus globaler Sicht kein vertretbares Projekt, es gibt größere Probleme

Zusammenfassend lässt sich sagen, dass die Ideen von Solidarität und Umweltschutz weiter unser Leben und das unserer Nachkommen prägen sollten. Gegen die anhaltende Zerstörung der Natur sowie die unwürdigen Lebensverhältnisse von Milliarden von Menschen anzugehen, muss oberstes Ziel sein und bleiben. Die Idee, die hinter dem Projekt „Masdar City" steckt, ist deshalb durchaus positiv zu sehen. Der vorliegende Artikel verdeutlicht in seiner kritischen Art jedoch, dass die Pläne arabischer Scheichs dabei kaum ein Lösungsansatz für die weltweiten Probleme sind, die auf die Situation in den Brennpunkten der Erde übertragbar wären. Im globalen Denken ist die „perfekte Stadt" keineswegs perfekt. Entlarvt wird sie, sobald man einmal die Entstehungshintergründe, die praktische Umsetzbarkeit und die Wirtschaftlichkeit des Projekts näher betrachtet. Es gilt also, aus der Problematik zu lernen und weiter nach Alternativen und Lösungen zu suchen, die nachhaltig sind und von denen nicht nur ein paar wenige, sondern möglichst viele Menschen profitieren.

Schluss

Gute Idee, aber geringer Realitätsbezug

Eva Strittmatter (1930–2011): **Entschluß**

Freimut zu bekennen:
Ich bin ich.
Ich werd auf meinem Wege gehen
Und werde sagen, was ich da gesehen,
Und keiner überredet mich,
Das Schwarze auch nur grau zu nennen,
Geschweige denn weiß. Es ist an der Zeit,
Zum Wort, das uns anvertraut ist, zu stehen.
Es mag mir ruhig Schaden geschehen.
Geschieht nur dem Geist der Wahrheit kein Leid.

Strittmatter, Eva: Entschluß. In: Strittmatter, Eva: Einst hab ich drei Weiden besungen. Aufbau Taschenbuch Verlag, Berlin 2011, S. 129.

Arbeitsauftrag

Interpretieren Sie das Gedicht.

Lösungsvorschlag

*Die knappe Aufgabenstellung „Interpretieren Sie das Gedicht“ bedeutet, dass eine **vollständige Gedichtinterpretation** von Ihnen gefordert wird. Das heißt, dass Ihr Aufsatz folgende **Bestandteile** umfassen sollte: **Einleitung** (mit Basisinformationen zum Text), **Hauptteil** (bestehend aus Inhaltsangabe, Analyse des Gedichtaufbaus, der Form, der sprachlichen Gestaltung und der Textaussage), **Schluss**. Um nichts zu vergessen und beim Schreiben den Überblick zu bewahren, ist eine **gründliche Schreibvorbereitung** wichtig:*
*Lesen Sie das Gedicht „**Entschluß**“ zunächst konzentriert. Es ist hilfreich, sogleich **auffällige Stellen** zu markieren und **erste Eindrücke** festzuhalten. Daraufhin können Sie beginnen, die **Form des Textes** zu untersuchen: Auf Zeilensprünge, Reimschema und Satzbau sollte in diesem Gedicht besonders geachtet werden. Anschließend bietet es sich an, sich mit **Inhalt und Aufbau** auseinanderzusetzen. Durch die vorhergehende Formanalyse haben Sie diesen Schritt bereits vorentlastet. Bedenken Sie unbedingt, dass Gedichtform und -inhalt stets in Verbindung zu sehen sind. (Fragen Sie sich z. B., was der auffällig lange Satz in der Mitte des Gedichts bedeuten könnte.) Schließlich ist die **Analyse der sprachlichen Gestaltung** an der Reihe. Dabei empfiehlt es sich, in diesem Gedicht insbesondere auf Wiederholungen, Pronomen und Personifikationen zu achten.*
*Letztlich muss die Frage nach einer **möglichen Textaussage** geklärt werden. Interessant ist hierbei, zu überlegen, zu wem das lyrische Ich sprechen könnte und was sein Ziel ist. Zwar sollte nicht der Fehler gemacht werden, die Verfasserin des Gedichts mit dem lyrischen Ich gleichzusetzen. Dennoch kann ein Blick auf biografische Hintergründe lohnenswert sein, da **politisch-gesellschaftliche Umstände** möglichweise das Schreiben des Textes angeregt oder beeinflusst haben. Ist ein solcher Zusammenhang hier denkbar? Welcher könnte dies sein?*
Wenn Sie Notizen zu allen Bestandteilen der Gedichtinterpretation angefertigt und sie geordnet haben, können Sie mit dem Schreiben loslegen.

Einleitung

Zentrale Textinformationen zu „Entschluß“ (Autor, Titel, Erscheinungsjahr, Textsorte)

Die Schriftstellerin Eva Strittmatter verstarb 2011 im Alter von 81 Jahren. Noch im selben Jahr wurde ihr Gedichtband „Einst hab ich drei Weiden besungen“ veröffentlicht. Teil dieses Gedichtbandes ist der Text „Entschluß“, der eine Art Reflexion darstellt und so zur Gedankenlyrik gezählt werden kann.

Hauptteil

Textaufbau und Inhaltsangabe:

Zweiteilung des Gedichts

Das Gedicht besteht aus zehn Versen. Eine eindeutige Einteilung des Textes in Sinnabschnitte ist schwierig, es gibt keine Strophen und keine äußere Handlung. Nahe liegt jedoch eine inhaltliche Zweiteilung des Textes: Verse 1 bis 5 stellen das lyrische Ich selbst ins Zentrum. Es verkündet, dass es nun die Aufrichtigkeit und den Mut besitze, seinen eigenen Weg zu gehen. Weiterhin weist der lyrische Sprecher darauf hin, dass er geradeheraus sagen werde, was er gesehen habe, ohne sich davon abbringen zu lassen. Vers 5 stellt eine Art inhaltlichen Gelenkvers dar, da er sich auf das Ich bezieht, aber schon zum nächsten Abschnitt überleitet. Im zweiten Teil des Gedichts (V. 6–10) geht es um diejenigen, die dem lyrischen Ich gegenüberstehen, und darum, wie es sich in ihrem Angesicht verhalten will: Es möchte nicht lügen, niemanden verraten und nicht widerstandslos sein. In den letzten beiden Versen wird auf mögliche negative Konsequenzen dieses Verhaltens hingewiesen. Die werden vom lyrischen Sprecher jedoch in Kauf genommen, wenn dadurch der Wahrheit gedient werden könne.

Formmerkmale:

Strophe, optische Anordnung

Das Gedicht, dessen Zeilenschluss unregelmäßig verläuft, ist in freien Rhythmen gehalten. Rein optisch fällt auf, dass die Anordnung des Textes, der aus einer einzigen Strophe besteht, ein pyramidenähnliches Bild zeigt – als baue man eine sich nach unten verbreiternde, stabile Basis auf. Bei der Betrachtung des Inhaltes wird deutlich werden, dass dieses Fundament die Wahrheit ist.

Reimschema

Das Reimschema kann als Schweifreim beschrieben werden, bei dem jeweils der erste Vers fehlt. Damit ist der Schweifreim unvollständig: abccb adccd. Die Reimstruktur zeichnet die inhaltliche Zweiteilung nach, da der wiederkehrende Reim a (V. 1 und 6) den ersten vom zweiten Abschnitt abgrenzt.

Enjambements

Auffällig sind zudem Enjambements, die insbesondere ab Vers 5 den Textfluss maßgeblich prägen, z. B.: „Und keiner überredet mich, / Das Schwarze auch nur grau zu nennen" (V. 5 f). Dieses wiederholt verwendete Gestaltungsmittel erzeugt Spannung, die als Aufregung und Tatendrang des lyrischen Sprechers interpretiert werden kann. Unterstützt wird der Eindruck durch den langen Satz, der sich von Vers 3 bis Vers 7 erstreckt. Auch in dieser formalen Besonderheit kommt die Entschlossenheit des lyrischen Ichs zum Ausdruck, unbeirrbar und ohne Unterbrechung voranzuschreiten.

Hypotaktischer Satzbau

Inhalt und sprachliche Gestaltung:

Abschnitt 1: Begriff „Freimut"

„Freimut" – mit diesem ungewöhnlichen Begriff beginnt Strittmatters Gedicht. Bei näherer Betrachtung wird deutlich, dass er vielschichtig ist: Er bedeutet „Offenheit" und „Aufrichtigkeit"; gleichzeitig verbindet er die bedeutungsschweren Wörter „Freiheit" und „Mut" miteinander. So transportiert gleich das erste Wort des Gedichts Eigenschaften und Werte, von denen man annehmen kann, dass sie für das lyrische Ich von Bedeutung sind.

Entschlossen bekennt sich der lyrische Sprecher gleich darauf zu sich selbst: „Ich bin ich. / Ich werd auf meinem Wege gehen / Und werde sagen, was ich da gesehen“ (V. 2–4). In diesen Versen des Gedichts fällt die viermalige Wiederholung des Personalpronomens „Ich“ auf. Es lässt einen Kontrast zum Rest des Gedichts entstehen, da es nach Vers 4 nicht mehr genannt wird. Die häufige Verwendung des Pronomens verstärkt den schon erwähnten Eindruck von der Entschlossenheit des lyrischen Ichs. Es wird gleich mehrfach unterstrichen, dass es sich bei dem getroffenen Beschluss um den einer einzelnen Person für sich handelt. Selbstbewusst scheint sich diese Person nun für eine Art Kampf zu wappnen; sie baut sich auf und macht sich stark.

Wiederholung des Pronomens „ich“

Das Demonstrieren der eigenen Stärke wird durch den Einsatz von Anaphern unterstützt. In Vers 2 und 3 wird das „Ich“ an erste Stelle gesetzt; es gibt den Ton an. Auch „Und“ wird zweimal am Satzanfang genannt: „Und werde sagen, was ich da gesehen, / Und keiner überredet mich“ (V. 4f.). Mit der nebenordnenden Konjunktion am Versbeginn scheint der lyrische Sprecher klarzumachen, dass er sich nicht aufhalten lässt und dass seine Aussagen nicht zur Diskussion stehen. Sie lassen keinen Platz für Gegenrede.

Anaphern

Zu dieser entschiedenen Haltung passt auch die Verwendung des Futurs, die fast wie eine Drohung wirkt: „Ich werd [...] gehen / Und werde sagen [...]“ (V. 3f.). Hier wird vermittelt, dass sich das lyrische Ich nicht von dem eingeschlagenen Weg abbringen lassen wird. Gleichzeitig deutet das Futur an, dass es in der Vergangenheit möglicherweise anders gewesen ist und das lyrische Ich zuvor nicht seinen eigenen Weg gegangen ist. Auch der Titel legt dies nahe: „Entschluß“. Sich zu etwas entschließen, bedeutet eine Entscheidung zu fällen, Vergangenes hinter sich zu lassen und einen Neuanfang zu wagen.

Verwendung des Futurs

Titel „Entschluß“

Was der lyrische Sprecher nicht (mehr) machen möchte, wird mittels Farbsymbolik im zweiten Abschnitt des Gedichts ausgedrückt: „Und keiner überredet mich, / Das Schwarze auch nur grau zu nennen, / Geschweige denn weiß“ (V. 5–7). Schwarz ist die Farbe für Negatives wie Trauer, Tod und Bedrohung. Grau stellt eine Abstufung davon dar. Weiß, als das Gegenteil von Schwarz, steht für Positives wie z. B. Frieden. Das lyrische Ich erklärt hier also sinnbildlich, dass es nicht bereit ist, etwas Schlechtes als normal oder sogar als gut zu betiteln. Es nimmt sich vor, Negatives auch als solches zu benennen, ohne zu ver-

Abschnitt 2: Farbsymbolik Schwarz, Grau, Weiß

tuschen oder zu beschönigen. Es wehrt sich gegen die, die es womöglich zu einer solchen Täuschung überreden wollen.

Der lyrische Sprecher möchte des Weiteren „[z]um Wort, das uns anvertraut ist“ (V. 8), stehen. Der Begriff „Wort“ ist hier als Metonymie zu interpretieren: Ein Teil steht für das Ganze. Das „Wort“ meint das Denken und Sprechen, Ideen und Überzeugungen im Allgemeinen. Hier äußert sich das Bekenntnis des lyrischen Ichs zu ehrlichen Aussagen und zur „anvertrauten“ Wahrheit.

Metonymie „Wort“

Interessanterweise benutzt der lyrische Sprecher in Vers 8 plötzlich das Personalpronomen der 1. Person Plural: „Zum Wort, das uns anvertraut ist“. Neben dem „Ich“ und seinen Gegnern gibt es demnach noch eine dritte Partei – eine Wir-Gruppe. Diese wird nun miteinbezogen. Mit dem einschneidenden „Es ist an der Zeit“ wird in V. 7 eine Art Aufruf an sie gerichtet. Für diese Gruppe möchte das lyrische Ich möglichweise ein Vorbild sein, dem gefolgt werden kann.

Pronomen „uns“

Dieser Vorbildfunktion wird der lyrische Sprecher mit seiner zum Schluss geäußerten Absicht gerecht: Zwar kann er sich vorstellen, dass ihm „Schaden“ (V. 9) zugefügt wird, wenn er sich auflehnt, dennoch lässt er sich nicht von seinem Entschluss, der eigenen Überzeugung zu folgen, abbringen. Das lyrische Ich möchte zeigen, dass es Wichtigeres gibt, als selbst unversehrt zu bleiben. Was dieses Wichtigere ist, wird im letzten Vers offengelegt: dem „Geist der Wahrheit kein Leid“ (V. 10) geschehen zu lassen. Die Personifikation der „Wahrheit“ unterstreicht die Aussage von etwas Gefährdetem, das beschützt werden muss. Auch der optisch pyramidenartige Aufbau des Gedichts betont die Bedeutung dieser Textstelle. Aus dem anfänglichen Ich ist etwas viel Größeres geworden, um das es geht: der Geist der Wahrheit.

Lyrisches Ich als Vorbild

Personifikation „Geist der Wahrheit“

Die letzten beiden Verse zeigen auch, dass das lyrische Ich bereit ist, für dieses Gut die Kontrolle über sein Schicksal aus der Hand zu geben: „Es mag mir ruhig Schaden geschehen. / Geschieht nur dem Geist der Wahrheit kein Leid“ (V. 9f.). Wenn etwas „geschieht“, dann passiert es, ohne dass es kontrollierbar ist. Mit dem neutralen Ausdruck vermeidet das lyrische Ich zugleich, diejenigen zu nennen, die für einen möglichen Schaden verantwortlich sein könnten. Bis zum Schluss erfährt man also nicht, wer die Widersacher des lyrischen Ichs sind.

Verb „geschehen“

Diese Unbekannten sind die Adressaten des Gedichts. Das lyrische Ich macht ihnen deutlich, dass es sich ihnen nicht beugen wird. Allerdings geht die Textaussage in zwei Richtungen: Die andere Gruppe, an die das Gedicht sich wendet, sind diejenigen, mit denen sich das lyrische Ich selbst identifizieren kann. Es möchte sie animieren, den Mut zu fassen, sich ihm anzuschließen. Diese Gruppe besteht wohl aus einfachen Bürgern, zu denen in möglichst einfachen Worten gesprochen wird. Die klare, sachliche Sprache des Gedichts, die auf blumige Ausschmückungen verzichtet, passt zur Gesamtaussage des Textes: Eintreten für Offenheit und Wahrheit, gegen Lüge und Täuschung.

Adressaten

Sprache, Wortwahl

Bedenkt man die Lebensdaten der Verfasserin Eva Strittmatter (1930–2011), liegt es nahe, dass sie einen spezifischen politischen Kontext vor Augen hatte, als sie das Gedicht schrieb: Hintergrund könnte das Leben in der DDR sein. Denn den Bürgern dort war es nicht möglich, ihre persönlichen kritischen Einschätzungen offen zu äußern, ohne dass sie sich das Missfallen der machthabenden Partei SED zugezogen hätten. Es ist bekannt, dass viele, die Missstände des Regimes aufdecken wollten, lange Gefängnisstrafen verbüßen mussten.

Möglicher politischer Hintergrund: Leben in der DDR

Möglichweise befand sich auch Eva Strittmatter in der Situation, nicht über das schreiben zu dürfen, was sie sah (vgl. V. 4), ihre Meinung nicht wahrheitsgemäß äußern zu können (vgl. V. 6 f.) und vielleicht wurde sie sogar dazu gedrängt, Geheimnisse von Freunden preiszugeben (vgl. V. 8). Aufgrund des Gedichts „Entschluß“ kann man mutmaßen, dass sie sich gegen diese Umstände zur Wehr gesetzt hat.

Strittmatter als mögliche Kämpferin

Der Text kann also als Aufruf verstanden werden, sich gegen gesellschaftspolitische Zustände, die die Meinungsfreiheit einschränken, zu wehren oder sie nie mehr zuzulassen. Auch wenn Deutschland heute ein demokratischer Staat ist, besitzt Eva Strittmatters Gedicht noch immer Gültigkeit: Den eigenen Überzeugungen zu folgen und den „Geist der Wahrheit“ zu schützen, ist für jeden freiheitsliebenden Menschen ein guter Rat.

Schluss

Heutige Gültigkeit der Textaussage

Leerseiten verbilligen in diesem Fall die Herstellung des Buches!

Ihre Meinung ist uns wichtig!

Ihre Anregungen sind uns immer willkommen. Bitte informieren Sie uns mit diesem Schein über Ihre Verbesserungsvorschläge!

Titel-Nr.	Seite	Vorschlag

Bitte hier abtrennen

Bitte hier abtrennen

Zutreffendes bitte ankreuzen!

Die Absenderin/der Absender ist:

- ☐ Lehrer/in in den Klassenstufen: ____________
- ☐ Fachbetreuer/in
  Fächer: ____________
- ☐ Seminarlehrer/in
  Fächer: ____________
- ☐ Regierungsfachberater/in
  Fächer: ____________
- ☐ Oberstufenbetreuer/in
- ☐ Schulleiter/in
- ☐ Referendar/in, Termin 2. Staats-
  examen: ____________
- ☐ Leiter/in Lehrerbibliothek
- ☐ Leiter/in Schülerbibliothek
- ☐ Sekretariat
- ☐ Eltern
- ☐ Schüler/in, Klasse: ____________
- ☐ Sonstiges: ____________

Unterrichtsfächer: (Bei Lehrkräften!)

____

24-V_Abi

Bitte ausfüllen und im frankierten Umschlag an uns einsenden. Für Fensterkuverts geeignet.

STARK Verlag
Postfach 1852
85318 Freising

Kennen Sie Ihre Kundennummer?
Bitte hier eintragen.

Absender (Bitte in Druckbuchstaben!)

Name/Vorname

Straße/Nr.

PLZ/Ort/Ortsteil

Telefon privat

Geburtsjahr

E-Mail

Schule/Schulstempel (Bitte immer angeben!)

Erfolgreich durchs Abitur mit den STARK-Reihen

Abitur-Prüfungsaufgaben

Anhand von Original-Aufgaben die Prüfungssituation trainieren. Schülergerechte Lösungen helfen bei der Leistungskontrolle.

Abitur-Training

Prüfungsrelevantes Wissen schülergerecht präsentiert. Übungsaufgaben mit Lösungen sichern den Lernerfolg.

Klausuren

Durch gezieltes Klausurentraining die Grundlagen schaffen für eine gute Abinote.

Kompakt-Wissen

Kompakte Darstellung des prüfungsrelevanten Wissens zum schnellen Nachschlagen und Wiederholen.

Interpretationen

Perfekte Hilfe beim Verständnis literarischer Werke.

Und vieles mehr auf www.stark-verlag.de

(Bitte blättern Sie um)